小学体能教学和评价的探索与实践

周文水 著

吉林大学出版社
·长春·

图书在版编目(CIP)数据

小学体能教学和评价的探索与实践 / 周文水著. --
长春：吉林大学出版社，2023.10
ISBN 978-7-5768-2345-5

Ⅰ.①小… Ⅱ.①周… Ⅲ.①体育课－教学研究－小学 Ⅳ.①G623.82

中国国家版本馆 CIP 数据核字(2023)第 205854 号

书　　　名	小学体能教学和评价的探索与实践
	XIAOXUE TINENG JIAOXUE HE PINGJIA DE TANSUO YU SHIJIAN
作　　者	周文水　著
策划编辑	张维波
责任编辑	张维波
责任校对	王　蕾
装帧设计	繁华教育
出版发行	吉林大学出版社
社　　址	长春市人民大街 4059 号
邮政编码	130021
发行电话	0431-89580028/29/21
网　　址	http://www.jlup.com.cn
电子邮箱	jldxcbs@sina.com
印　　刷	三河市腾飞印务有限公司
开　　本	787×1092　1/16
印　　张	14
字　　数	236 千字
版　　次	2023 年 10 月　第 1 版
印　　次	2024 年 4 月　第 1 次
书　　号	ISBN 978-7-5768-2345-5
定　　价	78.00 元

版权所有　翻印必究

前言

　　学生综合素质的发展是现代小学教育的根本培育目标,除了学科知识,身体健康同样成为教育重点。体育学科则是实现这一教育目标的重要手段,为了提高教学质量,帮助学生获得健康身体素质,则需要运用体能训练方案做指导,以学生全面发展为中心,将健康行为、运动能力、体育品德作为落脚点,开展智慧、科学且丰富的现代体育教学活动,让学生在有效的体能训练中发展自我,健康成长。

　　体能是人体基本运动能力的表现,良好的体能是形成优良身体素质,增强身体机能与优化身体形态的重要保障,加强体能练习是学好体育课程的关键,自然也是体育教学的重点。在整个小学体育学科教学期间,加强并做好学生体能方面的训练工作,不仅能够实现锻炼学生身体,强健学生体魄的目的,还可以促进学生健康水平的全面发展和提升。同时对于学生能否更好地参与到体育活动中有着积极有利的影响,一定程度上满足了素质教育对于小学体育学科教学的现实要求。鉴于此,对于教师来说,想要做好体能训练工作,既要更新自身的教育理念,从学生的现实情况出发,为学生设计较为合理的体能训练目标。又要从学生的兴趣、爱好入手,拓展体能训练的方法,以此来调动学生参与体能训练的热情和动力。

　　《小学体能教学的探索与实践》一书以此为基础,以新课标为最新依据,对学生的体能训练进行理论与实践的深入分析。全书设置八个章节,分别介绍了小学体能教学的概念、内容、方法和原则;小学体能训练的基础理论,对小学体能的重点实践进行深入探索。从第三章开始,作者从力量、柔韧度、速度灵敏度、耐力以及不同运动项目五个方面进行了体能的重点培养,最后站在教学评价的角度,对整个小学体能教学的过程进行评价总结,查漏补缺,并有重点地解决问题。本书理论结合实践,采取图文结合的形式展开知识的阐述,有助于读者的阅读和理解。本书为小学体育教学方面的师生以及有关小学生体能训练的工作者提供了非常详细的理论知识参考。

  本书在编写的过程中,参考了大量的文献资料,在此向各位老师表示感谢。由于编写时间比较仓促,书中难免存在疏漏之处,敬请各位读者批评指正。

编　者

2023 年 5 月

目 录

第一章 小学体能与体能教学概述 …………………………………… 1

 第一节 体能与体能教学的概念 …………………………………… 2

 第二节 体能与身体素质的联系 …………………………………… 12

 第三节 体能教学的基本内容 ……………………………………… 14

 第四节 体能教学的基本方法 ……………………………………… 15

 第五节 国外体能教学的经验借鉴 ………………………………… 16

第二章 小学生体能训练的基础理论 ………………………………… 23

 第一节 体能训练的基本原理 ……………………………………… 24

 第二节 体能训练的生物学基础 …………………………………… 27

 第三节 体能训练的生物力学基础 ………………………………… 33

 第四节 体能训练的心理学基础 …………………………………… 35

 第五节 体能训练的教育学基础 …………………………………… 39

第三章 小学生体能教学——力量训练 ……………………………… 45

 第一节 力量训练 …………………………………………………… 46

 第二节 抗阻力量训练 ……………………………………………… 51

第三节 超等长力量训练 ………………………………… 65
第四节 肌肉力量训练 …………………………………… 68

第四章 小学生体能教学——柔韧素质 ………………………… 73
第一节 柔韧素质对学生体能锻炼的作用 ……………… 74
第二节 学生发展柔韧素质的锻炼手段 ………………… 75
第三节 学生柔韧素质锻炼的注意事项 ………………… 91

第五章 小学生体能教学——速度、灵敏素质 ………………… 95
第一节 速度、灵敏素质训练的基本原理 ……………… 96
第二节 速度、灵敏素质训练方案设计 ………………… 98
第三节 速度、灵敏素质训练的基本方法 ……………… 102

第六章 小学生体能教学——耐力素质 ………………………… 111
第一节 耐力素质对学生体能锻炼的作用 ……………… 112
第二节 小学生耐力素质锻炼的手段 …………………… 116
第三节 学生耐力素质锻炼的注意事项 ………………… 122

第七章 小学生体能教学——不同竞技项目训练 ……………… 125
第一节 小学足球体育运动员的体能训练 ……………… 126
第二节 小学篮球体育运动员的体能训练 ……………… 136
第三节 小学武术体育运动员的体能训练 ……………… 152
第四节 小学田径体育运动员的体能训练 ……………… 156

第八章 小学生体能发展的评价 ………………………………… 185
第一节 小学生体能发展评价的目的和意义 …………… 186

第二节　小学生体能发展的评价内容和方法 …………………… 191
第三节　小学生体能发展的评价指标 …………………………… 205
第四节　小学生体能发展评价应注意的问题 …………………… 209

参考文献 ………………………………………………………… 213

第一章

小学体能与体能教学概述

> 小学体能教学和评价的探索与实践

小学体育体能教学对小学生的健康教育有着重要的意义,本章主要围绕体能与体能教学的基础知识展开阐述。了解什么是体能、体能教学的内涵是什么,明确体能与身体素质的重要关系,进而确定体能教学的主要内容与方法,从根源上把握小学体能与体能教学,为后文的重点阐述打好基础。

第一节 体能与体能教学的概念

概念是对某一客观事物本质属性的概括,它反映了一个事物区别于另一个事物的特性,既是研究的逻辑起点,也是对客观事物的认知起点。[①] 体能作为当代体育发展的热点问题,对其概念的理解需区别研究内容所属的体育范畴,以确保研究过程中对内容的准确把握。

一、体能的概念及其不同理解

(一)体能基本概念

1. 术语辨析

"体能"一词源于美国体育界,其内涵在世界各地得以不断发展。基于中外各国的文化差异,我国对于体能术语的界定主要源于学者对各国文献的翻译,其中以英文文献为主。根据体能研究方向的差异,其所采用的术语表述也不尽相同,如 Fitness for competition and win, Fitness for life activity, physical fitness, physical conditioning, physi—cal capacity, physical efficiency, physical power 等,其中"physical fitness"最为常用。[②] 经相关学者翻译主要有以下几种类型,如表 1-1 所示。

[①] 马佩. 马克思的逻辑哲学探析[M]. 郑州:河南大学出版社,1992:134.
[②] Physical activity and health: a report of the surgeon general U.S. Department of Health and Human Services, 1996.

第一章　小学体能与体能教学概述

表 1-1　体能术语翻译类型一览表

序号	类型	代表区域
1	体能	中国、德国等
2	体能	美国等
3	体力	日本
4	身体适应性	法国

可见，体能术语是在体育学科领域用来表示机体活动时呈现的状态概念的称谓。而不同的机体活动形式，必然引起术语称谓的差异。我国对体能的研究最早始于竞技体育，其目的在于提高小学生竞技能力，与 Fitness for competition and win 的词义最为相近，其术语表达以体能为主，亦有少数以体能称之。鉴于近年来我国竞技体育的迅速发展以及其对社会体育发展的巨大推动作用，对小学生的体能研究从术语层面可沿用竞技体育的现有主流表述，但其概念内涵需区别视之。

2. 概念梳理

随着体能研究方向的不断细化，研究者对体能概念与内涵的界定逐渐产生分歧，主要体现在体能与竞技训练、体质健康和社会生活三方面的实践应用。

第一，体能与竞技体育，即竞技体能，又称运动员体能。竞技体育要求运动员在竞技赛场表现出足够的竞技水平，竞争性是竞技体育的本质属性，而体能则是发挥高水平竞争能力的重要保障，因此从竞技的角度理解体能是顺理成章的行为。体能在我国最早的实践应用亦是源于竞技体育。关于体能概念的认知，从引用至发展可归纳为以下三个阶段。

第一阶段（约 20 世纪 80 年代—2000 年），推举应用阶段。体能在我国竞技体育的最早实践应用当属足球项目，但并没有对其概念做详细阐述，仅作为足球运动员选材的一个测试环节，并通过报纸等媒介被社会熟知。直到 1984 年，《体育词典》的出版才给出官方释义。体能就是对人体的器官承受体育活动能力的整体评价。[1] 田麦久等学者专注于体育运动训练，因此从这个视角定义体能的概念：体能是运动员机体在运动过程中反应出来的能力，也可以称为运动员体能。[2] 而

---

[1] 荀波，李之俊，高炳宏."体能"概念辨析[J]. 体育科研，2008(2)：47-52.
[2] 田麦久，董国珍，徐本力. 运动训练学[M]. 北京：人民体育出版社，1999：184-190.

在此时期《辞海》也对体能做了定义,具体指,人体不同器官在运动中呈现出来的状态和承受的能力。主要有关于力量、速度的反应;还有关于灵敏度、耐力以及柔韧性等的考察,除此之外,诸如走、跑、跳、投、爬、撑等等,都在考察和反馈的因素之中。[①] 由此,从专业性教材对概念的阐述到术语词典,再到综合词典,对体能的概念认知都有所不同。实际上,这个时期的体能研究刚开始,基本处于摸索的阶段,概念界定尚不明确,应用范围也相对狭窄。同时期的欧美发达国家从竞技体育视角对体能有较为明确的概念界定。如德国比较知名的训练学家哈特曼(Hartmann 1995)等,他认为体能通过人体三大供能系统保证基本的能量代谢活动,保证骨骼肌系统的运动能力,所呈现出来的状态就是体能的概括。从生物化学的专业角度解释,也就是说运动员的体能是高是低,要看人体能量系统对运动过程的供给、转移和利用的结果如何。另外,K-库特萨尔从运动员体能训练角度阐释了体能在运动训练中的研究内容,包括绝对力量、运动速度、爆发力、耐力、柔韧性,或表述为动作协调能力、肌肉力量、动作速度、耐力。他认为训练要想具有有效性,主要在于教练对运动员的整个个体形态,以及他的生理机能随着年龄变化所体现出来的特点的准确理解。[②] 显然,同时期国外学者从竞技体育视角对体能概念内涵概述更为清晰,能够根据机体在运动过程中的机能需要通过针对性的运动训练促进运动员体能水平发展,以达到提高竞技能力的需要,对运动训练在实践过程中的指导意义非常大。

第二阶段(2001—2008年),内化稳定阶段。此阶段竞技体育的发展极大促进了我国学者对运动训练理论的深入研究。体能作为竞技能力构成要素的重要组成部分备受重视。其研究成果总体可分为两大模块,即一般体能与专项体能。研究显示,一般体能界定了人体的先天遗传和后天训练的环境,在这个过程中获得的促进机体形态结构、功能与调节的物质能量的运输与调整的能力,并与外界环境结合后形成的综合性的运动能力。体能水平的高低与运动员机体的整体形态结构以及各个系统器官所呈现出来的机能水平、能量物质储备都有关系,此外,机体的基础代谢水平,还有外界环境对运动员的影响等都有重要的关系,直观体现出来的就是运动员的运动能力。[③] 专项体能则从训练学角度对各专项体能概念进

[①]《辞海》编委会.辞海[M].上海:上海辞书出版社,1999.
[②] K-库特萨尔.小学生小学生体能训练[J].国外体育科技,1991(1):58-60.
[③] 尤培建.中国健康体能产业发展战略研究[DB/OL].中国博士学位论文全文数据库,2009(05).

行界定,为了去更加圆满地完成特定安排的训练任务而需要具备的一些特殊体能方面的要求。其内容囊括竞技专项所需的专项形态、专项机能与专项素质的各个方面,体现了体能在专项运动中的针对性。虽然专项体能概念界定的内容体系存在差异性,并处于不断发展阶段,但与一般体能的共性要素基本统一。不难看出,此阶段以竞技体育视角对体能的概念界定已被广泛认同,以此为概念源点的专项体能研究在稳定中发展。

第三阶段(2009年至今),多元发展阶段。2008年北京奥运会后,基于奥运科技攻关、体育类自然科学基金等项目研究成果对竞技体育的巨大推动作用,诸多学者开始重视交叉学科对竞技体育促进的发展前景,如生理学、生物化学、医学等。体能研究亦是如此,其他学科的介入势必引起其概念内涵的变化。如生理学和生物化学与竞技体育的结合,更加重视对运动员生理机能的训练,要求体能概念所述的内容体系也相应发生改变。有学者认为:"体能是需要经过训练才能获得的,并且通过人体各器官系统的机能促进肌肉的具体活动而表现出来的身体能力",[1] 其概念强调了器官系统对肌肉活动的支持作用,具有明显的生理学倾向性。

由上可见,体能概念在竞技体育应用中并非一成不变,但其所涵盖的要素相对统一。说明随着社会科学的不断发展,体能概念的发展具有明显时代性,其演变过程又具有阶段性。

第二,体能与体质健康。从身体健康的角度阐述对体能的理解源自20世纪50年代美国对其士兵死亡病症与小学生基本体能的研究。其研究发现,美国征战士兵的死亡原因与其体能状况关系密切,且美国小学生基本体能水平明显低于欧洲同年龄小学生。

基于这一研究成果,美国对体能的研究明显倾向于国民体质健康。其理论研究成果对实践应用成效显著。首先,成立实践机构,如President Councilon Youth Finess;其次,出版书籍,推广理论应用,如1980年美国健康体育休闲舞蹈学会编写的《健康体能测试手册》(Health Related Physical Fitness Test Manual);最后,出台保障政策,如提出"体能健康教育计划"。显然,美国是以体质健康为导向来研究体能的先行者,并以Physical Fitness作为体能的术语界定。其认为体能是个人身体器官的运作能力,能力的好与坏是各器官综合能力的

---

[1] 李之文. 体能概念探讨[J]. 解放军体育学院学报,2001,20(1):1—3.

体现，具体如下：配合关于遗传的相关器官的健康程度以及运用现代医学知识的综合能力；足够的协调能力、体力和活力的激发能力、应付日常的突发性事件以及生活的基本能力；团体协作的意识和团体生活的适应能力；充分基础知识储备能力和处理问题的能力；参与活动和应对活动的态度和具体操作；符合民主社会的道德标准和精神特质。[1]

无独有偶，受美国影响，中国香港特别行政区对体能概念表述也更倾向于体质健康，更将其术语定义为体能。香港学者认为，体能由身体能和心理适能两方面构成，而身体能类似于我国内地学者对体能的定义，但其内涵又有差异，分为健康相关的身体能和竞技相关的身体能。其中健康身体能是指机体应对日常生活、闲暇的娱乐活动和处理突发事务的能力，而竞技体能直接关系着运动员在运动过程中的表现和最终的成绩，包括身体力量、速度的快慢、身体承受的耐力等身体素质。[2] 目前，我国内地学者同样提倡体能与体质健康的研究，如从学校体育角度阐述体能，认为体能主要的获取方式是体育锻炼，对身体健康、生活精力、寿命、生命价值有促进效应，并将体能分为健康方面的体能和动作技能方面的体能，健康体能方面主要包括心肺的承受耐力、身体的柔韧性、身体肌肉的力量表现、身体的主要成分等，竞技体能主要是运动过程中所表现出来的速度、爆发力量、灵敏程度、身体各部分的协调能力、平衡以及反应的能力等。[3] 显然，其概念内涵仍处于竞技体育范畴，说明目前我国内地对体能概念的相关研究仍倾向于竞技体育。

第三，体能与社会生活。体能不仅仅体现在竞技体育中，同样也体现在基本的身体活动中。我们追根溯源到体能的最初发源地——美国，这个概念刚被提出的时候主要指的是人的身体活动，即 Fitness for lifeactivity。发展至欧洲，其内涵也强调日常身体活动。如德国的研究学者对体能的看法就是人体反应出的工作能力，人体的工作主要指的是每天的身体基本活动；法国的研究学者偏重于将体能归结于身体的适应性，这种适应性有对环境变化的适应性，也有对身体活动的适应性；本学者则认为体能是日常体力活动的表现。虽然国内外的研究对体能的

---

[1] 台湾师范大学学校体育研究与发展中心. 教师体能指导手册[M]. 台北：台湾"教育部"印行，1987：46-59.
[2] 钟伯光. Keepfit 手册[M]. 香港：香港博益出版集团有限公司，1996：11.
[3] 乔秀梅. 小学生体能促进理论与实践方案研究[DB/OL]. 中国博士学位论文全文数据库，2012(02).

研究没有提出相对立的观点，但值得肯定的是日常身体体能是真实、客观存在的。日常生活中的体能即能够理解成维持身体运行的基本能力，具有先天和后天的综合训练特征。①

综上所述，目前国内外学者从各种角度对"体能"的概念进行了表述和理解，但还没形成最终结论。随着社会的进步和科技的发展，人们对事物发展的认识、对规律的掌握也不断加深。因此，体能的概念也同样会随着人们对事物发展规律认识程度的增加而不断完善。

（二）体能教学的概念

我们在探讨体能教学的概念之前，重温一下相关概念。多数人都是这么认为，体能的好坏取决于人体的先天遗传条件，在这个基础上进行后天营养获取、疾病防治、良好生活环境、有效训练所得到的生理和心理等方面表现出来的对外界适应性的综合能力。

"教学"这一观念，是对教育现象、教育实践的抽象、演绎和概括，它的含义也是与历史的发展、与人类文明的发展同步的。因而，"教学"这个观念的确立与探讨，也是伴随着社会的发展与环境的变迁而不断变化的。然而，人们对于"教学"的认识却是一种延续，也是一种继承与发展。考察历史上人们对于"教学"一词的各种诠释，对于我们对"教学"一词的准确理解是十分必要的。

我国古代就对教学进行了深入的研究，且很早就意识到教育是改变人类认识客观世界的途径，是人类道德、科学、文化、技术等传承和发展的行为。"教学"被看作是一门艺术，从古到今，直到文艺复兴时期都是坚持这个观点，其中孔子的启发式教育最具代表性，在中国古代，启发式教育是教育艺术的重要组成部分。然而，捷克教育家夸美纽斯在其《大教学论》中却把"教学"说成是一门向所有人传授艺术的教学。在现代，赫尔巴特，裴斯泰洛齐，还有其他一些学者，都开始将教育视为一种"科学"进行深入的挖掘和探索。随着现代教育理念的不断进步，"教学"在人们心目中的地位也日益受到关注。

在百度百科中，"教学"一词被下了这样一个定义："教学"是指由老师的讲授与学生的学习共同构成的一种特殊的、具有特殊意义的、培养人的行为。在这样的活动中，教师可以有目的、有计划、有组织地指导学生学习并掌握文化、科学

---

① 周晓卉. 体能概念及相关问题思考[J]. 体育文化导刊，2010(6)：106−108，116.

的知识和技能，从而提高学生的综合素质，把他们培养成符合社会需求的人才。体育的教育功能，就是通过它，使人的身体和精神得到提高和发展，从而推动教育目标的实现。即使是在奥林匹克时代，体育运动也被看作是一种在伦理范畴内，以平等竞赛为基础，以培养身体和心理素质为目的的教学方法。体育对学生的教育作用是：体育能够培养学生的良好生活习惯；通过进行社会规范的教育和社会角色的培养促进学生的社会化发展；体育能够促进人的个性形成和发展、约束人的个性发展，以此形成其在个性发展中所发挥的重要作用。[①]

综上所述，体能教学是依据学生的身心特点，为实现教学目标和任务而综合运用合适的练习载体、练习方法、练习手段，在教师教和学生学的互动过程中实现身体形态、生理机能、身体素质、心理智能协调发展的过程。在体能教学中把握练习载体、方式、频率、强度和持续时间。

二、体能教学的内涵

（一）以健康为导向的小学体能教学目标确立

身强体壮，是未来为国家、为人民、为社会服务的根本先决条件，也是一个民族充满活力的表现。小学处于体能阶段的关键时期，健康意识的培养不容忽视。在小学体育中，身体素质教育是一个非常关键的环节，它对促进学生身体素质起到了很好的作用。为此，在我国小学体育教学中，应遵循"健康第一"的办学思想，从整体上建立体育课程目标，从课程设置上进行合理的规划，从整体上进行体育教学活动的科学化；在此基础上，提出了"以人为本"的体育教育理念。[②]

（二）以运动兴趣为导向的小学体能教学手段设计

"兴趣"在学生积极参加体育运动中起着举足轻重的作用。体育教育很难走进课堂，其中一个主要因素就是体育教育方法的单调。小学生正处在身体素质发展的重要阶段，为了确保学生在体育课程中的主动参与，在体育课程中应突出体育课程的实用性；强调学生的主体地位，提高体育教学手段的趣味性，激发学生的体能训练兴趣，培养学生的终身体育锻炼习惯。

---

① 体育概论编写组. 体育概论[M]. 北京：北京体育大学出版社，2013：49—51.
② 张建平. 体能概念辨析[J]. 体育文化导刊，2002(6)：33—34.

(三)以运动技术学习为导向的小学体能教学内容规划

体能是体育技术发挥的主要保证，基础和特殊技术水平的发挥都离不开身体素质的辅助。在小学体育教学中，重视既能的训练，并通过相应的体能锻炼，使技术得到更好的发展。在体育课程中，对体育课程进行计划，并不代表在课程中要保证学生身体各个部位、各个器官系统以及各运动素质都要达到全面平衡的发展与提升，它要以技能课程的需求和学生的实际状况为基础，有主有次、以主带次地进行科学的安排。

体能教学是指在遵循一般体育教学原则的基础上，按照学生身心发展规律和体育教学一般规律，遵循体育教学计划和课程标准，从速度、灵敏、协调、平衡、柔韧、耐力、力量等方面设计教学内容，由教师向学生传授锻炼知识和进行思想品德教育的过程。

三、体能教学任务及方法的选择

体能教学是学校体育教学的一部分，也是非常重要的一部分，小学生良好的体能是身体素质的基本保证，也是小学生参与学校体育活动以及学习体育技能的基础。小学体能教学是遵循小学生的身体成长规律，同时结合新课标教学目标而制定的。具体而言，参考的是体能的要素，测量的标准以及科学的教学评价等，才能完成体能教学的全过程，保证小学生体能教学的全面进行。这个教学环节需要四个环节完成，具体分析如下。[①]

(一)体能教学任务选择

小学阶段，年龄不同，体能的增长进度也不一样，一般情况下，体能增长相对较快的这个年龄阶段被称为敏感时期，其他时期相对来说就是非敏感时期。敏感时期是儿童身体特定能力和行为变化的最好时期，但是这个阶段会受到环境的影响，身体各项素质变化都非常敏感，具体变化见表1-2所示。教师要抓住敏感期对学生的体能训练进行培养，这样才能有效促进小学生身体素质的发展。所以，教师在这个时期也要通过学习和实践研究促进体能发育的各项因素，结合小

---

① HOCKEYRV. Physical fines：the pathway to health fulliving[M]. Times mirrormos by college publishing，8－15.

学生的不同体质，在敏感期设定科学的教学任务，实现体能的最佳发展。除此之外，还要根据我国义务教育对体育课程的各项标准，对小学体能教学做出合理的安排，如表1-3所示。

表1-2 小学生身体素质自然增长敏感期①

身体素质	组成要素	年龄/岁 5～7	8～10	11～13
力量素质	最大力量			★
	爆发力			★★★
	力量耐力			★
速度素质	反应速度		★	★★★
	动作速度		★	★★★
	移动速度		★	★★
耐力素质	有氧耐力		★	★★★
	无氧耐力			★
柔韧素质		★★★	★★★	★★
灵敏素质		★★	★★★	★★

注：★萌芽期；★★稳定发展期；★★★敏感期。

表1-3 小学各水平阶段体能教学任务安排表

水平	主要任务	次要任务
水平一	柔韧素质、灵敏素质、平衡能力	速度素质
水平二	柔韧素质、灵敏素质、速度素质、力量素质	有氧耐力
水平三	灵敏素质、力量素质、速度素质、有氧耐力	柔韧素质

可见，柔韧素质和灵敏素质教学是水平一、水平二阶段的主要体能教学任务，水平二阶段需促进速度、力量、耐力素质的发展，在水平三阶段速度、有氧耐力、爆发力等素质达到小学阶段发展的最佳时期。

---

① 张铁明.试论少儿在敏感期内的运动训练[J].少年体育训练，2002(6)：2.

(二)体能教学策略选择

布鲁姆把教育目标划分为认知、情感和操作三个领域,把认知水平分为六个级别,即知道(记忆)—领会(理解)—应用—分析—综合(创造)—评价。[①] 运动技能形成和发展需经过泛化阶段、分化阶段、巩固阶段、自动化阶段,体育技能学习的泛化阶段对应知道(记忆)、理解、分化阶段对应应用、分析、巩固与自动化阶段对应综合(创造)、评价。

泛化阶段表现为动作僵硬、不协调、不省力且出现多余的动作。例如,运球动作僵硬、不协调、低头看球等。分化阶段是练习者经过不断的练习,不断刺激身体对体能练习技术的感知,不断加强身体对技术的体验,使部分不协调和多余的动作逐渐消除,大部分错误动作得到纠正,能比较顺利和连贯地完成完整技术练习。经过进一步的反复练习,动作技术进入巩固和自动化阶段,即建立了稳定的动力定型,表现为动作准确、优美,不需有意识地去控制某些环节的动作也能顺利完成。而发展体能的练习必定是建立在已经掌握的动作技术基础之上,即选择学生熟悉的技术动作且处于巩固和自动化阶段的技术动作作为载体。学生在这个阶段能够自主地完成"应用、分析、综合、评价"的目标,达到"合适的运动负荷、科学的练习方式、合理的练习频次、持续一定时间"的要求。因此,在进行体能教学时,使布鲁姆提出的"六级认知水平"理论与动作技术发展的四个阶段的特点相合,选择处于练习者巩固或自动化阶段的内容作为练习载体。各阶段技能发展特点与重点发展素质对应关系表如表 1-4 所示。

表 1-4　各阶段技能发展特点与重点发展素质对应关系表

发展顺序	阶段性质	动作特点	教学策略	实施重点
1	泛化阶段	动作僵硬、不协调;多余动作且不省力	不强调动作细节,多次示范,模仿为主,重复练习。加强一般体能练习	综合协调、平衡、速度、灵敏

[①] 安德森. 布卢姆教育目标分类学[M]. 北京:外语教学与研究出版社,2009:11.

续表

发展顺序	阶段性质	动作特点	教学策略	实施重点
2	分化阶段	不协调和多余的动逐渐消除，能较顺利和连贯地完成完整动作术。初步建立动力定型。但定型尚不巩固，遇到新的刺激仍会出现错动作	讲解示范、重复练习纠正，体会动作的细节，对动作细节进行类比分析。加强一般体能和专项体能练习	综合协调、平衡、速度；针对完成关键技术部位，发展灵敏、力量、耐力
3	巩固阶段	建立了动力定型，动作准确、优美，出现自动化。例如：运球突破。在巩固阶段不再进行练习，动作将会消退	进一步明确要求。形成固定、清晰的运动表象。多采用原理式讲解，对于球类项目，要把技巧、战术的运用放在练习中讲解，并进行阐述、引申、发挥，对错误进行分析	综合发展力量、耐力、爆发力，功能稳定性。如跳绳时，腋下夹张纸；连续跳50次不准失误；讲解技术动作的原理等
2	自动化阶段	运动技能达到非常固的程度以后，动作即可出现自动化现象。练习时可无意识完成。对整个动作或者是对动作的某些环节，暂时变为无意识的	重复练习，发展综合能力，寻求整体能力提升。如熟练的篮球小学生在比赛时，运球等动作往往也达到自如的程度，有"球粘身"的感觉	综合体能＋局部力量

第二节　体能与身体素质的联系

　　体能包含健康和运动两方面，都是在人先天成长的基础上，经过后天的养护而形成的。比如营养的注入、有效的训练等都会对身体的基本状态、生理变化、身心发展有着重要的影响，从而形成身体状态的基本反馈。对于体能来说，身体形态和生理的状态是体能的基本因素，身体的素质和心智的变化则是体能的外在反馈(图1-1)。总之体能是由内在和外在共同组成的,四个基本条件缺一不可。

```
                    体能
        ┌────────┬────────┬────────┐
      身体形态  生理机能  身体素质  心理智能
      体能基础  体能基础  外在表现  外在表现
```

图1-1 体能组成的各要素联系图

(1)身体形态是对人身体的外部结构的直观体现,比如我们的身高、体重、维度、围度等因素。同时,我们通过身体形态的结构可以判断出人的生长发育的基本情况,营养是否均衡,身体的技能状况如何以及运动能力如何等,这些都可以通过基础代谢率(BMR)、身体质量指数(BMI)、体脂肪率(BFP)、肌肉量、体水分率来测量评价,身体形态是人的体能素质的基础,一定要重视。在小学教学的实践中,人们通常选取克托莱指数对身体形态做评价。

(2)生理机能的判断是建立在身体形态的基础上的,同时又是身体素质和心理智能的基本供应系统,主要包含运动、神经、呼吸、循环和内分泌五个方面的系统组织。

(3)身体素质是体育运动的基础,即身体内存储的基本能力是否能够满足人体运动的需求,它是保证人体肌肉运行的保障。表现出来的人体行为是身体的柔韧程度、速度、协调能力、耐力等。身体素质的好坏与肌肉的结构与功能发展有很大的关系,同时又和肌肉在工作的时候能量的供应、内脏器官所处的机能状态和神经的调节能力都有关系。

(3)心理智能称为心理现象,也可以叫心理活动,包括认识过程、情感过程、意志行为过程。认识过程包含感知觉、记忆、思维、智力水平,情感过程包含愉悦、高兴、开心、满足感、抑郁、焦虑、愤怒,意志行为过程包含坚持、努力等表现。智能(心理科学术语)包括本体感知能力、个体意志力、判断能力。感觉、识记、回忆、思维、语言、行动的整个过程称为智能过程,它是智力和能力的综合表现。良好的心理和智能协调统一、有机结合,才能使人的个体、心理稳定,自信,并对自身从事的运动进行自我调节和客观评价。

由上述可知,体能包括身体形态、生理机能、身体素质、心理智能四个方面,身体形态、生理机能是运动的基础,身体素质、心理智能是运动能力的外在表现。提高身体素质是发展体能的重要环节和主要形式。在日常教学过程中，教师们容易混淆体能与身体素质的关系，甚至把体能与身体素质等同起来，这都是不全面的。

第三节 体能教学的基本内容

体能在体育运动中表现出来的就是人体的力量、跑跳的速度、身体反应的灵敏度以及运动过程中身体的承受能力等。一个人的身体素质如何，主要指的是人体制的强弱以及运动的技能如何。

体能训练是现代运动训练不可或缺的一部分，主要是为了提升人的身体素质，并结合专项运动的需求，在合理的运动负荷的情况下，对运动员身体形态进行改善，提高他们的机体体能，保证身体各项器官机能的合理运行，这样才能保证身体素质的良好，促进体育成绩的提高。体能训练是各项体育训练的基础，保证了体育技术训练和战术训练的顺利开展，并且保证运动员在强项运动、高负荷运动中的身体状态良好，防止受伤、生病。体能训练对于运动员的发展有着重要意义。

青少年时期正是身体各项机能迅速发展的时期，人体的各个器官和系统功能都在逐渐的完善和成熟中，青少年的身体各项素质也都呈上升趋势。这种伴随年龄增长的身体素质的变化情况称之为身体素质的自然增长。相反，当人体的生长发育成熟之后，身体素质反而会随着身体器官功能的逐渐衰退而减退。但是，如果针对不同的肌肉群进行不同形式的训练，就会减缓身体素质的减退。例如，根据青少年身体发育的情况，科学地进行身体训练，就可以促进身体素质的快速增长，根据成年人的身体状况，进行有目的地训练，则能持续保持身体素质的强壮，减缓身体素质的衰退速度，因此，在小学阶段，加强小学生的体能训练，对小学生身体素质的提高有着重要意义。

本书所设计的体能教学案例综合考虑了身体形态、生理机能、身体素质、心理机能（智能）等多方面的综合发展。其中，身体形态、生理机能、身体素质三个主要要素既相对独立，又存在密切的联系，彼此制约，相互影响。身体形态、生理机能和身体素质的指标判断影响因素很大情况下是受先天发育情况影响的，在后天的成长中，这些指标也会不断发生变化。对一般人而言，身体形态和生理机能要保证正常的功能，就可以适应日常环境和活动。当前，生活水平很高，据调查发现，学生肥胖、近视比例偏高，部分区域学生肥胖、视力不良问题突出。为了改善现阶段学生的体质状况，发展学生的身体机能，在体育教学中加入体能教学，一方面提升身体素质，另一方面为各类运动项目技战术的学习奠定基础。

综上所述，小学体能教学的根本任务是在体育教学中运用各种手段和方法，使学生的身体形态、生理机能、身体素质及各器官机能水平得到全面发展和提高。根据各年级学生的年龄特点，选择或创编适宜的体能练习方法，小学阶段一至六年级，每个年级每学期编制18个练习，全学年36个练习；编制的内容分别为徒手和轻器械两类，徒手分为徒手定位、徒手移位两类，轻器械分为敏捷梯、跳绳、体操垫、田径、篮球、足球、其他等七类（表1-5）；每个练习教学内容包括文本讲解及跟随示范视频练习两部分。

表1-5　小学各年级体能教学载体分类

年级	
一年级	徒手类：徒手定位、徒手移位；轻器械：敏捷梯、跳绳、体操垫、其他
二年级	徒手类：徒手定位、徒手移位；轻器械：敏捷梯、跳绳、体操垫、其他
三年级	徒手类：徒手定位、徒手移位；轻器械：敏捷梯、跳绳、体操垫、篮球、其他
四年级	徒手类：徒手定位、徒手移位；轻器械：敏捷梯、跳绳、体操垫、其他
五年级	徒手类：徒手定位、徒手移位；轻器械：敏捷梯、跳绳、体操垫、田径、篮球、足球、其他
六年级	徒手类：徒手定位、徒手移位；轻器械：敏捷梯、跳绳、体操垫、田径、篮球、足球、其他

第四节　体能教学的基本方法

体能教学的方法主要强调的是在体能教学的过程中，教师所采取的的一些能够提升身体状态的途径和手段。体能教学质量提升的目的只能通过教授一定的训练方法才能实现，具体有以下几种方法。

一、讲解法

讲解法主要指的是通过语言对教学的目的、教学的任务、教学的技术分析以及具体的训练方法进行简单的阐述，这是一个口语指导的过程。教师在讲解的时候一定要做到语言简明扼要，对重点技能和相对应的训练方法做到准确的阐释，不能模棱两可。教师在讲解的过程中会设定简单的口令、信号，用于和学生之间的沟通，这样往往也会加深学生的学习记忆。

二、示范法

示范法主要是通过教师亲自演练动作去教会学生的一种方法。示范法是比较直观和形象的，它将动作的完成过程都呈现给学生，学生只要按要求做即可。这种方法的运用也要根据具体的教学目的和教学任务来进行，教师在示范的过程中，要做到动作的准确、合格，并结合讲解法，直到学生完成学习的过程，保证学习的最终效果。

三、完整法与分解法

完整法指的是对一个动作进行完整训练的方法，这种方法的优势就在于保证了动作的完整性，有助于学生的理解和学习，一般会用于简单动作的学习，或者一些不可分割的动作学习。

分解法从直观上理解就是要把相对较难的动作进行分步骤进行，按照教学的目的、教学的步骤对其动作进行分解，保证学生对每个步骤的理解，把握住动作与动作之间的平衡、递进关系等。分解法和完整法并不是完全割裂的，而是根据实际情况而综合运用的方法。

四、预防与纠正错误

预防与纠正错误的方法主要是针对学生在学习完整动作练习之后，根据每个学生的具体情况就行动做的调整和完善。根据教学实践得知，产生错误的因素很多，有外在环境、场地问题，也有自身体能的因素，教师要根据不同的错误以及错误产生的具体原因进行分析，方便学生从根源上加以纠正，预防后期再次出现同类型的错误。

第五节　国外体能教学的经验借鉴

根据全国学生体质与健康调查的数据表明，当前，小学生的身体素质在不断下降，肺活量小，力量小，在耐力和速度方面也都不尽人意。尽管这是我们不愿意看到的情况，但是确实是这个社会现实所存在的。大家都知道，学生的身体素质教育只能通过体育的形式得到锻炼，而体育教学的体能训练包含运动体能训练和健康体能训练两部分，二者缺一不可，目的是为了培养出既有理论知识，又有实践能力的小学生运动人才。本文立足于国外发达国家体育训练的经验之上，探索适合我国小学生体能训练的教学课程、教学模式和教学的方法，全面推进小学生体能运动的发展。

一、国外小学体能发展课程设置现状和特点

体能是人类生存的基础，世界不同的国家根据当前学生体质下降的问题展开了各种研究，如欧美、日本、德国和俄罗斯这些发达国家，都是在体能方面展开研究最早的一些国家。为了改变当前小学体能现状，全世界各个国家都进行全面、创新的改革，站在素质教育的基础上进行创新性改变，如表1-6所示。

表1-6 国外各个国家体能训练课程设置

国家	体育课程教学目标	体育教学内容	体能测试内容	教学模式
美国	强调"发展体能"，达到健康的体能并展现出积极的生活方式	小学：体能的获得是基于积极有规律的锻炼生活方式；需要掌握有关体能的组成、运动系统的解剖和生理知识及练习强度、频率和时间等； 初中：学生应理解体能组成的每一部分是如何培养和保持的，以及每一部分在整个体能中如何重要； 高中：学生能设计并制定合适的体能计划，促进自身达到理想的体能水平	有氧能力、身体成分、身体背部力量、身体柔韧性	SPARK教学模式

续表

国家	体育课程教学目标	体育教学内容	体能测试内容	教学模式
日本	提出"创新生命活力的培养"的目标，此目标包括自主学习、独立思考、终身体育、自我教育能力	保健教育：将竞技运动项目改造成"亚竞技运动项目"或"反向的竞技运动项目"；小学：学习有关身体发有的健康知识，培养安全意识；高年级注重身心发育、伤害防止、疾病防止和健康生活等；中学：发展身体机能和心理健康，培养健康的生活态度；培养改善环境的能力与态度；明确伤害防止与疾病预防原理，培养处理应急事件的能力	根据学生的身心特点制定适合不同年龄阶段的体力测试和有氧锻炼标准	学生根据体育教师提出的学习内容和自身能力，确定适合学习目标，在教师的帮助下学习；每天安排100min的体育活动、保健活动、俱乐部活动和安全活动等
德国	提高技术方面的水平，注重竞技能力的不断提高	教学内容在设计方面不同，小学、初中和高中在教学内容上也是何有自己的特点	测试的项目这块内容，学校不同，测试的板块也是不同的，但是都和竞技运动有一定的关系	多样化体育项目课程模式、开发运动行为的课程模式和强调体验与参与的课程模式
俄罗斯	强调增强体质，重视体能训练	基础教有体育课程方面出现多种大纲：综合体育大纲、发展运动能力为主的大纲、形成性大纲、竞技体有大纲和农村小学健身性大纲体育课程内容包含：体育知识、体有活动方法和身体完善	有氧运动和一般体能测试	多元化教学模式

二、我国学校体育体能教学存在的问题

(一)小学生体能教学存在迷惑性和盲目性

我国的小学体能教学目前处于探索时期,对体能的概念并没有统一说法,在体能训练的理论和实践方面也没有系统地教育体系,只能参考国外的体能教育的方式方法,没有系统的理论作为参考,极大影响了人们对体能训练的深层次理解。

(二)学校体能教学缺乏科学指导

我们国家的小学体育教师经过专业体育教育的人才,其在高校学习的时候就对各项运动项目的技能非常熟悉,掌握程度在"会",而不是非常精通。即自己能够完成动作,也会交给学生动作,仅此而已。而在学生的体能训练方面,不管理论还是实践都非常的欠缺。体能训练对学生的要求既涵盖理论,也涵盖实践,在理论指导下的实践训练才是完整的教学流程。所以说,我们国家的小学体能训练需要专业的体能教练进行专业的指导学习。

(三)体能训练与体育课程教学脱节

体能训练自国外传入我们国家,主要用在竞技体育这一方面,我们国家的小学体能训练在应用和研究上主要是立足于各项专项的训练,只有小部分的学生得到了体能训练,而大部分学生往往重视技能训练,而忽视了体能训练。

(1)体育教学中关于体能训练的内容非常少。小学生的体能训练越来越受到国家的重视,但是,在单元教学中,体能训练的课时安排非常少,只能在课堂上抽出一定的时间进行体能训练,这根本达不到体能训练的教学目的。

(2)体能教学的内容偏旧,教师的教学方法也有待创新。目前小学体能教学的锻炼方法还是延续传统的体育教学方法,缺乏体能训练的趣味性,不能有效吸引学生的注意,学生的可操作性非常差。

(3)体育教学的内容划分不合理。通常,体育教学内容在设置的时候都是按照水平阶段来划分的,其中理论部分的学习在小学阶段只会分配2个课时,且课时内容偏重于安全教育,而不重视体能训练的理论续写,最终造成了学生学习的盲目性,也由此形成了"盲目体质"。小学阶段,体育与健康课程标准规定学校体

育发展目的要增强小学生的体制、传授其一定的体育技能。但是，学校只关注学生的健康问题，却忽略了体能教育。体育教育的重点就是体能和技能的锻炼，要想增强小学生自身的体质还要展开自主锻炼。

三、国外体能训练课程的启示

（一）重新定位小学生体能教学

目前，我国学校体育教学中，就体能这一板块来说，发展得非常缓慢，原因都集中在教学方面。就国内当前的状况，与发达国家相比较发现，我国体能发展首先要具备系统的训练课程教材，教材是实践的基础，是培养学生实践能力的课程教材。根据学生的身心发展状况合理地对教材进行组织和安排，既要考虑年龄段的不同，也要考虑心理发展的因素，既要注意不同学生之间的横向变化，又要注意不同年级课程之间的纵向变化，做好横纵两方面的协调性。至于教材的内容也有严格的要求，要具有体能教学的现代化教学手段与方法，多渠道、多层次地拓展教学内容。

（二）学校体育体能教学与体育教学相融合

体育教学是锻炼学生体能的主要方式和手段，加强学校体育体能对促进小学生体质健康有着重要的作用。

（1）体能训练离不开专项训练的培养，根据这一特点，需认真分析每个体能项目应该怎样训练，通过怎样的方式与方法，通过怎样的教学模式去完成，只有选择合适的教学手段，才能促进小学生体能的提升。

（2）对传统体育教学模式进行创新，改变对体育技术的过度重视，提升体能教学的比例，并将二者进行融合，要知道，体能教学的不断完善是体育技术充分发挥的基础和保障。

（3）教师在教学中不但要重视运动能力的培养，还要提升学生的认知能力，即加深体能教学的理论知识学习，将体能学习形成系统，理论和实践缺一不可。

（三）加强体育教师体能培训

通常，专业的体育教练在进行体能训练的时候都是根据学生自身的身体特征展开的，所以，为了保证小学生身心的健康发展，小学体育教师教学是要经过系统培训的。

（1）关于体能的认知。教师在教学时要掌握充足的体能训练的相关知识，更要了解有关人体基本规律的相关知识，如生理知识、营养知识、运动生化知识和心理学知识等，这些都与小学生的身心特征紧密相连，影响着教师训练计划的合理制定。

（2）关于体能的训练。教师在体能训练的时候要采取科学的方法和手段，才能有效促进小学生运动能力的有效提升。与此同时，小学生在长期的训练中就会形成终身的体育意识。

总之，小学体育教师要不断学习，不断提升自身的专业训练知识，与时代接轨、与国内外先进的教育思想融合，才能不断地创新体能教学的模式和方法，促进小学生身体素质的提升。

第二章

小学生体能训练的基础理论

第一节 体能训练的基本原理

一、体能训练的生理本质

（一）运动负荷的生理本质

人在进行体育活动的时候会有一些外在的特征，如速度的体现、耐力的持久、身体柔韧度的展现以及身体反应的灵敏程度等，这些都属于运动的表象呈现，而不是本质体现。在体能的训练过程中，体能在训练负荷的刺激下，生理和心理都会出现一定的反应。生理方面主要是在外在运动强度的刺激下造成身体器官的不同程度的变化。体能训练中，运动员的生理负荷量的大小通常是根据其生理的反应指标来决定的。训练的过程中，运动员机体所能够承受的运动负荷都能通过机体内在和外在形式展现出来。外部表现主要呈现在力量和强度上，内部表现主要是心率的变化、血压的高低以及乳酸菌的变化，这些指标在运动之后都会发生明显的变化。刺激强度和运动负荷的关系是成正比关系的，即当运动员的的运动负荷达到饱和的状态时，其受到的刺激也是最大的，机体的反应也是最强烈的，各项生理指标所呈现的数值也最为明显。

运动训练有其生理本质，就是在不停地训练中不断刺激机体的各个器官达到一定程度的生理负荷，从而促进身体在形态、生理和生物方面产生积极的变化，改善学生的运动素质，提高运动的技能，这一良好的、适应性的变化被称之为训练效果。

（二）技能学练的生理学本质

生理学研究表明，机体的生理感受是一切运动的开始，其次是心理活动的产生，最后表达到肌肉，并形成一种反射效应。在体能训练中，小学生要完成各种训练任务，必须要在一定的技能动作的基础上进行，技能的反复实施不仅促进小学生的体能素质的不断加强，还加强对技能内容和方法的掌握。运动的生理机理是以大脑的皮质活动为基础的一种暂时性的神经联系，小学生经过学习并掌握这项运动的技能内在的生理性本质，就是人体自身构建运动条件反射的整个过程。

二、体能训练的生理活动

体能训练期间,身体长期接受运动训练的刺激,生理各系统的机能会随着运动训练的深入而产生各种适应性变化,并表现出良好的适应性特征,具体分析如下。

(一)负荷适应

人体机体自身对外界的适应能力是人本身的一种生理反应,正常人的机体都具有适应能力,当人类个体经过长期的体育训练时,其身体就产生了适应活动的生理特征,会慢慢适应这种运动的节奏。

1. 体能训练的生理负荷适应表现特征

上文我们提到过,在体能训练中,机体对运动负荷会产生一定的反应,并随着时间的推移慢慢产生适应能力,同理,人体对运动负荷的刺激也具有同样的生理反应。所以,当人体长期经过体能训练,其自身的器官、身体结构以及身心变化都会有所变化,如肌肉肥大的症状、运动性心脏增大现象等,并且适应这种长期的运动负荷状态。

2. 体能训练的生理负荷适应阶段

站在生理学的角度来看,体能训练的主要内容一共分为五个阶段。第一个阶段是刺激阶段,这是体能训练的初期阶段。小学生参与各种身体练习,有机体需要接受各种运动刺激。第二个阶段是应答反应阶段。即当机体收到运动负荷的刺激时,小学生身体的各个器官以及功能都会产生兴奋性,并将这个情绪状态传递到身体的每个感官中,最后带动机体进入运动的状态。第三个阶段是暂时适应性状态。当训练持续进行中时,机体中的器官处于不停地训练中,这时机体已经适应这种平稳的状态,因此,带动机体器官的运动指标都处于正常的标准之中。随着运动的继续,当机体状态指标达到顶峰状态,但是还能承受运动的刺激时,表明当前机体的状态已经完全适应了运动负荷。第四个阶段是长久适应的阶段。当训练继续进行时,小学生全面适应了当前的各种运动刺激时,人体的机能系统和组织的器官都发生了比较明显的变化,如身体的运动能力等。第五个阶段是适应衰竭的阶段。当小学生在长期的不科学的运动中进行训练时,就会造成运动机能的衰竭。如有些小学生为了追求训练的效果,盲目加大训练的强度,就会造成机体受伤,影响训练的继续进行。

体能训练实践中，小学生和教练应通过对小学生的负荷生理特征表现的观察来控制训练进度和运动负荷，以提高小学生体能训练的质量，促进小学生身体素质地全面发展，同时减少和避免伤病事故的发生。[①]

（二）机能变化

体能训练的过程中，当运动负荷对人体机体产生刺激时，人体的各项身体器官都会产生系列变化，如耐力的承受、力量的增加等。对体能训练中机体的负荷刺激变化具体分析如下。

1. 耐受

在体能训练开始的阶段，机体对新接触的训练内容、方法、负荷情况都会表现出耐受的反应，机体耐受能力的强弱和能够保持的时间长短，与体能训练中运动负荷的安排和小学生自身的身体素质有极大的关系。在机体的耐受范围内，教练应该安排最主要的训练内容。

2. 疲劳

在体能训练进行一段时间后，机体在运动负荷的刺激下，其体能会呈现下降的趋势，即我们通常所说的疲劳现象。对于小学生来说，它的疲劳程度以及忍耐力的承受能力都和训练的目的有直接关系。

对不同的小学生运动人员来说，他们的体能素质基础、技术基础、运动经验、意志力等因素，都会对其训练耐受时间的长短和疲劳出现的时间、程度有影响。体能训练过程中只有达到一定程度的疲劳，小学生的体能素质才能得到锻炼并获得提高。

3. 恢复

在体能训练结束之后，小学生处于体能补充和恢复的阶段，主要是根据身体需求补充充足的物质资源，修复身体因运动造成的紊乱，保障机体的体能得到良好的恢复，完成机体体能的恢复与重建。小学生体能的恢复需要一定的时间，根据小学生自身的疲劳状态有一定的关系。

4. 超量恢复

超量恢复指的是小学生在恢复体能的过程中，不仅恢复到原来身体机能的状态，还超出了原来身体的水平。通常，运动的负荷量与疲劳的程度成正比，身体

---

① 刘恒慨，吴晓虹，李勇. 体能训练基本原理与实用方法指导[M]. 长春：吉林大学出版社，2016.

受到的运动负荷越大,疲劳程度越高,而超量恢复的程度越明显,但是不提倡长期进行超负荷训练。在体能训练的过程中,机体对不同物质资源的消耗能力也是不相同的,恢复的时间对机体所需要的物质资源也有一定的要求。因此,应合理安排体能训练负荷与强度、训练量、间歇时间等,以促进小学生的超量恢复。

5. 消退

体能训练后,小学生的体能会有所提高,但是这种提高并非永久性的。在训练结束后,小学生如果不能及时恢复身体状况,继续进行体能训练,那么,之前的训练就会产生衰退的效果,机体机能会逐渐恢复到没有运动之前的状态。因此,对小学生来说,要想持续不断地提高体能水平,就必须坚持长期、科学地参与体能训练。

第二节 体能训练的生物学基础

一、体能训练的物质代谢

(一)糖代谢

糖在人体的营养供应中有很大的作用,它是人体细胞的重要成分,是小学生运动能量的主要来源。食物中的糖被人体摄入后,都会经历以下代谢过程。

1. 糖的吸收

食物中糖经过消化酶的转化会成为葡萄糖分子(果糖能够被身体直接吸收,不用经过消化酶的转化),被人体直接吸收。

2. 糖的分解

葡萄糖分子经过在小肠粘膜上皮细胞的作用下,运送蛋白进入血液,演变成血液中的葡萄糖——血糖。

3. 糖的合成与储存

血糖经过合成还可以形成大分子的糖原。通常,糖原可以分为两类:一类叫作肌糖原,主要是通过肌肉合成的糖原;另一类是肝糖原,即在肝脏中形成的糖原。除此之外,肝脏还能够将机体内的一些乳酸、丙氨酸、甘油等非糖物质进行葡萄糖或者糖原的转化,这就是糖的异化作用。由此可见,人体机能中的糖的合成代谢过程需要经过两个过程，即糖原的合成过程和糖原的异化过程。

4. 糖的再分解

糖原和葡萄糖经过机体合成和分解的过程形成乳酸，乳酸在糖的异化作用下形成葡萄糖或者异化分解。糖在分解代谢过程中的能量释放，就是机体参与体能训练的主要来源。体能训练中，糖的主要角色是能量供应库，在小学生的高强度运动之后，往往需要机体进行糖分的重新合成，促进机体能量的恢复。

（二）脂代谢

脂肪是人体基本的能源物质之一，是人体参与运动训练的重要燃料库。脂肪在人体中的代谢过程具体分析如下。

1. 脂肪的疏水分解

脂肪具有疏导水分的作用，在机体的水环境中会被酶进行分解，但是这个过程需要机体自身或者体内摄入事物中所带的乳化剂进行作用，形成乳浊液。

2. 脂肪的转化

脂肪经过转化会形成甘油、游离脂肪酸和单酰甘油，除此之外，还有少量的二酰甘油以及没有被消化的三酰甘油。

3. 脂肪的吸收

在人体中，脂肪的吸收也是分不同方式的，主要有两种方式：一种是通过小肠的上皮细胞来进行的，它主要吞噬脂肪的颗粒，然后再进行分解；另一种是脂肪微粒中的不同成分在小肠上皮细胞的作用下发生不同变化，在细胞内，脂肪微粒进行脂肪的分解产物重新合成成为脂肪，形成乳糜微粒。乳糜微粒和分子较大的脂肪最后都会进入淋巴管，甘油和分子较小的脂肪酸都能融入水进入人的毛细血管里面。一般情况下，脂肪的吸收都是通过淋巴进行的。

4. 脂肪的储存

人体脂肪的吸收主要集中在皮下、大网膜、肌肉细胞中，除此之外，脂肪转化的方式还很多，如合成磷脂组成细胞膜、合成糖脂以组成细胞膜和神经髓鞘、合成血液脂蛋白。

5. 脂肪的再分解

毛细血管中的脂肪在分解的时候可以根据机体运动的实际需求，先分解成甘油和脂肪酸，再分解成二碳单位，最终生成CO_2和水。脂肪分解过程伴有能量的产生，以满足机体体能训练所需的能量。

（三）蛋白质代谢

蛋白质是重要的生命物质，是人体细胞的重要构成成分，也是机体的能源物质。蛋白质和氨基酸在机体内的代谢过程具体如下。

1. 蛋白质的分解与吸收

人体通过食物摄取获得蛋白质，经过消化液的反应，蛋白质分子就会被分解成氨基酸，被小肠吸收。

2. 蛋白质的合成与储存

氨基酸比身体器官吸收之后，就会通过毛细血管流进血液当中，在不同的器官组织中它们重新进行组合生成蛋白质。蛋白质的生成过程相对比较复杂。首先蛋白质会在 DNA 模板上将苷酸进行重新排列，形成 mRNA（信使 RNA）之后，按照 DNA 所给的遗传信息，将 mRNA 作为蛋白质生物生成的主要因素，合成成为直接摸板，在人体 tRNA（转运 RNA）、rRNA（核糖体 RNA）生物因素的作用下，重新组成蛋白质中氨基酸的排列顺序。

3. 蛋白质的再分解

氨基酸在脱氨基的作用完成代谢的全过程后形成氨、二氧化碳和水，在分解的过程中会有能量的释放，这与糖和脂肪的分解过程相比，所分解的能量是最低的。

人体组织中的蛋白质，还有一些含氮的物质总是在不断的分解与合成中不断积蓄能量，此时，人体的蛋白质的基本代谢与身体组织的生理活动是相符的。

具体来说，当有机体蛋白质的摄入与消耗平衡时，蛋白质的代谢也是平衡的。正常人身体内蛋白质的分解与合成都是平衡的，摄入体内的氮与排除体内的氮都是平衡的，这种状态就是"氮的总平衡"。

通常，人们会根据实物的氮的含量和尿液中排除的氮的含量来判断人体内蛋白质的基本代谢情况。一般情况下，人体的蛋白代谢情况都能满足身体组织的基本活动。当人体中的蛋白质细胞合成的比例较大时，氮的摄入量就会超标，这种情况就说明氮比值的代谢不足，专业被称为"氮的正平衡"。

也有时候，机体的蛋白质会出现过度支出的现象，比如人在有消耗性疾病的情况下，这时候人体机能中的蛋白质就会加强分解，也就是氮的过度输出，这就是蛋白质的过渡代谢，被称之为"氮的负平衡"。[①]

(四)无机盐代谢

无机盐也称矿物质，是人体重要组成部分，可影响生理系统功能，其在人体中的代谢过程具体如下。

1. 无机盐的吸收

无机盐的吸收需要从食物中吸收，尤其是像钠、钾、铵等单价碱性盐类都会被人体很快吸收，多价碱性盐被人体吸收得很慢，它与钙结合之后形成如硫酸盐、磷酸盐和草酸盐等的沉淀盐，这些盐不能被人体吸收。

2. 无机盐的储存

无机盐在被人体吸收之后有两种存在的形式：第一种，无机盐以结构物质磷酸盐的形式在骨骼中存在，这类无机盐主要有钙、镁、磷等；第二种，无机盐被分解，以离子(电解质)的形式存在在体液之中。

3. 无机盐的分解

在体能的训练过程中，人体内的离子会随着运动时产生的汗液而流失，电解质如果流失过多，身体机能就会出现紊乱，如心脏的节奏发生紊乱、肌肉会出现抽搐、肌肉会出现疲劳和无力感，等等。

(五)维生素代谢

维生素是人体生长发育和代谢所必需的一类小分子有机物，维生素不能在人体中自行合成，而是通过食物进行获取的。维生素可分为水溶性维生素和脂溶性维生素两列，二者在结构上不具备共性。水溶性维生素主要包含维生素 B、维生素 B_2、维生素 B_6、维生素 B_{12}、烟酸(PP)、烟酰胺、叶酸和维生素 C 等。脂溶性维生素包括维生素 A、维生素 D、维生素 E、维生素 K 等。

人体内的一切生化反应都是在酶的作用下进行的，绝大多数的维生素都是由酶分解而成的辅酶组成的有机分子，对机体的能量运输有着重要的调节作用。在体能训练中，如果体内缺乏维生素的话，就不能促进酶的转化，这样就会影响人体的正常运动。

---

① 闫巧珍，董礼平．小学生体能训练的研究—基于生理学、心理学、营养学基础[J]．文体用品与科技，2019(11)：212－213．

（六）水代谢

水是人类维持生命的基本成分，在人体组成中，水分占据的比例大概是 60%~65%之间，人体的各个器官都离不开水分。

1. 水的吸收

人体水分的来源主要是通过外界给与的，主要来源就是食物和水分。除此之外，体内物质在进行新陈代谢的过程中也会产生一部分水，但是这部分水的数量非常少。

2. 水的排泄

人体内水分的排出一种是通过肾脏系统以尿液的形式进行排泄，另一种形式就是通过皮肤和粪便的形式进行排泄。在体能训练中经常会出现因大量运动而导致缺水的现象。

二、体能训练的能量代谢

（一）磷酸原系统代谢供能

ATP（三磷酸腺苷）、CP（磷酸肌酸是人体的高效供能物质），分解释放能量和再合成的过程，称为磷酸原或 ATP－CP 供能系统。

1. ATP

ATP 是肌肉活动、细胞活动唯一的直接能源，ATP 水解的放能反应可释放大量能量供运动所需。

2. CP

CP 分解后能释放出大量的能量，在这些能量的作用下重新合成 ATP，CP 转化成能量的转介是磷酸肌酸激酶（CK），由它供 ADP 与 Pi 进行能量的重新合成。CP 在人体的存储数量是有限的，如果长期进行极高强度的训练，CP 就会被消耗殆尽。

3. ATP－CP 系统

CP 和 ATP 属于大分子物质，不能被人体吸收，不能直接用作营养补剂。AT－CP 系统的能量物质可储存在肌细胞中，可被细胞快速、直接利用，能量输出功率高。

在体能寻轮中，中间停止的时间比较短的话，碳酸原的恢复量会比较少，运动中所需要的能量都是需要糖酵解来提供的，但是如果间歇的时间比较长的话，ATP-CP尽管有足够的时间恢复，但是训练的密度不足，不能刺激磷酸原，这样就会对AT-CP的供能能力的提高产生极大的影响。

（二）糖酵解系统代谢供能

糖酵解的原料是肌糖原，可实现无氧条件下的分解供能，因分解供能过程中产生乳酸，故称乳酸能系统。糖酵解系统的代谢供能过程比较复杂，伴随着一连串复杂的酶促反应。体能训练中，糖酵解系统的缺氧供能，可供体内急需，但是，当机体的运动时间超过10s，甚至更多的话，并且运动的强度也非常大的情况下，就不能满足机体基本生存的能量。

（三）有氧氧化系统

人体在进行运动的时候，如果氧气比较充足，运动过程中人体需要的ATP通常由糖和脂肪进行有氧氧化作用来进行分解，以此提供人体所需的必要能量。有氧氧化能为机体提供足够的能量，维持机体的肌肉工作。这个有氧氧化的功能被称为有氧氧化系统。

1. 糖的有氧代谢

在体能训练中，如果氧气足够的话，肌糖原或者葡萄糖就会彻底被进行氧化，然后分解成H_2O和CO_2，之后释放出大量的能量，这个过程就是糖的有氧代谢过程以及功能过程。

研究表明，1mol糖原完全氧化成CO_2和H_2O，产生39molATP，需要消耗6mol（134.4升）O_2。即以糖原作为燃料每重新合成1molATP，人体要摄取134.4÷39＝3.45升O_2。安静的时候可能要用10~15min，但剧烈运动只需要不到1min。糖有氧代谢可以简单表示如下：

$$骨骼肌糖原或葡萄糖(有氧氧化) \rightarrow ATP + CO_2 + H_2O$$

2. 脂肪的有氧代谢

人体内储存的脂肪参与供能，只能通过有氧代谢一种途径，有氧情况下，以脂肪为燃料，每重新合成1molATP，人体便要摄取512.2÷130＝3.96L的O_2，比用糖原作为燃料时消耗多约15%的氧气。脂肪的有氧氧化过程可简单表示如下：

$$脂肪(有氧氧化) \rightarrow ATP + CO_2 + H_2O$$

3. 蛋白质的有氧代谢

蛋白质供能较少，其代谢供能不是人体运动所需能量的主要来源，即使当食物中供糖不足或糖被大量消耗后，蛋白质供能也很少。在长时间高强度运动中，人体内存在蛋白质降解和氨基酸参与供能的情况，这个时候，身体能量很缺少，糖原基本都已经消耗完，蛋白质会作为基本的燃料重新进行ATP的合成，有氧氧化系统是人们在长期运动过程中的主要耐力来源。

第三节 体能训练的生物力学基础

运动生物力学是一门涉及多个学科知识的边缘学科，其中包括物理学、生理学、应力学、应用数学、解剖学以及体育运动技术理论等。运动生物力学研究人们体育运动技术规律的本质和规律，它为体育从业者提供了一门基础学科，从而使他们更好地理解体育运动技术。

一、在日常的体育教学进程中运用生物力学知识的重要性

作为一名业务能力优异的体育教师，必须要熟练掌握运动生理学、生物力学等学科的基础知识。运动生物力学将使体育教师对生物运动的规则原理、影响生物运动的相互作用以及人体运动时关节的受力状态等有更好的理解。在这个基础上，体育教师就能够很好地识别哪些技术不合理、不正确，哪些动作是科学正确的以及各自的原因和可能导致的结果。[1]

二、运动生物学知识在教学中的应用

对于体育教学而言，就像其他学科一样，需要不断地完善和改善教学方式和方法，以提升当今学生的身体素质。优秀的体育教师不仅能对动作示范进行准确而标准的指导，还可以运用运动生物力学的知识，引导学生进行针对性的训练和研习。运动生物力学研究运动及其受力关系，它能渗入每一个动作和动态模型。每个动作都符合解剖学、运动生物力学的运动规律，而运动模型将力量与人体运动轨迹看作质点运动，从而分析人体结构运动和运动规律之间的关系，它是体育

---

[1] 徐磊. 人体上肢运动链基本动作的生物力学分析[M]，石家庄：河北师范大学，2014.

教学中一项重要的理论基础。运动生物力学能够细致分析运动技术原理，从而有助于体育教学活动的开展，优化教学内容，将运动生物力学与田赛、径赛等运动项目相结合，可以有效增强学生的体能、身体素质，使教学过程变得更加丰富而形象易懂，在体育教学中发挥着重要的作用。

（一）运动生物力学在田径教学中的运用

大部分田径分析研究表明，在着地过程中，提升步频和延长每步的长度十分重要。因此，在田径教学中，应让学生了解运动生物力学对提高成绩的影响，以及如何合理地选择着地点，以便提高自身实力。在实际训练中，教练可以利用秒表和皮尺等简单的测量工具，对学生运动习惯进行分析研究，分析哪些方面需要改良，从而达到定量分析的目的，客观地评估学生的动作和姿势。

通过运动力学理论和科学手段，可以对学生百 m 冲刺时的全程平均速度、每步长度、步频等的变化进行定量分析，可以将 100m 分为 10 段（每段 10m），记录各段所用的时间、步数等，可以算出全程的平均速度、平均步频、各段的平均速度以及平均步频，从而可以根据数据变化分析各段的效果，如果学生着地时间偏长，步频会显著降低，也会导致速度下降。

只有通过利用运动生物力学的原理对脚落地点和身体重心在地面上投影距离大小进行科学分析，才能有效解决支撑反作用的问题，减少着地时间，增加步频，提高每步的长度，使身体朝前运动的动量增加。在体育教学进程中，这样的科学分析可以让学生摒弃"踢小腿"跑法，更深入理解"扒地"，更有针对性地实施体育教学。

（二）运动生物力学在铅球教学中的运用

提及铅球，学生大多有"用力投掷却无法达到较远的距离"的感受。为了应对学生的反馈，体育老师们采用运动生物力学原理，分析铅球出手高度、落地时间以及最终距离，从而推算出投掷铅球时的初速度。他们还结合运动力学知识，将投掷动作结构化分解并分析，让学生进行有针对性的训练练习，达到加深对动作要领的掌握，从而达到更好的教学效果和提高学生投掷铅球的距离。

第四节　体能训练的心理学基础

一、体能训练的心理影响因素

(一)动机

1. 动机的概念

动机是一种能够激发个人行为的心理动因，是个人行为发展的内在动力。它可以帮助个体实现其心中的愿望和理想，推动其行动朝着特定的目标发展。同时，动机也是行为结果的源泉，它关乎个体的内在状态，并最终影响行为的发展。

2. 体能训练动机的培养

激发小学生参与体能训练的动机，是促进小学生全身心投入体能训练、获取良好训练效果的重要基础。小学生的体能训练动机可通过以下方法强化和提高。

(1)满足小学生运动的乐趣需要。通过长期参与体能训练提高身体素质的过程通常需要不断重复动作、重复训练内容，非常枯燥。长此以往，小学生会失去运动乐趣、失去继续参与训练的动力。针对此，应选择对小学生感兴趣的内容和项目，科学安排训练时间和负荷，增加训练趣味性。

(2)通过强化手段培养动机。通过强化手段(如奖励、荣誉)，激发小学生的外部动机，进而刺激小学生的内部动机，提高其参与运动训练的积极性。

(3)小学生通过自我调整以引发动机。小学生应正视训练，端正训练态度。

(4)相互鼓励。小学生之间，可以通过相互鼓励参与体能训练。

(二)情绪

1. 情绪与个体行为

据运动心理学研究表明，情绪在牵涉到个体对动作技术的掌握中发挥着重要的作用，这一作用可以表现为正面和负面效果。正面的效果是：良好的情绪能够提高个人的活动能力，让人体运动能力取得更高的程度。而负面的影响则是：不良情绪会对个体的心理活动产生不利影响，表现为精神不振、无精打采、心灰意冷等。因此，情绪对小学生的体能训练具有重要影响。

2. 体能训练的情绪观察与控制

体能训练常常会感到单调乏味，要想掌握技术动作，就需要小学生拥有足够的耐心和稳定的心态才能够完成，否则一旦有疏漏或者训练错误，不仅会降低小学生的技术水平，更可能引起身体的损伤。基于以上分析，在体能训练中，体育教师应注意小学生在体能训练期间的情绪变化，重视对小学生的良好情绪的引导，使其能以很好的情绪参与运动训练，如此才能积极、主动集中注意力，收到良好的训练效果。

（三）注意力

1. 注意力及其特质

研究表明，注意力是个体心理活动的选择性指向和集中，是自觉支配行动以实现既定目标的一种心理进程。它不仅仅包括被动注意（不随意注意），还包括主动注意（随意注意），并且需要个体在行动时克服困难。注意力有四种特质，即广度、稳定性、分配和转移，这是衡量注意力好坏的重要标志。

2. 注意力与体能训练的相互作用

意志与行动之间具有密切的关系，体能训练属于个体行为，注意力与体能训练两者是相互影响的。一方面，运动心理学研究表明，长期参与科学的体能训练能够提升个体注意力，同时也有助于改善小学生的身体素质，令大脑细胞更加柔韧，促进细胞之间的联系，使小学生更容易接受新的体能训练知识和技能知识。系统的体能训练不仅可以减轻长时间训练带来的压力，也可以让小学生更能放松身心，调剂训练，以便将注意力集中在训练上。另一方面，良好的注意力可促进小学生更好地完成训练任务。注意力是小学生运动能力的重要组成内容，是小学生必须具备的心理能力，可见注意力对运动的重要性。良好的注意力可使小学生在参与体能训练中更加集中精力，完成正确的动作定型和避免训练损伤。[1]

3. 小学生训练注意力的集中与改善

小学生的注意力对其运动训练过程和效果有重要影响，因此，对于注意力难以集中的小学生来讲，在运动训练过程中应重视其运动注意力的训练。

注意力训练就是利用特定的方法来增强个体的注意力。可以通过一些技巧和

---

[1] 杨鸣亮，王从江. 现代实用体能训练基本原理与方法[M]. 北京：中国时代经济出版社，2014.

方法来提高注意力：①利用目标的力量来激发注意力，但要注意"力度"的把握；②鼓励对专注能力的兴趣；③培养对专注能力的自信；④增强小学生抵抗外部干扰的能力；⑤训练时正确处理训练和休息的关系；⑥整理大脑；⑦加强对感官的全面训练；⑧不要在困难点上停留。

（四）意志力

意志力是一个重要的心理学概念，它指的是个体在有意识地支配自身行动，以达到自己的目标时，能够克服种种困难的一种品质。与此同时，它也是一个特定的心理过程，以个体行动为载体，努力实现其早已设定的目标，并在行动中不断克服阻碍。

个人的意志力可以通过行为得到改善，也能进一步影响个体行为。就体能训练来说，意志力与体能训练参与两者之间的相互影响关系和作用分析如下。

1. 意志力对体能训练的影响

科学参与体能训练能使小学生拥有坚强的意志，可促进小学生坚持完成训练任务、提高身体素质水平。体能训练中，小学生机体肌肉有时会处于非常高的紧张状态之下，并且需要完成各种不同难度的动作，此时意志力能够满足完成动作的需要。体能训练中，面对各种困难，通过意志激励，可促进小学生克服外部和内部干扰。体能训练比较枯燥，需要消耗大量身体和心理能量，容易导致身心疲劳甚至运动损伤，坚韧不拔的小学生能够克服因为疲劳和损伤而产生的负面情绪以及注意力不集中，让自己始终保持紧张的身心状态，以实现训练任务的完成。体能训练初期，对基础差的小学生来说，可能会产生畏难心理，而坚定的意志可以帮助小学生克服畏惧心理，顺利完成训练。

2. 体能训练对意志力的影响

通过参与体能训练提高身体素质水平并非短时间内就可以实现的，训练过程也不可能一帆风顺。小学生需要长期参与内容枯燥的运动，重复同样的运动内容、动作技术，并在整个训练期间，克服各方面的困难。随着体能训练的深入，小学生在初期阶段的各种身体不适应都会得到改善。训练贵在坚持，小学生在经过一段时间的体能训练后，可以发现自己的意志力会有很大的改善和提升。体能训练，训练的不仅是身体，也有助于心理素质的改善。

（五）心理定向

心理定向是个体心理上的"定向趋势"，在体能训练中，心理定向是非常重要的。从动作开始之前就必须进行心理准备，以及保持相应的注意力指向，这将为小学生提供积极反馈，以及促进心理活动的调整。准确的心理定向有助于小学生及时进行头脑预设，达到更加优质的动作完成，也是影响小学生能否专心参与体能训练的重要因素。

二、体能训练者个性心理特征

个性是个体心理表现的综合体，它以一定的倾向性和较为稳定的心理特征影响着个人的行为，运动行为也不例外。

（一）性格

性格是个性心理特征的重要表现之一，是个体个性的重要组成部分，指的是个人针对现实情况的习惯性态度和行为方式。了解个体的性格特点，可以让我们更好地知道自身的优点和缺点，也可以有效地掌握在某些情境下应采取的行动。MBTI(Myers-Briggs Type Indicator)的性格测试在国际上最为流行，把人的性格分为16种类型。

不同的小学生拥有独特的性格，这对他们训练的重要性不容忽视。性格作为人类大脑凝练的社会关系反映，对小学生的训练起到至关重要的指导作用。了解小学生的性格分布，有助于根据特定的训练内容、节奏和方法安排训练。虽然人们的性格比较稳定，但它仍具有一定的可塑性，例如一个害怕改变和冒险的人，经过体育训练可以变得勇敢而有冒险精神。

（二）气质

气质对人的心理活动起着至关重要的作用，不同气质的人也会有不同的行为表现。个体运动的气质类型是一个非常重要的因素，可以显著影响训练目的、需求以及对训练内容和方法的选择。因此，了解和把握个体的气质类型显得尤为重要，这有助于根据个体特点制定有针对性的体能训练计划。

（三）心理能力

心理能力是个体综合应对外界事物和变化的心理素质，指个体顺利完成某种活动必备的心理特征。运动心理学认为，对小学生来说，其必须具备与运动训练相符的心理承受能力，它是掌握运动技能，提高运动水平的基础。心理能力的个体差异性较大，如有人善于形象思维，有人善于抽象思维；有人聪明、有人愚笨；有人敏捷、有人迟钝。体能训练中，应结合个人能力选择与之相适应的训练项目内容。

第五节　体能训练的教育学基础

一、体能训练的教育学规律

（一）认知规律

个体的认知过程是一个客观的渐进过程，不以人的意志为转移。人的认知能力是个体认识和理解事物的过程，是与生俱来的，但是个体/群体认知表现出一定的规律，具体表现为：①人的认知能力与生俱来，同时，也是受外部环境心理等多种因素影响的；②人认识事物的过程是由表及里、由外及内、由浅入深的过程，这个过程不能逆转；③个体的认知受年龄因素影响。不同年龄阶段的人的认知特点不同，同一年龄阶段的人可表现出认知统一性，但同时，受环境、年龄、心理等多种因素影响，不同个体的认知具有个体特点。人的认知能力和体能训练是相互影响的。

第一，经过运动实践的验证，有系统的训练可以显著提升个体智力水平，进而增进其记忆、注意力、思维能力以及反应能力，加快和加深对事物的认知。而通过对技术动作的模仿与多次练习，小学生的思维方式和方法得到改善，为提高智力水平打下基础，自然也就提高了他们的注意力、记忆力、反应能力和思维水平，有助于他们情操的陶冶，使其情绪稳定、情感开朗、思维活跃。

第二，认知的提高对小学生的体能训练也十分有利，良好的认知能力能使小学生更加清楚地理解训练原理、运动规律、技术特点、动作方法等，从而优化训练。在体能训练中，体育教师对小学生的体能训练安排，不仅包括身体练习，还包括体能训练的相关运动学、心理学、医学、营养学、训练学等基本知识的传授。体能训练应遵循小学生认知规律，科学施教，具体应明确以下两点：①体育教师应结合小学生的运动训练相关理论知识开展教学与训练，充分考虑小学生的认知基础、认知特点、认知差异和认知的由浅入深、由表及里。体育教师在体能训练和训练知识教学中必须遵循这些规律，特别注意使训练学知识与运动技术表象之间建立起巩固的联系；②体能训练中，体育教师可有意识地充分利用运动技术提高和促进小学生认知能力的发展。

（二）技能形成规律

研究表明，小学生在运动训练过程中，运动技能的形成普遍需要经历以下几个阶段。

1. 泛化阶段

泛化阶段是小学生在体能训练初期对动作技术的学习和接触阶段。这一阶段，由于小学生对运动内容、方法等不了解，需要在体育教师和同伴的指导（讲解或示范）下获得一个新的感性认识，要建立正确的动作概念，首先着重对小学生基本功的练习，关注每一个基础动作的动作规格，进而为此后进阶技术的学习打下良好的基础。结合小学生技能特点，该阶段训练的主要任务为使小学生建立正确的动作表象，粗略掌握一般的技术动作，不必过分强调完美的动作细节问题。

2. 分化阶段

进入体能训练中期，经过前段时间的学习认知，小学生对所学体能训练运动技能有一个大致的了解，这一阶段的小学生大多已经初步建立了动力定型，但并没有达到巩固的状态，如果出现新的刺激，错误动作和多余动作可能重新出现。[①] 结合小学生技能特点，该阶段训练的主要任务应为分清重点与主次。要求整体教学内容要确定重点，每项教学内容要确定重点动作，以重点带一般，提高小学生贯通和联想能力。

3. 巩固阶段

在巩固应用阶段，小学生必须不断地完善和改善他们所学的技能或者完成的动作，以期尽早建立肌肉动力结构。为此，他们需要掌握不同动作间的灵活联系，便于达到更高效率的运用。小学生应该具备一定的运动能力，结合小学生技能特点，避免过于模仿，要在研究教学规律的基础上做到举一反三，把握规律，力求抓住技术特点，以灵活运用。

---

① 曾理，曾洪林，李治. 高校体能训练理论与训练教学指南[M]. 北京：新华出版社，2018.

4. 自动化阶段

长期系统的体能训练，小学生对动作技能熟练掌握与运用，可以在无意识的条件下完成的一种行为，这就是自动化现象。自动化现象也具有其独特的特点，比如将整个动作或者某些部分变成无意识行为。这就要求人们在做出手动操作时，必须聚焦，不能出现忽视或疏忽的情况。结合小学生技能特点，该阶段训练的主要任务为注意对展示本专项特点的掌握，使其抓住练习技巧，全面体现共性特征、突出个性风格。

（三）运动负荷规律

运动训练过程中，以小学生的不同内容和形式的身体练习为主，身体练习需要充分考虑到运动负荷因素。对运动技能、体能素质训练过程中的运动负荷的确定要做到科学严谨，遵循机体运动的运动负荷规律。体能训练中，科学确定运动负荷，应遵循以下原则：①科学安排运动负荷。对于运动负荷的科学安排就是对运动负荷的各种影响因素的合理安排。运动负荷的影响因素大体上分为两部分，即运动量和运动强度。运动量是指数量、次数、时长、距离、重量等；而运动强度则涉及动作速度、练习密度、间歇时间、重复距离等方面。②运动负荷由小逐渐增大。运动负荷不能超过小学生机体的最大负荷限度。③运动负荷并非越大越好，具体要结合教学的目标和小学生的身体状况来确定。

（四）技能全面与特长发展规律

现代竞技体育竞争激烈，小学生不仅要有全面的技能基础应对场上各种态势，同时要具有特长技术在比赛中克敌制胜。现今的竞技比赛，可以从参赛选手的实力上看出，拥有全面能力和特长能力同时具备的数量和质量是有一定程度的关联的。小学生的整体实力往往可以从他们全面能力和特长能力的出现数量和质量看出结果。

特长是指在培养选手综合实力的基础上，突出发展和开发小学生的优势技术，为选手的整体发展创造更多优势和空间。因此，现代小学生培养的一个训练重点就是把小学生培养成既具有全面技术能力又具有特长技术能力的体育人才。

在现代体育教学中，教师不仅要重视学生运动能力的全面发展、还要重视特长技能的发展，同时要有目的地促进学生全面能力与特长能力发展，即在学生运动技能全面发展的基础上，突出对其特长技术的科学训练。从狭义的专门性的体能训练来说，体能训练应为小学生从事体育运动专项服务，既要重视小学生的基础体能素质的训练与提高，也要重视小学生的专项体能素质的训练与提高，并着重发展小学生的某个或某几个专项技术所需要的体能素质。

二、现代教育理念对体能训练的启示

先进的教学理论、教学思想对教学实践具有重要的指导作用，先进的教学思想可促进教学理论与方法的发展，而教学理论与方法的发展必须遵照现代教育观念不断更新。在现代教学，特别是体育教学领域，不同时期有影响力的教学理论和思想都发挥出了重要的作用，推动了教学理论的发展和完善，进而促进了教学活动的科学执行。

（一）转变传统的训练观念

鉴于历史和传统的影响，中国目前的体育锻炼仍然充斥着大量传统的教学理念，但随着时间的推移，这些传统观念还存在许多缺陷，对于小学生的全面发展、素质提高不利。对此，必须转变传统统一标准的、内容枯燥的、一味强调重负荷的体能训练观念，而要结合小学生的实际情况，科学设计训练内容、方法，突出训练的伸缩性、灵活性和多样性，以激发小学生参与体能训练的兴趣，促进每个小学生的体能素质发展。

（二）重视小学生的主体地位

"以人为本"是现代体育教学的科学教学思想。该思想充分认识到学生在教学中的主体地位和教育对学生发展的教育功能及其重要性。教育有其重要的意义，其中之一是培养有能力适应时代发展的人才；若是缺乏对人的社会性培养，便会失去其存在的价值和特征本质。现代教学中，学生作为教学活动的主体已经得到共识，因此，教学活动应围绕学生展开。新时期的教学理念强调尊重、关注学生，突出学生主体。在现代体能训练中，体育教师也应学会充分尊重小学生的主体性地位，重视小学生的主体地位是创新教育理念在现代体能训练中的重要运用。

在传统的体能训练模式中，体育教师处于支配地位，小学生的能动性受到限制，缺乏体育教师和小学生之间的交流与互动，不利于小学生对运动技战术的理解与掌握。因此，有必要重视小学生的主体地位，以及训练中的能动性发挥，创造良好的训练氛围，鼓励小学生充分发挥自己的智慧与才能，不断思考创新，提升自身的运动知识与技能。

（三）改变陈旧的训练模式

体能训练是一个系统性过程，小学生需要经过长期艰苦的训练，而训练本身也会变得重复乏味。传统的训练模式难以唤起小学生的热情，令其保持训练状态，因此，在现代体能训练中，有必要建立和实施更具创新性的教学模式，使得训练过程更加生动形象、更有激情。

借"情景剖析"教学作为启发，在现代体能训练中，采用这种教学方式有助于小学生建立正确的学习意识，同时也有助于他们更好地理解和掌握训练要领。经验和规律表明，小学生在训练前的预习对他们掌握技能有重要的作用。每次训练开始之前，体育教师应该对体能训练的理论、方法以及技能要点进行细致的讲解，要求小学生仔细观察才能掌握和熟练运用技术动作。此外，体育教师在课堂上的示范和指导也对小学生的技能水平有着直接的提升作用。而对小学生的体能教学与训练课的情景创设与兴趣激发，将直接影响小学生的学习投入速度和程度。

（四）变革落后的训练方法

在现代体能训练中，必须采取一种全新的教程和方法，一种既具备多样性又不缺少与运动相关特质的教育方式，以防止出现小学生虽然学会了某些技能，但在比赛中难以充分发挥的情形。对于现代体能训练，应采用多种方式和方法，强调激发小学生的积极性和活跃性，打破传统的教学模式。在此过程中，体育教师应该积极地发展小学生的智力，激发他们的创新思维，让他们在学习运动技能的同时，提高主动发现、分析和解决问题的能力。

（五）以教为学，重视创新

教师不应把教学作为目的，而是作为一种手段，其主要任务是引导学生，激发学生的学习潜力，使之通过主动学习来发展和培养其创新能力。随着当下体育教学改革的不断深入，创新教育已经成为中国体育教育的重中之重，创新型人才必将成为决定未来社会发展方向的核心力量。因此，创新教育理念要求

小学体能教学和评价的探索与实践

教育对学生思想品质及个性品质有全面的培养，帮助学生树立起持之以恒的创新精神，从而将其贯穿于教育的始终。在现代体能训练中，体育教师应重视小学生的体能训练理论与方法的传授，还应重视小学生的自主训练创新方法和能力的提升，使小学生能更贴切地结合自身情况改善训练、完善训练、促进自我素质的不断发展。

第三章

小学生体能教学
——力量训练

第一节　力量训练

一、小学生力量训练的特点

（一）绝对力量小

小学时期的孩子们，身体正处在发育的关键时期，骨骼发育还没有成熟，所以，在力量的承受方面也是有限的。过强的力量会严重影响其身体发育的情况，还会造成家长的心理压力。很多家长都期望自己的孩子长得又高又壮，反观大力量训练会给孩子的发育造成很大的负担，这些都是绝对力量训练的影响因素，体育教师在进行训练的时候，一定要在合理的身体要求范围内进行绝对力量的训练。

（二）持续时间短

小学生在进行力量训练的时候要遵循一定原则，如时间要短，频率要高，还要注意保证足够的休息，这样小学生才能有充足的身体机能和注意力来满足训练的要求，并通过科学有效的力量训练达到训练的最终目的。如果长时间对小学生进行高压、高强度的力量训练，那么他们的身体承受能力和承受的时间都是远远不够的，过度训练就会使他们受到伤害。所以说，体育教师要做好短期训练计划，增强训练的频率，这样会让身体有足够的间歇休息时间，反而更加容易完成训练的目标，达到预期的训练效果。

（三）手段多样化，方式游戏化

力量训练比较枯燥，这与小学生爱玩、好奇心重的心理特点是相悖的，因此，体育教师要设计多样化的训练方式来吸引他们的兴趣，避免枯燥化的单一训练磨灭了孩子们的激情，最终影响训练的成绩。需要注意的是，不管采取什么形式的训练方式，一定要保证训练的进度，保证训练的安全，尤其是在高强度的训练过程中，安全意识和注意力都会分散，一定要保持头脑清醒，做到注意力集中，才能完美做好每个力量训练的动作。

二、力量训练时应注意的问题

(一)尽量减少脊椎的直承受力

小学阶段,小学生的骨骼发育还没有健全,尤其是脊椎发育尚未定型,过大的力量负荷会严重影响脊椎的良好发育。在进行力量训练的时候,一定要注意这一点,把力量训练的指标缩小在脊椎可承受的压力范围内。或者将压力分散在身体的其他部位,这样就会避免了脊椎长时间经受高负荷运动压力。

(二)保护帮助安全措施到位

体育教师在进行小学生肌肉训练的时候,一定要做好充足的安全准备。因为小学生自身的体力不足,没有能力承受太大的运动负荷,一旦超过身体承受能力,随时都会有意外情况的发生,造成重大的安全事故。因此,对于教练来说,科学、合理的训练计划与安全措施的准备同等重要。

(三)力量训练课时频率不宜过大

我们都知道,要想尽快取得良好的训练成绩,力量训练强度越大越好,这也就造成很多教练只注重成绩,为了追求教学成绩,忽略了学生的身体发育规律,最后小学生形成了和成年人一样的肌肉硬块,身高却停止发育,一个个矮墩墩。这些都是在强压力量下长期训练的结果,不仅毁掉了学生的身体,甚至毁掉了一个孩子的运动生涯,所以,教练在训练的时候一定要以学生的身体素质为基准,每周的训练尽量控一次,甚至两周一次也可以,这样才能保障小学生身体的健康成长。

(四)多加强小肌肉群力量练习

对于小学生来说,大肌肉群还没有发育好,力量方面表现的不够强壮,所有,小学生在训练的时候要偏重于小肌肉群的练习。这一点已经得到了多数教练的认可,这一训练的基本点适用于每个年龄段的训练人员。小肌肉群在某些技能型训练的运动中都发挥着重要的作用,因此,加强小肌肉群的锻炼,不仅缓解了大肌肉群的训练压力,对于某些小学生说,也是抓住了力量运动练习的核心点。

三、适宜小学生的力量训练方法

(一)提高小学生核心力量的方案

如今,使用健身球锻炼身体的人越来越多。锻炼的时候,运动者可以将双腿或者双手放置在健身球上进行支撑锻炼,也可以通过仰卧屈膝的形式在健身球上进行后背和腰部的力量拉伸,难度都是层递形式的,有一个从简单到复杂的过程。这种健身方式很有意思,小学生非常喜欢,能够有效改善核心肌肉区的稳定性和平衡力。

悬吊训练是训练力量的另一种形式,通过静态和动态两种方式对小学生进行运动训练,帮助他们进入训练的敏感期。除此之外,为了帮助小学生恢复疲劳损伤,可以采取悬吊训练提升小学生的身体素质以及功能性方面的素质。

(二)提高小学生上肢力量的方案

振动杆训练是一种非常有效的锻炼上肢力量的运动方案,目前这项运动已经得到了国内外体育高校以及从事体育工作的教师的广泛认可。在训练的时候,运动者可以用手拿着振动杆,小幅度、高频率地进行运动,以此达到放松肌肉的效果。当然也可以采取低频率和大幅度的高强度运动,以此控制上肢的肌肉力量。

使用训练绳能够有效提升上肢肌肉的爆发力,小学生可以通过操控训练绳来增强上肢肌肉的力量。小学生可以根据自己的能力选择适当的绳长和重量,同时针对不同的运动项目,也可以灵活调整。此外,合理安排训练时间也是很重要的。

(三)提高小学生下肢力量的方案

1. 器材辅助纵跳

器材辅助纵跳能够增强小学生的纵向跳跃的能力,能够借助运动器材把自身的力量极致化扩大,以此完成高强度训练。例如,跳深训练、跳栏架、跳垫子、跳台阶、立定跳高、跳绳等等,都可以作为辅助性器材提升小学生的纵向跳跃能力。

2. 向上纵跳

通过积极的身体纵跳和不断快速地进行跳跃运动,我们可以抑制自身重力并利用体重来增强力量。收腹跳、提膝跳、换腿跳、立卧撑跳、弓箭步跳、组合跳等都是非常有效的力量训练方法。这些训练可以利用自己的体重来激发力量，达到增强力量的目的。

3. 爆发前跳

通过从静止状态开始利用腿部力量迅速爆发，我们可以有效地推动整体身体向前跳跃，从而提高腿部力量。比如立定跳远、多级跨跳、蛙跳、立定三级跳远、多级蛙跳、以及单腿跳等。这些蹬地运动可以明显增强我们的腿部力量。

4. 负重跳

人们已经发现，当身体承受一定重量的压力时，进行跳跃练习可以获得令人满意的效果。为了让学生的身体能够承受这种重量压力，可以采用多种形式的跳跃练习，如负杠铃半蹲跳、负杠铃直膝跳、拿着壶铃蹲跳、负重弓箭步跳等。然而，在进行这类练习时，必须严格控制重量，并采取适当的保护措施。

5. 离心对抗训练

通过远心端受力进展对抗力量训练，以此来增强力量。这种方法的效果非常显著，并且逐渐被广大群众所认可和接受。实验证明，在一些离心对抗练习中，人体可以获得意想不到的强大力量。我们可以利用这一点来进行小学生的力量训练。例如，人体俯卧，以脚跟为支点，快速按压腿部，而被按压者则积极对抗按压，从而形成一种力量对抗，达到训练的目的。

（四）提高小学生全身力量的方案

在小学生身心发展的关键阶段，功能性力量训练非常重要。随着理论研究的深入，功能性力量训练已经逐渐成为人们日常生活中的一部分。通过功能性力量训练，可以提高核心区域的稳定性，增强肌肉感知能力，并提高协调收缩速度。

通过有效的运动训练方法，我们可以提高骨骼结构的机械效率，同时发展核心肌群的力量，从而使学生的柔韧性和敏捷性得到显著提升。为了更好地加强核心区域的训练效果，可以引入健身球作为辅助工具。在课堂运动的最后阶段，可以进行简单的稳定性力量训练，以进一步稳定核心区域的肌肉。悬吊训练是一个非常有效的放松练习方法，尤其适用于小学生的敏感期。此训练方法可以缓解肌肉疲劳，同时有助于增强肌肉力量。

通过使用振动杆进行上肢力量的功能性体能训练，可以有针对性地锻炼上肢肌肉控制力。建议每次训练时间不要过长，最好每组进行 5min 的训练，组间间隔时间为40s。通常进行4~5组的训练就可以了。此外，训练绳也是一种主要的上肢肌肉爆发力训练模式，训练量应根据训练者的实际情况进行适当调整。另外，弹力环的训练可以在日常生活中使用，学生们可以通过抗阻方式进行练习，甚至可以进行竞赛，这对于功能性力量训练也有很大的作用。

四、小学生力量训练的建议

（一）小学生力量训练的关键

（1）小学生的身体和心理成长受功能性体能发展的积极影响非常大。功能性力量训练是一种全面性的体能训练方法，它通过多种维度和方式强调从整体出发，根据小学生的生理特征，对不同部位进行针对性的专项力量训练，以全局的视角来看待身体的各个部分。这种训练方法可以帮助小学生提高身体的功能性力量，如爬行、跳跃、推拉等动作的协调性和稳定性。同时，功能性力量训练还可以促进小学生的心肺耐力和灵活性的发展，提高他们的身体素质和运动能力。通过这种训练方法，小学生可以培养积极的运动习惯，增强自信心和自尊心，促进身心健康的全面发展。

（2）不同的年龄段存在着各自独特的发育关键时期，尤其是11~13岁的小学生。在这个阶段，他们正处于力量素质敏感期，身体机能尚未完全发展。为了促进功能性力量素质的提升，我们需要采取有针对性的训练方法。在训练过程中，主要采用小负荷、低频率和高质量的训练方案，以确保他们的身体得到适当的刺激和发展。这样的训练方法可以帮助他们逐渐增加肌肉力量和骨骼稳定性，提高身体的功能性能力。此外，这种训练方案还可以降低他们在训练过程中可能出现的风险和伤害。因此，对于11~13岁的小学生来说，小负荷、低频率和高质量的训练方案是非常有效和适合的。

（3）在传统科学的基础上，我们可以通过一些创新方式来加强小学生的功能性力量训练，从而达到运动水平和身心素质的最佳状态。其中，健身球和悬吊训练可以用来增强小学生核心区域的力量，通过振动杆和训练绳可以提升上肢肌肉力量和控制性能，而弹力环则可以用来增强小学生的腿部力量。这些新颖的训练工具和方法将帮助小学生全面发展各个身体部位的力量，提高身体素质。

（4）在学生力量发展的关键阶段，体育教师可以运用功能性力量训练的方法来帮助小学生迅速提升力量素质，从而获得更明显的成效。

(二)小学生力量训练的建议

(1)为了提升小学生力量训练的核心力量,还是要抓住力量训练的力度,适当控制运动过程的身体负荷,采用低强度的运动方式进行力量训练,如悬吊训练、支撑练习和健身球练习等,这些都有助于核心力量的提升。

(2)在进行力量训练时,我们应该注重发展表层大肌群和核心区。为了实现这一目标,我们可以使用一些设备和工具,例如振动杆、训练绳和弹力环,进行上下肢的对抗训练。这样的训练方法可以帮助我们有效地增强肌肉力量和稳定性。同时,我们需要小心控制运动负荷,以避免过重的负担对身体造成伤害。因此,在进行力量训练时,要根据个人的实际情况合理安排负荷,确保训练的安全性和有效性。

(3)针对小学生的功能性力量训练,应该采用多维度、整体全面练习的方法,并着重加强核心区域的力量训练。对于训练时间和负荷比例的安排来看,应该更加注重提高身体协调能力、稳定性和平衡能力。考虑到大多数小学生缺乏良好的控制能力,因此在进行力量训练的过程中要遵循"金字塔"原则,从易到难要经历一个过程,根据每个过程的具体情况安排训练的强度和密度,这样才能有效控制小学生的力量素质。

第二节 抗阻力量训练

抗阻力量训练可以算作全面身体锻炼的一部分,它能有效提升肌肉力量和体积,并具有预防慢性病的效果。要实现这些效果,需要精心设计抗阻力量训练运动方法,包括训练强度、组数、频率、方式、顺序、间歇时间、肌肉收缩速度及训练量等内容。

根据不同的运动人群和目的,定制合理的方案显得尤为重要。而抗阻力量训练(也称为力量训练或阻抗训练),能够帮助身体克服阻力,达到肌肉增长和力量增加。它是完整身体锻炼计划中不可或缺的一部分,对于专业运动人群和普通大众来说,制定和使用相应的方案是十分必要的。

经验表明,抗阻力量训练有利于促进肌肉力量、体积和耐力的增长。而且,据研究发现,这种训练还能改善速度、平衡性、协调性、弹跳力、柔韧性及其他运动方面的能力。此外，它还可以延缓肌肉衰老，提高代谢速度，促进能量消耗，减少身体脂肪堆积，防止摔倒和骨折等现象的发生。最近，抗阻力量训练在预防慢性病方面也呈现出了良好的作用，受到了越来越多的关注。

现在，许多小学生都参加抗阻训练，只要在科学的监控下，这种训练是有效的体能锻炼方法。由于小学生身体尚未完全发育，在初次抗阻训练时，必须充分考虑他们的成熟度、运动能力以及个人目标。如果运动强度过大，可能会导致小学生的恢复时间不够。在为小学生制定训练计划时，应该根据其运动能力，逐步增加运动量和运动强度，以减少运动伤害的风险。

一、小学生抗阻力训练的意义

（一）小学生可训练性

调查显示，如果训练强度和训练量合理，小学生获得的肌肉力量的增加会超过自然的生长和成熟引起的力量增加。因此，尽管小学生可训练性问题仍然有待争论，但是如果训练量和强度合理，小学生仍然有可能获得肌肉力量的增加。通过抗阻训练计划，未经训练的小学生可以提升30～50%的肌力。然而，因为许多因素会影响肌肉力量的增长，比如训练计划、指导质量和运动背景等，是否采用相对还是绝对的力量进行比较，仍然存在争议。此外，即使在停训期间，参加体育课也无法维持青春前期训练获得的力量水平，研究还发现，每周只进行一次抗阻训练的小学生力量水平只有每周训练2次小学生的65%。

就目前的研究结果而言，停训反应的机制尚不清晰，但有可能与神经肌肉功能的改变有关。成年人可以通过抗阻训练让肌肉变得肥大，从而进一步提升力量水平。然而，对于处在青春前期的小学生来说，肥大的肌肉是否主要是由于抗阻训练而引起的，问题尚存在争议，因为小学生青春前期体内睾酮水平较低，他们很难通过抗阻训练来提高肌肉质量。不过，小学生由于激活运动单位、增强运动单位协调性、募集和神经冲动释放能力的改善，以及产生的内在肌肉适应性，都会导致小学生肌肉力量的增强。

（二）小学生抗阻训练潜在益处

调整抗阻训练会有助于降低肥胖小学生的体脂，并有助于改善身体成分。虽然有人认为这种训练会阻碍小学生的生长发育，但这是片面的。实践表明，合理的抗阻训练会有利于小学生在各个发育阶段，促进身体的健康发展。此外，规律科学地进行多关节的负重练习，可以显著增加小学生的骨密度，进而提高骨骼质量，降低骨质疏松，减少骨折的风险。有些教练认为早期专项化训练是成功的关键，不过相比之下，将抗阻训练纳入小学生体能训练方案中，可能会更有利于他们未来的竞技成绩。但是，由于肌肉骨骼系统会承受持久的重复性压力，而且小学生在耐受压力、训练负荷和渐进性上有很大差异，因此需要谨慎考虑。因此，科学的渐进性与训练计划多变性原则将有助于防止厌烦，减少过度训练发生。另外，科学的恢复性方法（如拉伸整理活动、训练后加餐、高质量睡眠）也会提高训练的适应性，减少损伤的风险。

（三）潜在危险性的考量

小学生科学进行抗阻训练是比较安全的，但在运动时施加在关节上的力比传统抗阻训练时施加到关节上的力更大。因此，小学生在抗阻训练时要注意骺板损伤的潜在风险，因为小学生的骨骼还没有完全骨化，容易出现损伤的趋势。当然，小学生非常需要安全的科学测试，如果他们能够按照规定进行准备性活动，遵守渐进性原则和进行监控，那么就可以有效地降低骺板骨折的风险。另外，小学生抗阻训练还容易造成重复性软组织损伤，例如下背部和肩部，所以应该进行科学的监控，遵守特定年龄段训练原则，以减少受伤的风险。

二、抗阻力量训练原则

（一）总原则

抗阻力量训练有一个重要的应用原则，即逐步增加训练的强度和量，以达到增强肌肉力量、耐力和保持体重去脂的目的。根据 ACSM 的指导，针对中老年及身体虚弱者，最佳的抗阻力量训练方法应当调动全身主要肌群参与、每周 2～3 次、每次至少 1 组、每组 10～15 次重复，因人而异。这也是多数研究中确定的抗阻力量训练的基本原则。

1. 训练负荷

研究结果显示，运动强度可以决定肌肉力量和体积增长的幅度，而不是个人基础的体能和意志，这一点在所有年龄组的人群中都有所体现。因此，阻力负荷大小对于取得最佳运动效果来说，是抗阻力量训练中不可忽视的关键变量。

抗阻力量训练的强度一般用极限力量 1RM 或 RM 的百分比来表示。以 RM 来决定适宜的训练负荷是最简单的方法。1 到 6RM 被称为高强度训练，8~12RM 被看作是中等强度训练，10 到 15RM 则被视为低强度训练。负荷增加，RM 便会自然减少。反之，当训练者力量提升时，负荷不变，RM 会相应地增加。

一般而言，大负荷比小负荷的总效果更好。从某种程度上讲，不同的训练方案都可以增强肌肉力量和耐力，但是主要的效果有所不同。采用大负荷、小 RM 的运动方式可以最有效地增强肌肉力量，而小负荷、大 RM 的方案则对增加肌肉耐力有好处。研究表明，3~5RM 的训练效果要好于 9~11RM 和 20~28RM，而 20~28RM 的训练有助于提高耐力和力量耗尽的时间。因此，对于普通人群而言，建议采用 8~12RM 的负荷来发展肌肉力量、耐力和肌肉体积。

对老年人或身体虚弱的人群，劳动强度大而 RM 较小的运动容易导致关节损伤及持续时间短等结果，因此，一般推荐使用 10~15RM 量表作为标准负荷。由于大强度抗阻力训练可能使血压升高，特别是当出现闭气（Valsalva）时，血压升高会更加明显，因此，老年人和患有慢性疾病以及身体虚弱者不建议使用大强度。如果以 1RM 百分比作为强度标准，中老年人进行训练时应使用 30％~40％1RM 和 50％~60％1RM 作为上肢和下肢训练的强度负荷。

做训练时，中、低强度可以帮助训练者更好地学习动作技巧，并可以逐步增加运动强度，而这样可以有效缓解肌肉酸痛，减少运动损伤的可能性。对于那些毫无训练基础的人来说，建议他们在训练初期采用较低的运动强度，也就是 60％1RM 的中等运动强度。而有一定训练基础的人，则需要至少 80％1RM 的强度，以此来达到更大的神经生理适应和力量增长。

渐增负荷是一种强调肌肉的不断适应和发展的训练方法，采用加大阻力负荷或延长运动时间来实现。训练初期要求训练者完成 10~15RM，主观感觉（RPE）评分为 12~13，下次训练可在此基础上增加 5％ 的运动强度。后期健康人需要运动强度更大，RPE 约为 15~17，即非常费力，但如果无法完成 8RM，则应当在此基础上减轻负荷重量。如果训练者在两组连续的运动中能完成超过规定的 RM，就可以合理地增加运动负荷，比如 8~12RM 的负荷，每次建议增加 2％~10％。

根据肌肉群大小和关节数量来确定负荷量的增加是一种有效的训练方法。对于大肌肉群或多关节参与的运动，每次增加的负荷会更大一些。相比之下，小肌肉群和单关节参与的运动,每次增加的负荷量会稍微小一些。为了避免运动过度,建议中老年人群每次增加负荷量的幅度在2.5%~5%之间,并每隔2~4周再适度增加一次负荷量。而对于青年人或有一定训练基础者,每次增加的负荷量可以在2%~10%之间,并每1~2周再增加一次。训练负荷是影响训练效果的关键因素。除了肌肉群大小和关节数量外,训练者的基础条件、年龄以及训练目的也会对负荷的强度产生影响。对于中老年人群、身体基础条件较差、无训练基础者或训练主要目的是增加肌肉耐力者,推荐采用中、低强度训练,如每组8~12次或10~15次重复最大负荷(RM)的训练。对于健康的青年人群,推荐采用每组8~12RM的中等强度运动。而对于那些肌肉力量有一定训练基础,且身体健康状况良好的人,可以尝试采用每组1~6RM的高强度训练。一定要根据个人情况合理调整训练负荷,以达到良好的训练效果并避免过度训练所带来的伤害。

2. 运动组数

运动组数是决定运动总量的一个关键因素。然而,需要明确的是,在锻炼计划中不是每个动作都要进行相同的组数。按照ACSM的标准,一般人进行抗阻力训练时,每次至少应该进行8~10组RM的训练,重点集中在肩部、胸部、腹部、臀部、背部和下肢的主要肌肉群。然而,为了获得更好的效果和适应性,个体差异以及特定目标的考量也是很重要的。因此,在制定个人化的锻炼计划时,应该根据自身的需求和能力来调整组数,以最大程度地发挥锻炼的效果。

目前,主要的运动生理学教科书和抗阻力量训练文献普遍推崇伯格(Berger)的研究成果。据Berger的调查结果显示,多组运动的效果优于单组运动。他的研究比较了1组、2组和3组抗阻运动训练12周后的结果,发现1组和2组抗阻运动的力量增长没有显著性差异,分别为22.3%和22%。然而,3组抗阻运动的力量增长达到了25.5%,与1组和2组之间存在显著性差异($P<0.05$)。因此,根据Berger的观点,3组抗阻力量训练被认为是一种值得采用的训练方案,因为它可以产生显著的效果。此外,Berger的研究还指出,增加组数、每组的重复次数以及每次训练中的总重复次数,都可以进一步提高力量的增长效果。因此,通过增加组数和重复次数,可以更好地促进肌肉力量的发展。这些发现为力量训练提供了有益的指导,并帮助人们制定了更加有效的训练计划。

然而,凯普·涅利(Carpinelli)对比利(Berger)的观点持大胆质疑的态度。他认为,研究结果可能是由于受试者没有被随机分组而引起的。此外,他还指出,即使不考虑分组问题,他也认为1组与3组之间仅仅3%的力量增长差异不足以证明我们需要付出3倍于常规训练的时间和精力。基于这些观点，Carpinelli 呼吁对研究方法和结果进行更加深入的分析，并提出可能存在其他因素影响实验结果的可能性。他的观点引发了对这项研究的更多关注和讨论。Carpinelli 基于57项研究的结果，表明更大规模的训练在统计学上并没有显著差异。这些研究涵盖了各种群体，包括有训练史和无训练史的个体，不同年龄的男性和女性受试者，以及不同肌肉的不同方式锻炼，而且研究周期长达六个月。因此，我们可以推测存在一个产生运动效果的"阈值理论"，即运动量并非越大越好。

Berger 发表的研究论文对 Carpinelli 提出的统计学方法和其他相关问题进行了分析，但至今尚未达成一致的结论。此外，他还指出，在参与1组、2组和3组抗阻运动后，力量的增长最显著的阶段出现在运动后的第二个三周（即第4至第6周），增幅分别为5.0%、5.7%和7.8%。其中，进行3组抗阻运动的参与者获得了最大的增长百分比，这可能是由于他们通过实践获得了更多的学习效果。关于神经系统对肌肉控制的复杂性，这可能会导致最初几周内力量的增加。然而，在第9～12周的研究中，发现受训组1、受训组2和受训组3的力量增长分别为4.0%、3.2%和3.3%。随着训练的进行，受训组之间的力量增长差异逐渐减小，最终几乎没有明显的差别。类似的结果也在抗阻力量训练的研究中得到了发现。

杰弗里（Jeffrey）等人采用了一种全新的方法，将运动量、运动的复杂程度和运动周期紧密结合在一起，研究它们对力量增长和身体成分的影响。令人惊讶的是，他们的发现与神经机制引起的多组运动力量增长效果大于单组的说法相一致。这意味着，通过增加运动量和提高运动复杂程度，可以更有效地促进力量的增长和身体成分的改善。此外，伯格的实验研究结果也证实了这一点。在为期8周的抗阻力量训练过程中，研究者发现，在进行1组、2组和3组训练时，力量的增长没有显著性差异。然而，伯格在1962年的研究中仍建议每次运动至少进行3～5组的训练。需要注意的是，这仅仅是他当时的研究结果，并不代表其他因素的影响。总之，通过将运动量、运动的复杂程度和运动周期结合起来，可以最大程度地促进力量的增长和身体成分的改善。然而，具体的训练方案仍需根据个体情况进行调整，以达到最佳效果。

抗阻力量训练组数方面，一般情况下，每次训练至少进行一组是可行的，因为单组训练可以在较短的时间内完成。然而，ACSM 推荐的抗阻力量训练标准是每周2～3次，每次至少1组8～10RM 的训练，主要是考虑到完成一次全面锻炼所耗时间的习惯性问题。尽管对单组训练的效果和多组训练有争论，但目前尚无证据证明多组训练可以在身体健康方面带来其他潜在的益处。

综上所述，增加训练频率和（或）训练组数对专业的举重运动员来说，可以产生显著的效果，然而，对普通人群来说，使用大负荷、小 RM（1 到 6RM）的多组训练方案并不合适，因为它增加了关节损伤的风险和中老年人心血管意外的危险性，而 ACSM、AHA 和 AACVPR 推荐的抗阻运动指导原则则更偏向于每次较短时间的训练，从而最大限度地满足健康成人及临床人群的健美和保健需求。

3. 训练频率

对于抗阻力训练来说，训练的频率至关重要。而这个频率会受到许多因素的影响，例如运动量、强度、运动形式、身体状况、恢复情况以及每次训练中参与训练的肌肉群的数量等。一般来说，为了确保身体能够恢复并增加力量，每次训练之间的间隔时间应该控制在 24~48h 之间。这样可以避免过度训练的情况发生。然而，如果间隔时间太长（超过 72h），训练效果会相应减弱。因此，在制定抗阻力训练计划时，要确保合理控制训练的频率，以达到最佳的训练效果。

菲哥伯纳（Feingenbaum）和波洛克（Pollock）在最近的一篇综述中详细介绍了根据不同训练肌群来定制最佳训练频率的实践。他们的研究发现，根据训练肌群的不同，适当增加训练频率可以获得更好的效果。以小腿屈伸训练为例，布雷斯（Braith）等的研究显示，每周进行 3 次小腿屈伸训练比每周 2 次效果更佳。这意味着增加训练频率可以提高小腿肌肉的力量和耐力。另外，有其他学者发现，每周进行 3 次卧推训练比每周 1 次和 2 次更有效。这表明，增加卧推训练的频率可以增加胸肌的发展和力量增长。这些研究结果表明，根据不同的训练肌群，定制适当的训练频率可以提高训练效果。因此，在制定个人的训练计划时，应该考虑到训练肌群的特点，并根据实际需要来调整训练频率，以获得最佳的训练效果。Graves 等的研究结果表明，进行每周 1 次腰部伸肌力量训练与每周 2~3 次训练在效果上并没有明显差距。而迪 m 凯莱（DeMichele）等的研究则发现，每周进行 2 次躯干部肌肉的抗阻运动与每周 3 次运动在效果上相当，但均优于每周仅进行 1 次训练。基于这些研究，多数专家推荐的抗阻力量训练频率为每周 2~3 次。这样的训练频率可以更好地促进肌肉力量的提升和发展。

研究普遍指出，根据每周训练的频率不同，可以加强不同部位的肌肉力量。对于躯干部肌肉力量的增强，每周进行 1~2 次的训练是有效的。而对于四肢力量的增长效果，每周进行 3 次的训练更为适宜。在运动开始初期，如果每周进行

2～3次将会显著提升力量水平。另外，一些研究发现，如果追求最大肌力的增长，每周进行3次训练的效果会比每周2次训练更加出色。这些研究结果为我们提供了有益的指导，可以帮助我们制定适宜的锻炼计划。一些研究结果指出，对于没有接受过训练的人群来说，每周进行两次力量训练活动就可以达到每周超过两次的训练频率的80%～90%的增强效果。因此，对于那些希望取得更好效果或者有足够时间参加运动的人来说，建议每周安排三次或三次以上的训练。这样的频率可以进一步提高力量训练的效果，帮助运动者获得更好的成果。

对于初学者来说，建议每周进行2～3次全身性锻炼。这样做有两个好处：一是拥有更长的恢复期，可以更好地适应身体的变化；二是所需时间较少，更容易坚持长期。然而，对于长期从事抗阻训练的人来说，1～2次/周，甚至每2周1次，也足以保持体能水平。在训练初期到中期，要注重的是运动量变化、运动形式和运动强度，而不是频率。因此，对于初级和中级训练者来说，建议进行2～3次/周的全身性锻炼。如果选择每周进行3～4次锻炼，可以将上肢和下肢分开进行训练，每个部位每周只需要1～2次。这样做可以获得与每周2～3次全身锻炼相似的效果。

有一项研究表明，将每日的训练分成两次进行，对于增加肌肉横截面积和力量方面更加有效，相比于每天进行一次连续运动。然而，对于小学生而言，每周的训练次数因人而异：通常建议的是每周进行4～6次训练，但是需要注意正确调整休息时间以及避免过度训练，这样才能更好地发挥效果。尤其对于优秀的小学举重运动员而言，采用高频率的训练（例如每天进行两次，每周进行4～5天）也可能对他们有益，尽管每个肌肉群的训练次数仍然是每周进行2～3次。

实验结果显示，针对普通人群锻炼频率的最佳选择是每周进行2～3次的训练。这种合理的锻炼计划能够高效地促进身体的修复和恢复，同时有效地避免过度疲劳的发生。此外，每周仅进行1～2次的训练也足以维持已经取得的训练效果，为身体提供适量的刺激和负荷。

4. 运动方式

在进行运动时，我们要特别注意运用抗阻力量训练器械、自由重量和自身体重的训练。这种练习方式能够有效地增强肌肉力量和耐力。同时，我们还应该结合单关节和多关节锻炼，以保证全面锻炼的效果。此外，我们要多维度、多角度进行练习，以便全面激活各个肌肉群。最重要的是，我们应以动力性锻炼为主，这样能够提升爆发力和速度，使我们在运动中表现更出色。

根据大众认知，抗阻力力量训练器械的运动具有以下优势：首先，它们的安全性较高，易于学习，因此广泛推荐使用各种可调节重量的器械。其次，这些器械能够有效地固定身体部位，并限制协同关节运动，其他传统运动无法完成的动作（如小腿屈伸、侧身拉等）在器械上也能轻松完成。此外，通过逐渐增加负荷和定量使用超负荷刺激，抗阻力力量训练器械的效果较传统运动更为明显。最后，相较于自由重量训练，抗阻力力量训练器械所需时间较少，这使得训练者有更多时间进行有氧运动和柔韧性练习的补充。

自由重量训练对于增强肌肉力量和耐力来说是非常有效的。与器械训练相比，自由重量训练更加贴近日常活动的动作，因此能够更好地激活身体的本能反应。此外，自由重量训练相比器械训练也更加经济实惠，变化空间更大，更容易持续进行下去。另外，自由重量训练还能够提高肌肉之间的协调性，使得肌肉更加协调配合。举个例子，哑铃和杠铃训练都能够带来显著的效果。

对于初学者和有一定程度的训练者，建议采用自由重量和器械训练的连续结合来达到最佳效果。这样的训练方式可以帮助他们全面发展肌肉群和提升力量水平。而对于高级训练者来说，更多的重点应该放在自由重量训练上，因为这种训练方式能够更好地激活整个肌肉群，并且可以通过逐渐增加重量来提高力量。此外，器械训练可以用来补充相应的训练项目。特别是单关节和多关节运动，在增强肌肉力量方面都非常有效。多关节运动比如卧推和深蹲，不仅可以增强肌肉力量，还可以提高神经调控的复杂性，有利于整体肌肉力量的增强。而单关节运动比如小腿屈伸和前臂弯举，则更适合用来训练特定肌群，有助于独立肌群的力量增强。另外，由于这些运动的技术和技巧要求相对较低，因此，运动损伤的风险也相对较小。但是，无论是什么级别的训练者，都应该注意正确的姿势和动作技术，避免不正确的训练方式导致的潜在伤害。

（二）小学生抗阻力训练计划制定原则

小学生在高质量训练的指导下，应该通过一定的试练习阶段来确定抗阻训练计划的最大重复次数和负荷强度范围，尽量多的尝试多关节训练，比如抓举和挺举等。只有通过合理的运动形式和技术，才能避免运动损伤，因此，运动技术的驾驭和把握十分重要。当学习新的运动技术时，推荐采用徒手训练或轻器械训练，可以更好的养成良好的训练习惯，及时调整负荷强度，以渐进性的执行抗阻训练计划。

小学生进行抗阻训练时，教练需要监控全堂的训练课，其中包括小学生对负荷的耐受程度和器材要合适不同年龄段的要求。开始训练就采取轻负荷，随着力量的提升，负荷可以循序渐进地提高 5%～10%。不同年龄段的训练要求也是不同的，以 1～4 组，8～12 次/组来安排，且在多关节操作时，要采用合理负荷、正确的形式。每周安排 2～4 次训练课，年度训练计划也需不断变更。

三、关节运动

在力量训练中，多关节运动是必不可少的，因为它们能够更好地反映日常活动中的运动形式。为此，初学者应该重点做多关节运动和单关节运动，以便更有效地提高肌肉力量，增强闭合式运动技能。

根据肌肉收缩方式，抗阻运动被分为静力性和动力性收缩活动，其中动力性又可以分为固定负荷和变化负荷的抗阻力量训练。无论是静力性运动还是动力性运动，它们都可以有效地提高肌肉力量和耐力，并使身体产生不同的适应性变化。虽然各种运动形式的优缺点各有所长，但对于健康人来说，更推荐使用动力性抗阻运动，因为它更符合日常生活中的活动方式，能够更好地促进身体的整体功能发展。动力性抗阻运动模拟了日常生活中需要用到力量的动作，如举重、推拉等，从而使肌肉得到更全面的锻炼。与此同时，动力性抗阻运动还可以提高心肺功能和协调性，增强身体的灵活性和稳定性。通过持续进行动力性抗阻运动，我们能够改善体质，增加肌肉的力量和耐力，从而更好地适应日常生活和运动要求。因此，对于健康人来说，动力性抗阻运动是更加适合的选择。

通过同时进行向心收缩和离心收缩的技巧，可以显著增强肌肉素质。因此，在力量训练中，应遵循全面发展肌肉力量的原则，着重锻炼大肌肉群，如腰部、腹部、背部、臀部和四肢等，同时也要注重发展相对较弱的小肌肉群。为了实现以上目标，应将全身锻炼和局部锻炼相结合，采用多关节、多角度的功能性训练，以全面训练关节的屈曲和伸展肌群，从而提高肌肉的协调能力、增强肌肉的感知能力和平衡能力，并加强全身的力量。

抗阻力量训练的重要性在于其能够产生特定的训练效果。对于下肢的训练来说，它只会对下肢肌肉产生影响，对上肢、肩部和躯干的效果几乎微乎其微。因此，为了获得最佳效果，我们需要注重全身的锻炼。全身的锻炼应该包括尽可能广泛的运动活动，并且结合器械训练和自由重量训练的方法。对于有一定经验的训练者来说，可以主要采用自由重量训练的方式进行锻炼。自由重量训练可以帮助训练者获得更高的自由度和灵活性，同时也能够更好地刺激肌肉生长。然而，对于所有进行抗阻力量训练的人来说，全面锻炼的原则都是必须坚持的。这意味着我们应该注重动力性运动和多关节运动，这些运动可以更全面地刺激肌肉群，促进整体身体素质的提升。总之，抗阻力量训练的关键在于全身的锻炼，采用多样性的运动方式，并且结合器械训练和自由重量训练的方法。无论是初学者还是有经验的训练者，都应该始终坚持全面锻炼的原则，以期达到最佳的训练效果。

（一）运动顺序

运动次序对于力量增长和疲劳程度的影响极其重要。对于不同阶段和有系统训练的运动者来说，应该遵循以下原则进行训练：在一个循环中，首先锻炼大肌群，然后再锻炼小肌群；先进行多关节运动，然后再进行单关节运动；如果训练同一肌群，应该先进行多关节运动，然后再进行大强度运动，最后是小强度运动。考虑到多关节运动对于增长力量的有效性，为了减少运动疲劳，建议在训练开始阶段先进行多关节运动，接着进行大肌群的锻炼，最后才进行小肌群的锻炼。通过这样的顺序安排，可以有效提高力量增长效果。

大肌群可耐受较大的负荷，因此，要努力让大肌群更不易疲劳，运动顺序也是非常重要的一环。优先练习大肌群会使疲劳出现推迟，但抗阻力量训练中，乳酸浓度也有可能升至较高（10～15mmolL），因此，需要相应调整运动顺序，使运动强度适宜，从而避免出现不可持续的运动强度。努力让大肌群更不易疲劳，除了锻炼，运动顺序也同样重要。优先锻炼大肌群可以延缓疲劳的出现，但在循环抗阻力量训练中，要注意乳酸浓度，并调整运动顺序，使运动强度适宜，以达到较好的训练效果，而避免出现不可持续的疲劳。练习大肌群能大大延缓疲劳的出现，其中，运动顺序的设计也是非常重要的，尤其在循环抗阻力量训练中，要注意乳酸浓度，并相应调整运动顺序，使运动强度适宜，从而达到更好的训练效果，避免出现不可持续的疲劳。

除此之外，运动顺序应基于个人运动目的，并且要考虑能量消耗量和疲劳程度。因此，运动顺序要与训练者的意图和能力程度一致。通常，每次训练先从大肌肉群的运动开始，随后是多关节的动作、强度大的动作，最后是小肌肉群运动和强度低的动作。

(二)动作间歇时间

最近,研究人员开始关注抗阻运动中间歇时间的长短对运动效果和训练量的影响。每个间歇时间段的长度决定了三磷酸腺苷/磷酸肌酸在血液和肌肉中的再合成程度以及乳酸的浓度。乳酸和氢离子的积累与肌肉疲劳和肌肉力量下降密切相关。此外,每个运动之间的间歇时间还会显著影响急性抗阻运动的即时反应,同时也会对机体对运动的长期适应能力产生影响。

据研究显示,无论是为了增加肌肉力量和爆发力,还是为了提高肌肉耐力,间歇时间的选择至关重要。较长的间歇时间(2~3min)相较于较短的间歇时间(如30~40s),能更有效地提高肌肉力量和爆发力。而如果您的目标是追求绝对力量的增长,那么最好让间歇时间达到 3~5min。当然,如果您的目标是提升肌肉耐力,较短的间歇时间(1min)可能更加有效。不过,需要注意的是,间歇时间的选择应根据个人的身体状况、训练目标和训练强度来决定,因为每个人的适应程度和反应都有所不同。因此,在制定训练计划时,听取教练的安排,以便得到更科学的指导和个性化的训练方案。

关于大肌群参与的大负荷、多关节运动,如深蹲、卧推等,为了避免乳酸浓度急剧升高和疲劳程度加重,建议间歇时间不少于 2~3min。对于辅助性的运动,也就是作为主要核心运动形式的补充,例如小腿屈伸等,1~2min 的间歇即可。这样的间歇时间可以确保肌肉得到必要的恢复,同时提供足够的氧气供应,以保持训练效果的最大化。所以,在制定训练计划时,正确安排间歇时间是至关重要的,它能够帮助我们更好地控制训练强度,促进肌肉生长和力量增长。

经过一定时间的变化,间歇时间的调整可对肌肉力量的增长产生显著影响,而对肌肉体积的变化影响相对较小。在进行抗阻力训练时,普通人群选择不同的间歇时间,如 30s、90s 和 180s,即使进行了 5 周的训练,对肌肉围度、皮褶厚度和体重的改变并不明显。为了改变间歇时间,通常需要进行 6~8 周的训练,以提高身体对高浓度乳酸的耐受能力,同时增加肌肉耐力并促进合成代谢激素的分泌。因此,合理安排间歇时间对于训练效果至关重要,如果希望有效减轻训练带来的刺激,也需要谨慎安排适当的间歇期。

(三)肌肉收缩速度

在抗阻运动中,收缩速度对神经、肌肉形态和代谢等因素产生明显影响。动力性抗阻力量训练中，肌肉的收缩速度包括向心和离心收缩，因此，我们必须考虑到肌肉收缩速度，而不仅仅是在向心或离心收缩时的速度。此外，目前对于不同持续时间下收缩对力量和肌肉肥大的影响研究较少，因此，这方面的研究仍然有待进一步开展。

有一些研究指出，2s 或更短以及 2～8s 的向心收缩持续时间对最大力量的增长影响不大。然而，较低的收缩速度和较长的收缩持续时间对于肌肉的肥大效果更加有益。Ellen 等人的研究发现，在总收缩时间和强度相同的情况下，向心收缩和离心收缩的力量增长幅度差异不大。但是，当向心收缩持续时间较长而离心收缩时间较短时，会对肌纤维发生的适应性变化和激素的变化产生更显著的影响。大量研究结果表明，关节活动的速率在每秒 30°～300°之间时，都会带来明显的力量增长效果。尤其是在中等运动速率（每秒 180°～240°）下，力量的增长效果更为显著。因此，通过控制收缩持续时间和运动速率，我们可以更好地促进肌肉的肥大效果。

在抗阻运动中，采取减慢肌肉收缩速度（5s 向心，5s 离心）的方法，很明显会导致力量的增长速度减缓，并且会对神经的灵活性产生一定的影响。因此，故意保持低速收缩可能会限制运动单位的进一步发展能力。另一方面，当负荷过大或者疲劳过深时，无意识地减缓肌肉收缩速度是一种常见的现象。这也表明，抗阻力量训练的负荷大小以及身体的疲劳程度对肌肉收缩速度有着一定的影响。

在训练初期，低强度慢速训练可以作为补充，但它并不能给肌肉带来最有效的刺激效果。相比之下，中速和快速运动可以更有效地改善肌肉的功能，包括重复次数、力量大小和运动量，从而加快肌肉力量的增长速度。对于初学者来说，主要以慢速至中速的运动为主，以逐渐适应肌肉的负荷和运动要求。而对于有一定训练基础的训练者来说，可以采用中速运动，以进一步提高肌肉的力量和耐力。而对小学生来说，快速和中速的运动是必不可少的，因为这样可以更好地适应比赛的速度和强度。但无论采用何种速度的运动，都要牢记正确、适当的技术和技巧，以减少受伤的可能性。只有在合理的训练指导下，才能真正发挥肌肉的潜力，并取得更好的训练效果。

（四）训练量

训练量的大小对训练后身体的神经、肌肉形态、代谢和激素等方面的反应和适应有显著影响。为了增加力量训练对身体的生理需求，可以通过增加抗阻力量训练的负荷、增加总训练量、缩短间歇时间等方法来进行改善。然而，为了达到最佳效果，必须确保训练强度和训练量的适度，并逐步提高。同时，还需要改变训练计划中的其他要素，当训练者能够轻松完成规定的RM（最大重复次数）时，就应该考虑进行改进和提高。

针对健康人群或慢性病人来说，找到最佳的运动量对于获得最佳的生理和心理效果是至关重要的。然而，我们目前还不清楚什么样的运动量既能够产生理想的效果，又不会妨碍长期坚持，也不会增加运动损伤的可能性。抗阻力量训练是一个有计划的、系统变化的周期性过程。在进行这种训练时，定期改变运动量和强度对于优化运动效果至关重要。只有在特定阶段，才能使用较小的运动量。如果想要获得更大的收益，周期性地改变运动量是不可或缺的。这些变化包括运动强度、组数、频率等，可能是影响抗阻力量训练效果的重要因素。然而，我们仍需要更多的研究来证实这些观点。

根据研究发现，训练反应和定量数据的收集对于评估抗阻力量训练处方的有效性至关重要。为此，个性化的全身多关节运动程序应被纳入评估范畴，以确保满足运动需求和个体运动目的。每一次运动都需要经过合理的设计，这是制定周期性运动处方的起点。通过采用适当的运动刺激和合理的运动变化顺序，我们可以制定出适宜的运动程序。这种综合性的方法不仅能够提高训练效果，还能最大限度地减少潜在的运动损伤风险。因此，在制定抗阻力量训练处方时，训练反应和定量数据的收集应被视为一项必不可少的任务。

在当前的运动领域中，有效的训练必须在合理的计划框架内进行，这包括考虑到适当的间歇期和恢复期，并根据时间的变化有计划、地系统地调整运动程序。然而，多数体育教师、小学生以及研究人员往往是根据个人经验和主观臆断来制定和实施抗阻运动方案，这也间接指出了填补这一领域空白的必要性。然而，我们应该意识到，仅凭主观经验来制定训练计划是不够可靠的，因为每个人的身体和需求都是不同的。因此，有必要进行更深入的研究和探索，以提供更科学、个性化的抗阻训练方案。这将有助于提高小学生的训练效果，并最大程度地减少运动伤害的风险。通过填补这一领域的空白，我们能够为运动领域的发展和进步做出更大贡献。

第三节　超等长力量训练

一、超等长的定义

据说"超等长"这个词源自希腊语"pleythein"，意思是增强或提高。而今，"超等长"练习指的是那些需要爆发性肌肉收缩来施加力量的练习，并加载快速动力的负荷。它被认为是运动项目中增强爆发力量的最佳方式之一。

二、超等长训练的历史

超等长训练是一种有效的提高爆发力量的训练方法，它是 20 世纪 60 年代中期苏联和东欧国家在田径项目中成功创造的。尤里·维尔霍山斯基（Yuri Verhoshansky），苏联著名的功勋教练员，创立了超等长训练，1967 年，他试验用跳深和冲击方法作为超等长训练，来提高运动员肌肉的反应能力。他的论点是，超等长训练有助于发展用于完成爆发性动作所需的整个神经肌肉系统的能力，而不仅仅是收缩组织能力的发展。

苏联传奇短跑运动员瓦列里·鲍尔佐夫（Valery Borzov）将其辉煌成绩归功于超长距离训练，这也使得他的成功激励了更多人开展超长距离训练。在 1972 年奥林匹克运动会上，鲍尔佐夫十岁就获得了 100m 冠军的成绩，这一举动使他在 20 岁年龄上成为一位传奇人物。

三、超等长训练的原理

（一）运动生物力学的角度

人体肌肉组织中的肌腱主要由一种黏弹性物质组成。当这种物质在受到快速拉伸和拉伸后的回缩过程中发生变化时，它能够产生比其他方式更大的弹性回缩力量。然而，如果这种黏弹性物质被缓慢拉伸，或者在拉伸后停顿一段时间，它会变得松弛，从而导致弹性力量显著降低。超等长训练强调快速拉伸和迅速回缩肌肉，充分利用肌肉中的黏弹性物质的力学特性进行长期的力量训练，以使肌肉适应性增强，从而达到发展爆发力的效果。

（二）肌肉内部微结构的生理特性方面

感受器肌梭的位置在肌肉纤维内部，在面对快速牵拉负荷时，它们能够产生强烈的反射作用，导致幅度和长度的变化。这些变化引发了大量神经冲动向脊髓传递，而脊髓中传入神经元的突触与运动神经元相连接，将强烈的冲动传送回肌肉纤维，促使其收缩。一系列生理实验证明，这种牵拉反射能够以快速或缓慢的方式出现。当肌肉快速被牵拉时，骨骼肌纤维能够立即收缩，产生更大的力量。因此，超等长训练就是充分利用肌肉牵拉反射，并结合长期训练的适应性，不断加强这种反射作用，以达到发展肌肉爆发力的目的。

四、超等长训练的原则

（一）前期测试准备原则

超等长时间训练是一项非常具有挑战性的训练项目，对于小学生来说，要特别注意不要盲目地开始进行这样的练习。在进行超等长时间训练之前，必须进行充分的前期准备和测试。如果没有达到基本的运动能力水平，是不能进行超等长时间训练的。

（二）预防受伤原则

超等长收编肌肉经过伪原创后拥有非常强大的收缩力量，其反作用力对骨骼和关节造成剧烈的刺激，容易引发肌肉拉伤和关节损伤。为了让小学生尽快提高水平，体育教师经常催促年轻人进行过度训练，然而这样做不仅无法达到预期效果，还可能对他们造成伤害。因为小学生正处于生长发育的阶段，他们的训练强度和动作技术必须完美掌握，不能过度训练。过度练习会导致骨骼的骺板早期骨化，影响正常生长，也容易引发运动损伤。

（三）发展柔韧性原则

在进行漫长的训练前，小学生需完成必要的肌肉伸展练习，以提高肌肉的柔韧性。这对于漫长的训练效果至关重要。在开始每次训练之前，必须进行充足的准备活动，拉伸和扩展相关肌肉，使其被动地延展。接下来，还应以轻松的方式进行适当的拉伸整理活动，以保持肌肉的延展性。

(四)循序渐进原则

超等长时间的训练会对肌肉施加极大的压力,因此在进行超等长训练时,必须遵循逐渐增加冲击程度的原则。此方法要求从简单到复杂的动作技术,逐步增加动作的冲击性。例如,在下肢超等长训练中,可以通过控制小学生的跳跃高度来达到逐渐增强运动强度的目的。通过逐渐增加跳跃高度,可以逐渐增加腿部肌肉的收缩强度,实现循序渐进的效果。同时,在上肢超等长训练中,可以通过调整器械的重量来实现目标。例如,可以利用实心球、哑铃或其他器械,在逐步增加重量的情况下进行训练,从而逐渐增加上肢肌肉的收缩强度。这种循序渐进的方法可以确保训练的安全性和有效性。

(五)FLTT原则

1. 训练频率(Frequency)超等长训练

针对等长距离训练而言,每周进行此类训练的次数不应超过3次。过多的训练容易导致小学生的肌肉和骨骼出现疲劳和酸痛等不适症状。因此,在训练过程中需要为小学生预留足够的恢复和休息时间,以避免小学生的肌肉、骨骼和关节受到损伤的风险。

2. 训练强度(Intensity)训练

训练的强度程度是由动作冲击的强度和重复次数所决定。针对低负荷的训练,每组动作可完成10~15次,整个训练过程可以进行10~15组,每组之间需要休息2~3min。对于中等负荷的训练,每组动作的重复次数保持在10~25次之间,整个训练过程可以分成10-20组,每组之间需要休息3~5min。而对于高负荷的训练,每组动作的重复次数可以在3-25次之间,可以完成5~15组,每组之间需要休息3~5min。

3. 动作类型(Type)超等长训练

练习动作的选择应该综合考虑不同的项目、训练阶段和年龄。要根据身体部位的需求,可以进行上肢超长训练、下肢超长训练和躯干超长训练。此外,根据运动方式不同,跳深、跳台阶、跳栏架和投掷实心球等动作也是关键的练习内容。

4. 持续时间(Time)

对于进行运动训练来说,训练时间的长短十分关键。时间太短,就无法发挥训练效果，而太长则很容易导致损伤，因此恰到好处的时间才是最理想的训练状况。至于小学生来说，他们的训练时间应当控制在 40min 以内，以免出现损伤的情况，从而影响到小学生的进一步发展。

（六）个体化原则

体育教师需要根据不同运动员的身体状况来制定适当的长期训练计划，因为采取相同的强度来锻炼不同小学生可能是不科学的，同时也有可能成为造成运动伤害的主要原因之一。

第四节　肌肉力量训练

随着社会发展的新趋势，关于青少年身体素质的培养已成为为众人所关注的焦点。青少年时期主要是指12～18岁的年龄段，此阶段是训练肌肉力量的最佳时期。为确保青少年肌肉力量训练的安全有效性，相关工作人员需要结合他们的实际学习需求特点和身体综合素质情况，以及采用科学的最佳训练方法，更加合理地设置肌肉力量训练内容，从而促进青少年的身心健康发展。

一、肌肉力量性训练对青少年健康发展的重要意义

对于处于生长发育阶段的青少年来说，加强上肢和胸部肌肉力量是非常重要的。一方面由于上肢骨与胸廓骨承受的重力负荷要小于下肢，所以必须进行科学和有效的肌肉力量训练，以保证这些骨头受到足够的拉、压等外力负荷，有效地实现青少年的正常生长发育，提高其身体素质。另一方面，如果没有接受过合理的肌肉力量训练，在生长发育阶段就会影响上肢骨和胸廓骨的发育，从而影响心脏、肺部等器官的发育，对人体正常生长发育可能造成不利影响。

人体骨骼肌的锻炼能够促进骨头的生长，从而使得横径变得越来越粗，从而提高了身体骨头的质量。这对于青少年而言，是打下良好的体育锻炼基础的有力措施。而通过多元化的肌肉力量训练活动，能够有效刺激肌肉的生长、发育，并加强关节周围肌肉的发达性，保障关节的稳固性和活动的灵活性，有效的预防青少年体育锻炼中出现的意外损伤情况。

此外，强化训练能够改善青少年肌肉收缩能力和张力，全面提升身体耐力、

力量和速度。此外，它还能给青少年的肌肉和骨骼发育带来积极影响，提高身体骨密度，有助于防止骨质疏松，更可提高关节的活力和平衡能力，最大程度减少运动伤害的出现。

二、青少年进行肌肉力量训练的基本原则

青少年在自主进行专门性的肌肉力量训练时，必须遵循以下几项基本原则。

（一）循序渐进原则

年轻人必须意识到，肌肉力量训练是一个需要长期科学锻炼的过程，而不是一蹴而就的。因此，在进行各种肌肉力量锻炼活动时，他们应该遵循逐步提升的原则，不追求快速成功，而是根据自身的身体素质情况制定科学合理的训练计划，并使用适当的肌肉力量锻炼方法，以逐步提高整体身体素质。

（二）简单易行原则

相对于西方发达国家而言，我国的小学体育教育发展水平仍相对滞后。在一些地区，甚至没有进行肌肉力量训练的工作，并缺乏先进的设备来提升训练效果。这对体育教师的能力造成了严重影响，无法有效地为青少年学生组织多样化的训练活动，以满足他们不同的体育课需求。因此，体育教师应该遵循简单易行的原则，为学生提供简单的肌肉力量训练，并在日常学习生活中引导孩子坚持锻炼，养成良好的习惯，以此促进学生身心健康的发展。

（三）多利用体重和弹力作为阻力原则

由于青少年正处于生长发育阶段，并且他们的体质尚未成熟，因此他们难以承受专业杠铃、坐姿器械推肩、推胸训练器等高强度的肌肉力量锻炼。因此，在进行青少年肌肉力量训练时，体育教师应该严格遵循一个原则，即多利用体重和弹力作为阻力。为了实现这一原则，体育教师应优先选择一些辅助道具，如弹性绳、弹力圈、弹力球等。这些辅助道具具有显著的应用优势，其中之一是阻力大小可以由青少年更好地控制，从而避免肌肉拉伤和受损等情况的发生。此外，这些辅助道具也更容易被青少年群体接受。

（四）肌肉练习全面性原则

当年轻人进行肌肉力量的训练时，必须遵循科学的原则，确保全身骨骼肌得

到全面锻炼。不论是进行某个关节动作时的主动肌与对抗肌，还是背部肌与腹部肌、上肢肌与下肢肌的训练，甚至是日常体育活动中的肌肉，都应该得到全面而系统的力量训练，以促进青少年综合肌肉力量的发展。在这个过程中，安全是最重要的前提条件，应该采用科学合理的训练方法，以提高身体素质。

三、青少年肌肉力量训练方法研究

（一）肌肉力量等长训练

年轻人可以通过等长训练来提高肌肉的强度，其本质是将人体的肌肉以等长收缩的形式，推动身体保持在一个一定的部位，也就是抵抗固定不动的训练。通过等长训练，能够最大程度的提高青年的肌肉强度，持续提高肌肉的活力，从而提高肌肉的稳定性和柔韧性。另外，运用该方法能有效地帮助学生进行肌力练习，并能有效地改善学生的训练成绩。

教师在引导小学生进行肌肉力量训练时，应根据学生自身肌肉力量不足的特点，有针对性地进行科学训练。在实际训练中，教师应密切观察学生的动作，并指导他们选择合适的角度进行力量训练，以提高训练效果，避免无谓的努力，并减少对身体的不良影响。对于年轻人来说，肌肉力量的训练应采用循环方式，每组进行 5 次，并且每次训练时间不宜过长，每组之间的休息时间应控制在 2～3min 之间，以避免出现负面反应。此外，最佳的训练频率是每周进行一次，这样可以确保肌肉有足够的休息和发展时间。

（二）肌肉力量等张训练

按照等张收缩的形式进行肌肉力量训练，可以有效地帮助青少年提升肌肉力量。根据自身实际情况，青少年需要选择合适的重量并进行 4 组训练，每组动作次数不宜超过 60 次，并维持重量与次数的正比。若是重量较大，可以适当减少每组动作的次数；若是重量较小，则需要适当增加每组动作的次数，以达到训练的最佳效果。

和等长训练模式不同，在进行等张训练的运动方案时，青少年的体能消耗会更大一些，身体的疲劳度也会相对增加，甚至还会因个人素质不同产生一定的不良反应，如肌肉酸痛等，这些都属于运动之后身体的正常反应。需要注意的是，青少年再运动之前就要做身体的拉伸准备，将肌肉活动开，这样就会在训练中，增强肌肉的灵活度，避免因肌肉僵硬而受伤。

（三）肌肉力量等动训练

肌肉力量训练的根本在于训练动作的速度要保持一致，这样才能起到运动的实际效果。所以说，青少年学生在进行这项训练的时候可以利用特定的机器来产生抗阻力，激发自身肌肉的发展。这种抗阻力能够刺激肌肉力量的爆发，提升青少年的体能，最终实现运动的目的和效果。

青少年能够利用比较安全的形式训练肌肉的力量，每周安排五次训练，重点训练身体的薄弱的部位，每次训练的时间控制在 3～5s 最为合适，等长训练综合了等长训练和等张训练的不同优势，根据运动者自身的身体素质，选取合适的速度进行训练，这样就可以避免训练过程中肌肉严重拉伤。

运动训练对于运动设备的要求是必不可少的，这样可以增加年轻人在肌肉力量训练中的兴趣，并激发他们对学习的热情。通过这样的锻炼，年轻人可以有目标地进行各种不同动作的肌肉力量训练，以有效地提高自身的肌肉力量水平。

在总结以上观点后，可以得出结论，在素质教育的背景下，学校教师应重视青少年学习水平和身体素质的培养。因此，体育教师应采用先进的教学理念，科学地指导青少年学生进行肌肉力量训练。根据学生自身身体素质的实际情况，合理运用不同的肌肉力量训练方法，帮助学生提升身体素质，促进青少年学生身心健康的全面发展。

第四章

小学生体能教学
——柔韧素质

第一节 柔韧素质对学生体能锻炼的作用

柔韧素质是一种重要的人体身体素质，它具有自身独特的体能训练的特性和作用，比其他身体素质具有更突出的效用。

一、柔韧素质的概念

柔韧素质指的是，关节活动幅度的大小，以及跨越关节的肌肉、肌腱、韧带等软组织的伸展性和弹性。这关乎到关节本身的解剖结构，以及通过适度的锻炼来促使肌肉、肌腱、韧带等软组织的伸展性。只有拥有良好的柔韧素质，才能使人们更加健康、灵活地进行日常活动。

二、柔韧素质的种类及特点

（一）动力性柔韧和静力性柔韧

柔韧性素质可以从外部运动状态的表现上分为动力性柔韧和静力性柔韧。动力性柔韧是指肌肉、肌腱、韧带可以拉伸到生理学许可的最大限度，利用强大的弹性回缩力完成动作的能力。而静力性柔韧则指的是肌肉、肌腱、韧带能够拉伸到动作需要的位置和角度，并控制其停留一定时间的能力。动力性柔韧建立在静力性柔韧的基础上，并要求力量素质的表现。

（二）主动柔韧和被动柔韧

柔韧练习的表现可以分为两类：主动柔韧和被动柔韧。前者是人在主动运动中表现出来的柔韧素质水平，反映对抗肌的可伸展程度，以及主动肌的收缩力量。而被动柔韧则是在外力的协助下完成，或在外力作用之下表现出来的柔韧水平。一般而言，主动柔韧能力要低于被动柔韧能力，不过两者的差距越小，则代表柔韧素质发展的均衡性越高。

（三）身体不同部位的柔韧性

综合评估身体柔韧素质时，可以从肩部、腰部、上肢和下肢等不同部位的表现来了解，如上肢柔韧性、下肢柔韧性、腰部柔韧性以及肩部柔韧性等。

三、柔韧素质锻炼对提高学生体能的作用

（1）经过柔韧性锻炼，可以帮助每个关节达到最大的活动能力，让它们发挥出潜能。

（2）根据外力和抵抗肌回缩力的影响，柔韧素质可以牵引至肌腱并使其伸展，从而增加肌肉和肌腱的弹性及延展性。

（3）经过柔韧训练，可以使全身各部位的肌肉、关节和韧带变得更有活力，增强身体的灵活性。它能强化身体，使关节的活动度和韧带的伸展性得到大大提升，从而让身体更加灵活。

（4）锻炼柔韧素质拉伸各个身体部位，可以扩大运动技能的动作范围，从而提高小学生的表现水平。

（5）经过柔韧素质训练，肌肉可以更加轻松、顺畅地活动，从而使动作变得更加舒展，有助于做出更多特定的动作。

（6）在开展柔韧素质训练时，可以有效地降低学生运动损伤的几率。通过这种方式，可以让学生们在运动中体验更安全和舒适的感受，也可以更好地保护他们的身体免受损伤。此外，这种柔韧素质锻炼可以帮助学生们更好地控制自身的肢体动作，以达到减少损伤的目的。

（7）通过进行柔韧素质训练，不仅可以促进力量、速度和运动协调能力的全面发展，而且还可以提高身体素质。因此，柔韧训练不仅可以带来实实在在的成效，而且还可以让人们健康快乐。

（8）锻炼柔韧素质，不仅能够提高身体的柔韧性，还能够为塑造完美的人体外形形态打下良好的基础，促进身体肌肉的控制力。

第二节　学生发展柔韧素质的锻炼手段

提升柔韧素质的目的在于增强肌肉、肌腱、韧带等软组织的拉伸性能。这是由于力的拉伸作用，改善了软组织的伸展性。提升柔韧素质的训练方式，主要分为主动或被动的静力拉伸法和主动或被动的动力拉伸法两类。这两种形式的训练效果，都是在适当的力的拉伸作用下，有节奏地增大动作幅度或多次重复同一动

作,让软组织受到拉伸刺激,从而改善柔韧素质。

一、发展柔韧素质锻炼的基本方法

(一)静力拉伸练习法

静力拉伸练习法是一种特殊的练习方法,它通过持续拉伸肌肉、韧带等软组织,使其进行一定程度的伸展,在保持静止不动的情况下达到最大的效果。该方法特别适用于需要拉伸超过传统拉伸时间的软组织,比如说肌肉、韧带,它能够更有效地刺激肌肉、韧带的发育与恢复,从而达到改善骨关节运动灵活性的目的。

采用静力拉伸练习法时,应当在肌肉软组织拉伸到一定程度后,保持静止状态 8~10s,每次重复的次数也应该在 8~10 次之间。

静力拉伸练习法被认为是促进肌肉、韧带发展的一种优质方案,因其动作强度较小,动作幅度可较大,可以节省体能,且不需要专用的练习场地或器械,使用方便实用。该方法不仅能够发挥良好的拉伸作用,而且还能够帮助减少练习期间的体能消耗,使练习更加高效、轻松。

静力拉伸练习可以分为主动拉伸法和被动拉伸法两种形式。主动拉伸法是指由练习者利用自身力量完成全部练习动作,可以采取单次或多次重复的练习方式、摆动或者固定的练习方式以及采用负重或不负重的练习方式,将肌肉拉伸到最大幅度,同时保持不动姿势的静力练习。而被动拉伸法则是在外力(如自身体重、同伴、器械等)的帮助下完成柔韧性的练习。

(二)动力拉伸练习法

动力拉伸练习法的执行方式是有节奏、快速地多次重复相同的动作,具有肌肉强力变化峰值比静力拉伸大约两倍的特点。这种方法被广泛应用于体育运动中,如弹性屈伸、摆动练习和符合柔韧性训练的特殊动作等,均可发挥出良好的效果。

动力拉伸练习时能引起肌肉的牵张反射,对练习部位的肌肉群既可以提高其伸展性又能提高其收缩性。动力拉伸练习时可以加强练习时的血液循环,使肌肉、韧带等局部组织的营养得到改善,从而提高肌肉的弹性和动作效果。动力拉伸练习法也可分为主动拉伸法和被动拉伸法两种练习形式。

二、发展柔韧素质锻炼的基本手段

（一）下肢

1. 上拉脚趾

［目的］拉伸脚掌和脚趾下部。

［方法］坐下将一条腿的小腿放在另一条腿的大腿上。一只手抓住踝关节，另一只手抓住脚趾和脚掌。双脚轮流练习。

［要求］呼气，并向上（脚背方向）拉引脚趾。

2. 脚趾下部拉伸

［目的］拉伸脚掌和脚趾下部。

［方法］两脚前后开立，前面腿微屈膝，脚趾下部支撑在地面，双手放在其大腿上。吸气，逐渐把体重移到前面腿的脚掌上，并缓慢下压。双脚轮流练习。

［要求］动作幅度尽量大，每个动作结束保持10s左右。

3. 脚趾下部和小腿后部拉伸

［目的］拉伸脚趾下部、脚掌和小腿后部。

［方法］面对墙双脚相距约50cm前后开立，前脚距墙约50cm。双手扶墙，身体向墙倾斜。后脚正对墙，脚跟贴在地面。呼气，提起后脚的脚跟，将体重移到后脚的脚掌上，并下压。双腿轮流练习。

［要求］动作幅度尽量大，每个动作结束保持10s左右。

4. 跪撑后坐

［目的］拉伸脚趾下部、脚掌和大腿前部。

［方法］跪在地面，双手撑地，双脚并拢以脚掌支撑。呼气，向后下方移动臀部。

［要求］动作幅度尽量大，动作结束保持10s左右。

5. 下拉脚趾

［目的］拉伸脚掌和脚趾上部。

［方法］坐下将一条腿的小腿放在另一条腿的大腿上。一只手抓住踝关节，另一只手抓住脚趾和脚掌。双脚轮流练习。

［要求］呼气，并向下（脚掌方向）拉引脚趾。

6. 脚趾上部拉伸

［目的］拉伸脚掌和脚趾上部。

［方法］两脚前后开立，前面腿微屈膝，脚趾上部支撑地面，双手放在其大腿上。吸气，逐渐把体重移到前面腿的脚趾上，并缓慢下压。双脚轮流练习。

［要求］动作幅度尽量大，动作结束保持10s左右。

8. 靠墙滑动踝内翻

［目的］拉伸小腿前部和外侧。

［方法］背靠墙站立，双手叉腰，双脚向前滑动，踝关节和脚掌内翻。呼气，髋关节前屈。重复练习。

［要求］动作幅度尽量大，动作结束保持10s左右。

9. 扶柱屈髋

［目的］拉伸小腿前部和外侧。

［方法］在一根柱子前面，双手握住柱子，双脚左右开立并尽量内旋。呼气，屈髋并后移髋关节，双腿与躯干形成约45°夹角。

［要求］动作幅度尽量大，动作结束保持10s左右。

10. 跪拉脚趾

［目的］拉伸小腿前部和外侧。

［方法］跪下，一脚趾向后，坐在脚跟上，用一只手抓住脚趾前部向上拉引。双脚轮流练习。

［要求］动作幅度尽量大，动作结束保持10s左右。如果膝关节受伤，不做此练习。

11. 单脚跪拉

［目的］拉伸小腿后部和跟腱。

［方法］跪下脚趾向后，坐在脚跟上，双手支撑地面。一只脚平放地面缓慢前移，呼气，膝关节下压并向脚趾前面移动。双脚轮流练习。

［要求］动作幅度尽量大，动作结束保持10s左右。

12. 俯撑拉伸

［目的］拉伸小腿后部和跟腱。

［方法］从俯卧撑预备姿势开始，双手逐渐向双脚靠近，升高髋部与地面形成三角形。缓慢下压脚跟到地面，双脚轮流练习。

［要求］双臂和背部伸直，并成一线。动作幅度尽量大，动作结束保持10s

左右。

13. 扶墙拉伸

[目的]拉伸小腿后部和跟腱。

[方法]面对墙壁站立，双手扶墙支撑身体，双脚始终贴在地面，脚趾指向墙。呼气，屈肘前移重心，两前臂贴墙，身体斜靠在墙上。重复练习。

[要求]保持头、颈、躯干、盆骨、腿和踝成一直线。动作幅度尽量大，动作结束保持10s左右。

14. 坐拉脚掌

[目的]拉伸小腿后部和跟腱。

[方法]双腿分开坐在地面上，一条腿屈膝，脚跟接触伸展腿的腹股沟。呼气，上体前倾，一只手抓住伸展腿的脚掌向躯干方向牵拉。重复练习。

[要求]伸展腿膝部始终伸直。动作幅度尽量大，动作结束保持10s左右。

15. 坐压腿

[目的]拉伸大腿后部。

[方法]双腿分开坐在地面上，一条腿屈膝，脚跟接触伸展腿的内侧。呼气，上体前倾贴近伸展腿的大腿上部。重复练习。

[要求]伸展腿膝部和背部保持伸直。动作幅度尽量大，动作结束保持10s左右。

16. 长凳坐压腿

[目的]拉伸大腿后部。

[方法]坐在长凳上，一条腿伸膝放在凳上，另一只脚接触地面。双手在头后交叉。呼气，上体前倾，贴近长凳上伸展腿的大腿上部。重复练习。

[要求]伸展腿膝部和背部保持伸直，肘关节上提。动作幅度尽量大，动作结束保持10s左右。

17. 仰卧拉引

[目的]拉伸大腿后部。

[方法]仰卧屈膝，脚跟靠近臀部。吸气，一条腿向上伸膝。呼气，缓慢将在空中伸展的腿直膝向头部拉引。

[要求]被拉引的腿始终保持膝关节伸展。动作幅度尽量大，动作结束保持10s左右。

18. 坐拉引

［目的］拉伸大腿后部。

［方法］坐在地面，双腿体前伸展，双手在髋后部地面支撑。一条腿屈膝，用一只手抓住脚跟内侧。呼气，屈膝腿伸展，直到与地面垂直。

［要求］动作幅度尽量大，动作结束保持 10s 左右。

19. 压腿

［目的］拉伸大腿后部。

［方法］在一个台子前站立，一条腿伸膝放台子上，另一条腿支撑地面。呼气，双腿膝关节伸直，髋关节正对台子。上体前倾贴近台子上大腿上部。重复练习。

［要求］伸展腿膝部和背部保持伸直，肘关节上提。动作幅度尽量大，动作结束保持 10s 左右。

20. 顶墙坐拉引

［目的］拉伸大腿内侧。

［方法］臀部顶墙坐在地面，双腿体前屈膝展开，脚跟和脚掌相对。双手握住双脚，脚掌尽量向腹股沟方向拉。呼气，上体缓慢直背前倾。

［要求］动作幅度尽量大，试图将胸部贴在地面，动作结束保持 10s 左右。

21. 直腿分腿坐压腿

［目的］拉伸大腿内侧。

［方法］双腿尽量分开坐在地面，呼气，转体，上体前倾贴在一条腿上部。交换腿拉伸，重复练习。

［要求］充分伸展双腿和腰部。动作幅度尽量大，动作结束保持 10s 左右。

22. 青蛙伏地

［目的］拉伸大腿内侧。

［方法］分腿跪地，脚趾指向身体两侧，前臂向前以肘关节支撑地面。呼气，继续向身体两侧分腿，同时向前伸双臂，胸和上臂完全贴地。

［要求］动作幅度尽量大，动作结束保持 10s 左右。

23. 弓箭步拉伸

［目的］拉伸大腿内侧。

［方法］弓箭步站立，双脚间距约 60cm，后面脚外旋 90 度，双手叉腰。呼气，前脚继续前移，后面腿的髋部下压。换腿重复练习。

[要求]动作幅度尽量大,动作结束保持10s左右。

24. 扶墙侧提腿

[目的]拉伸大腿内侧。

[方法]双手扶墙站立,吸气,一条腿屈膝,向体侧分腿提起。同伴抓住踝关节和膝关节,帮助继续向上分腿提膝,同时呼气。

[要求]动作幅度尽量大,动作结束保持10s左右。

25. 扶墙上拉脚

[目的]拉伸大腿前部。

[方法]一只手扶墙站立,一条腿屈膝,使脚跟靠近臀部。呼气,另一只手抓住屈膝腿提起的脚背,吸气,缓慢向臀部方向提拉。

[要求]动作幅度尽量大,动作结束保持10s左右。

26. 台上仰卧拉引

[目的]拉伸大腿前部。

[方法]躺在台子边缘,台子内侧的腿屈膝,脚靠近臀部帮助固定髋关节。台子内侧手抓住台子内侧腿的膝关节下部。呼气,在髋关节处从台子上移下外侧腿。台子外侧手抓住外侧腿踝关节或脚,缓慢向臀部方向拉引,换腿重复练习。

[要求]动作幅度尽量大,动作结束保持10s左右。

27. 垫上仰卧拉引

[目的]拉伸大腿前部。

[方法]臀部坐在垫上跪立,后倒身体躺在垫上,脚跟在大腿两侧,脚尖向后。身体后倒过程中呼气,直到背部平躺在垫上。重复练习。

[要求]动作幅度尽量大,动作结束保持10s左右。

28. 台上侧卧拉引

[目的]拉伸髋部外侧。

[方法]侧卧在台子边缘,双腿伸展。呼气,上部的腿直膝分腿后移,悬在空中。换腿重复练习。

[要求]动作幅度尽量大,动作结束保持10s左右。

29. 坐立反向转体

[目的]拉伸髋部和臀部。

[方法]坐在地面,双腿体前伸展,双手在髋后部地面支撑。一条腿与另一条腿交叉,屈膝使脚跟向臀部方向滑动。呼气,转体,头转向身体后方。继续转

体，使身体对侧的肘关节顶在屈膝腿的外侧，并缓慢推动屈膝腿。

［要求］动作幅度尽量大，动作结束保持 10s 左右。

30. 垫上前后分腿

［目的］拉伸髋部和臀部。

［方法］坐在垫上，双腿体前伸展，双手在髋部两侧地面支撑。右腿大腿外展，接触垫子时屈膝，使脚接触左腿膝部。吸气，双臂撑起身体。左腿向身后伸展，大腿上部、膝盖、胫前部和脚掌内侧接触垫子。呼气，下压左腿的髋部。换腿重复练习。

［要求］动作幅度尽量大，动作结束保持 10s 左右。

31. 身体扭转侧屈

［目的］拉身髋部和臀部。

［方法］直立，左腿伸展、内收，在右脚前尽量与其交叉。呼气，躯干向右侧屈，双手力图接触左脚跟。身体两侧轮换练习。

［要求］动作幅度尽量大，动作结束保持 10s 左右。

32. 仰卧足内翻

［目的］拉伸小腿外侧和外踝。

［方法］仰卧，臀部顶墙，双腿向上伸展分开。呼气，将双脚内翻。

［要求］动作幅度尽量大，动作结束保持 10s 左右。

33. 体前屈足背屈

［目的］拉伸小腿后部。

［方法］两脚相距约 30cm 前后开立，前脚背屈，脚跟支撑地面。呼气，体前屈，力图双手触摸前脚，胸部贴在腿上。换腿重复练习。

［要求］双腿膝关节保持伸直，动作幅度尽量大，动作结束保持 10s 左右。

34. 扶墙拉小腿

［目的］拉伸小腿后部内侧。

［方法］面对墙，双脚内旋，以肩宽间距左右开立，直臂双手扶墙。头、颈、躯干、骨盆、双腿和踝成一直线，直臂屈肘，人体向墙倾斜。头和肘接触地面。

［要求］始终保持脚跟接触地面，双脚内旋。动作幅度尽量大，动作结束保持 10s 左右。

35. 仰卧拉伸

［目的］拉伸大腿后部。

[方法]仰卧，直膝抬起一条腿，固定骨盆成水平姿势。同伴帮助固定地面腿保持直膝，并且帮助继续提腿。

[要求]在同伴帮助继续提腿时呼气，动作幅度尽量大，动作结束保持 10s 左右。

36. 站立拉伸

[目的]拉伸大腿后部。

[方法]背贴墙站立，吸气，直膝抬起一条腿。同伴用双手抓住踝关节上部，帮助腿上举。

[要求]帮助腿上举腿时呼气。动作幅度尽量大，动作结束保持 10s 左右。

37. 跪撑侧分腿

[目的]拉伸大腿内侧。

[方法]双腿跪立，脚趾指向后方，直臂双手撑地。一条腿侧伸，呼气，双臂屈肘，降下跪撑腿的髋部至地面，并向外侧转髋。

[要求]动作幅度尽量大，动作结束保持 10s 左右。双腿交替练习。

38. 体侧屈压腿

[目的]拉伸大腿内侧。

[方法]侧对一个约与髋同高的台子站立，两脚与台子平行。将一只脚放在台子上。双手在头上交叉，呼气，向台子方向体侧屈。

[要求]动作幅度尽量大，动作结束保持 10s 左右。双腿交替练习。

39. 坐立后仰腿折叠

[目的]拉伸大腿前部。

[方法]坐立，一条腿屈膝折叠，大腿和膝内侧接触地面，脚尖向后。呼气，身体后仰，先由双臂的前臂和肘关节支撑上体，最后平躺地面。

[要求]动作幅度尽量大，动作结束保持 10s 左右。双腿交替练习。

40. 台上平卧拉引

[目的]拉伸大腿前部。

[方法]平卧躺在台子边缘，呼气，在髋关节处从台子上移下外侧腿。台子外侧手抓住外侧腿踝关节或脚，缓慢向臀部方向拉引，换腿重复练习。

[要求]动作幅度尽量大，动作结束保持 10s 左右。

41. 仰卧髋臀拉伸

[目的]拉伸髋部和臀部。

[方法]平卧躺在台子边缘,使外侧腿悬垂于空中。吸气,台子上的内侧腿屈膝。

[要求]动作幅度尽量大,动作结束保持 10s 左右。

42. 弓箭步压髋

[目的]拉伸髋部。

[方法]弓箭步站立,前面腿膝关节成 90 度,后面腿脚背触地,脚尖向后。双手叉腰。屈膝降低重心,后面腿的膝触地。呼气,下压后面腿髋部。换腿重复练习。

[要求]动作幅度尽量大,动作结束保持 10s 左右。

43. 分腿坐拉小腿

[目的]拉伸小腿部和外侧。

[方法]分腿、直膝坐在地面,身体直背前倾,双手抓住双脚脚掌。呼气,向髋部方向拉脚趾,同时内翻踝关节。

[要求]动作幅度尽量大,动作结束保持 10s 左右。

44. 交叉腿坐毛巾拉小腿

[目的]拉伸小腿后部。

[方法]右腿伸直,左腿交叉压在右腿上,双手握毛巾两端缠住右脚掌。呼气,双手向躯干方向拉毛巾。换腿重复练习。

[要求]动作幅度尽量大,动作结束保持 10s 左右。

45. 分腿坐体侧屈

[目的]拉伸大腿内侧。

[方法]直膝、尽量大幅度向体侧分腿坐在地上,左臂贴近髋前部,右臂头上伸展。呼气,上体尽量从髋部向左侧屈,再向右侧。重复练习。

[要求]动作幅度尽量大,动作结束保持 10s 左右。

46. 肋木大腿滑拉

[目的]拉伸大腿内侧。

[方法]双手扶肋木,将一只脚放在肋木上与髋同高,另一只脚在地面与肋木平行。呼气,将在地面支撑体重的脚向远离肋木的方向滑动,至最大限度。

[要求]动作幅度尽量大,动作结束保持 10s 左右。双脚交替练习。

47. 分腿拉腿

[目的]拉伸大腿前部。

［方法］前后分腿，右腿在前屈膝约 90°支撑，左腿在后以膝关节支撑，右手扶地。上体前倾，左手在身后抓住左脚，向臀部方向拉伸。双脚交替练习。

［要求］保持髋关节、膝关节、踝关节和脚在前后方向上成一线。动作幅度尽量大，动作结束保持 10s 左右。

48. 坐压脚

［目的］拉伸大腿前部。

［方法］跪在地面，脚趾向后。呼气，坐在双脚的脚跟上。

［要求］保持 10s 左右，放松后重复练习。如果膝关节受伤，就不可采用此练习。

49. 仰卧转压腿

［目的］拉伸髋部。

［方法］仰卧双腿伸展，左腿屈膝提至胸部，用右手扶住坐膝外侧。左臂向左侧伸展。呼气，用右手横向将左膝压至身体右侧地面。双腿交替练习。

［要求］保持头、肘、双肩接触地面。动作幅度尽量大，动作结束保持 10s 左右。

50. 仰卧交叉腿屈髋

［目的］拉伸臀部。

［方法］仰卧左腿在右腿上交叉，双手在头后部交叉。呼气，右腿屈膝，并提起右脚离地。缓慢向头部方向推动左腿。双腿交替。

［要求］保持头、肘、双肩接触地面。动作幅度尽量大，动作结束保持 10s 左右。

（二）躯干

1. 跪立背弓

［目的］拉伸腹部和大腿前部。

［方法］在垫上跪立，脚尖向后。双手扶在臀上部，形成背弓，呼气，加大背弓，头后仰、张口，逐渐把双手滑向脚跟。重复练习。

［要求］动作幅度尽量大，动作结束保持 10s 左右。

2. 俯卧背弓

［目的］拉伸腹部和大腿前部。

［方法］俯卧在垫上，屈膝，脚跟向髋部移动。吸气，双手抓住双踝。臀部肌

肉收缩，提起胸部和双膝离开垫子。重复练习。

[要求]动作幅度尽量大，动作结束保持10s左右。

3. 仰卧团身

[目的]拉伸腰部。

[方法]在垫上仰卧，屈膝，双脚滑向臀部。双手扶在膝关节下部。呼气，双手向胸部和肩部牵拉双膝，并提起髋部离开垫子。重复练习。

[要求]动作幅度尽量大，动作结束保持10s左右，之后伸膝放松。

4. 体前屈蹲起

[目的]拉伸腰部和大腿后部。

[方法]双脚并拢俯身下蹲，双手手指向前，放在脚两侧地面。躯干贴在大腿上部。伸膝至最大限度。重复练习。

[要求]动作幅度尽量大，动作结束保持10s左右。

5. 站立体侧屈

[目的]拉伸腰部和躯干两侧。

[方法]双脚左右开立，双手交叉举过头顶向上伸臂。呼气，一侧耳朵贴在肩上，体侧屈至最大限度，吸气，

还原呈直立。进行另一侧的练习，重复。侧重复练习。

[要求]动作幅度尽量大，动作结束保持10s左右。

6. 站立伸背

[目的]拉伸背部。

[方法]双脚并拢站立，上体前倾至地面平行姿势，双手扶在栏杆上，略高于头。四肢保持伸直，屈髋。呼气，双手抓住栏杆下压上体，使背部下凹形成背弓。

[要求]动作幅度尽量大，动作结束保持10s左右。

7. 坐立拉背

[目的]拉伸背部。

[方法]坐立，双膝微屈，躯干上部贴在大腿上部，双手抱腿，肘关节在膝关节下面。呼气，上体前倾，双臂从大腿上向前拉背，双脚保持与地面接触。

[要求]动作幅度尽量大，动作结束保持10s左右。

8. 仰卧前拉头

[目的]前拉颈部。

[方法]屈膝仰卧，双手在头后交叉。呼气，向胸部方向拉头部。

[要求]肩胛部位贴在地面上。动作幅度尽量大,动作结束保持 10s 左右。

9. 前拉头

[目的]前拉颈部。

[方法]站立或坐立,双手在头后交叉。呼气,向胸部方向拉头部,下颌接触胸部。

[要求]双肩下压,动作幅度尽量大,动作结束保持 10s 左右。

10. 侧拉头

[目的]侧拉颈部。

[方法]站立或坐立,左臂在背后屈肘,右臂从背后抓住左臂肘关节。将左臂肘关节向右拉过身体中线。呼气,将右耳贴到右肩上。

[要求]动作幅度尽量大,动作结束保持 10s 左右。

11. 后拉头

[目的]后拉颈部。

[方法]站立或坐立,小心地向后仰头,把双手放在前额,缓慢后拉颈部。

[要求]动作轻缓,动作结束保持 10s 左右。

12. 跪拉胸

[目的]拉伸胸部。

[方法]跪在地面,身体前倾,双臂前臂交叉高于头部放在台子上。呼气,下沉头部和胸部,一直到接触地面。重复练习。

[要求]动作幅度尽量大,动作结束保持 10s 左右。

13. 开门拉胸

[目的]拉伸胸部。

[方法]在门框内,双脚前后开立,双臂肘关节外展到肩的高度。双臂前臂向上,掌心对墙,呼气,身体前倾拉伸胸部。重复练习。

[要求]动作幅度尽量大,动作结束保持 10s 左右。也可将双臂继续提高,拉伸胸下部。

14. 上体俯卧撑起

[目的]拉伸腹部。

[方法]俯卧,双手掌心向下、手指向前放在髋两侧。呼气,用双臂撑起上体,头后仰,形成背弓。重复练习。

[要求]动作幅度尽量大,动作结束保持 10s 左右。

15. 倒立屈髋

[目的]拉伸腰部。

[方法]身体由仰卧姿势开始成垂直倒立，头后部、肩部和上臂支撑体重，双手扶腰。呼气，双腿并拢，直膝，缓慢降低双脚高度直至接触地面。重复练习。

[要求]动作结束保持10s左右。

16. 团身颈拉伸

[目的]拉伸颈后部、腰背部和臀部。

[方法]身体由仰卧姿势开始举腿团身，头后部和肩部支撑体重，双手膝后抱腿。呼气，向胸部拉大腿，双膝和小腿前部接触地面。重复练习。

[要求]动作结束保持10s左右。

17. 持哑铃颈拉伸

[目的]拉伸颈侧部。

[方法]双脚并拢站立，右手持哑铃使肩部尽量下沉。左手经过头顶扶住头右侧。呼气，左手向左侧拉头部，使头左侧贴在左肩上。改变方向重复练习。

[要求]动作缓慢进行，动作结束保持10s左右。

18. 坐椅胸拉伸

[目的]拉伸胸部。

[方法]坐在椅子上，双手头后交叉，椅背高度在胸中部。吸气，双臂后移。躯干上部后仰，拉伸胸部。

[要求]动作缓慢进行，动作结束保持10s左右。

19. 直臂开门拉胸

[目的]拉伸胸部。

[方法]在门框内，双脚前后开立，双臂向斜上方伸直顶在门框和墙壁上。双手掌心对墙。呼气，身体前倾拉伸胸部。重复练习。

[要求]动作幅度尽量大，动作结束保持10s左右。

20. 肋木腰腹侧屈

[目的]拉伸腰腹两侧。

[方法]双脚左右开立，一只臂自然下垂，另一只臂上举在头，上部屈肘。同伴帮助固定髋部，另一只手抓住上举臂的肘部。呼气，同伴帮助向下垂臂一侧屈上体。改变方向重复练习。

[要求]动作幅度尽量大，动作结束保持10s左右。

21. 俯卧转腰

[目的]拉伸腰部两侧。

[方法]俯卧在台子上,躯干上部伸出边缘之外悬空,颈后肩上扛一根木棍。双臂体侧展开固定木棍。呼气,尽量大幅度转动躯干,不同方向重复练习。

[要求]动作结束保持数秒再回转躯干。

(三)上肢

1. 背向压肩

[目的]拉伸肩部。

[方法]背对墙站立,向后抬起双臂,与肩同高直臂扶墙,手指向上。呼气,屈膝降低肩部高度。重复练习。

[要求]动作幅度尽量大,动作结束保持10s左右。

2. 向内拉肩

[目的]拉伸肩外侧。

[方法]站立或坐立,抬起一只臂肘关节至肩部高度,屈肘与另一只臂交叉。另一只臂抬起至肩部高度抓住对侧肘关节,呼气,向后拉。换臂重复练习。

[要求]动作幅度尽量大,动作结束保持10s左右。

3. 向后拉肩

[目的]拉伸肩前部。

[方法]站立或坐立,在背后双手合掌,手指向下吸气,转动手腕使手指向上。吸气,向上移动双手至最大限度,并后拉肘部。重复练习。

[要求]动作幅度尽量大,动作结束保持10s左右。

4. 背后拉毛巾

[目的]拉伸臂部。

[方法]站立或坐立,一只臂肘关节在头侧,另一只臂肘关节在腰背部。吸气,双手握一条毛巾逐渐互相靠近。换臂重复练习。

[要求]动作幅度尽量大,动作结束保持10s左右。

5. 向内旋腕

[目的]拉伸腕部。

[方法]站立,双臂伸直,双手合掌。呼气,尽量内旋双手手腕,双手分离。重复练习。

小学体能教学和评价的探索与实践

［要求］动作幅度尽量大，动作结束保持10s左右。

6. 压腕

［目的］拉伸腕部。

［方法］站立，双臂胸前屈肘，一只手的手掌根部顶在另一只手的四指末端。用一只手的手掌根部用力压另一只手的四指末端。换手，重复练习。

［要求］动作幅度尽量大，动作结束保持10s左右。

7. 助力转肩

［目的］拉伸肩前部。

［方法］一只臂屈肘90°侧举，同伴帮助固定肘关节，向后推手腕。换臂重复练习。

［要求］动作幅度尽量大，动作结束保持10s左右。

8. 助力顶肩

［目的］拉伸肩部。

［方法］跪立双臂上举，双手在同伴颈后交叉。同伴手扶在髋部与练习者肩胛接触，双脚左右开立，站在练习者身后。同伴身体后仰，用髋部向前上顶练习者肩胛部位。重复练习。

［要求］动作幅度尽量大，动作结束保持10s左右。

9. 上臂颈后拉

［目的］拉伸上臂后部和肩部。

［方法］站立或坐立，左臂屈肘上举至头后，左肘关节在头侧，左手下垂至肩胛处。右臂屈肘上举，右手在头后部抓住左臂肘关节。呼气，在头后部向右拉左臂肘关节。换臂，重复练习。

［要求］动作幅度尽量大，动作结束保持10s左右。

10. 跪撑正压腕

［目的］拉伸腕部。

［方法］双膝和双臂直臂撑地，双手间距约与肩同宽，手指向前。呼气，身体重心前移。恢复开始姿势重复练习。

［要求］动作幅度尽量大，动作结束保持10s左右。

11. 跪撑反压腕

［目的］拉伸腕部。

［方法］双膝和双臂直臂撑地，双手间距约与肩同宽，手指向后。呼气，身体

重心后移。恢复开始姿势，重复练习。

［要求］动作幅度尽量大，动作结束保持 10s 左右。

12. 跪撑侧压腕

［目的］拉伸腕部。

［方法］双膝和双臂直臂撑地，双手腕部靠拢，手指指向体侧。呼气，身体重心缓慢前、后移动。

［要求］动作幅度尽量大，动作结束保持 10s 左右。

13. 握棍直臂绕肩

［目的］拉伸肩部。

［方法］双脚并拢站立，双手握一木棍或毛巾在髋前部。吸气，直臂从髋前部经头部上绕到髋后部。再经原路线绕回，重复练习。

［要求］速度不宜过快，双臂始终保持伸直。

14. 单臂开门拉肩

［目的］拉伸肩部。

［方法］在门框内，双脚前后开立，拉伸臂肘关节外展到肩的高度。拉伸臂前臂向上，掌心对墙。呼气，上体向对侧转动拉伸肩部。重复练习。

［要求］动作幅度尽量大，动作结束保持 10s 左右。

第三节　学生柔韧素质锻炼的注意事项

锻炼柔韧素质体能，不仅需要认真的练习，还要有谨慎的态度。为了保证锻炼的安全性和有效性，必须遵循一些基本原则，尤其要注意以下几点：首先，要遵守适应的原则，慢慢增加锻炼的强度和持久度；其次，要注意动作的准确性和稳定性，避免发生运动损伤或者伤害事故；最后，要养成良好的锻炼习惯，以保证锻炼的有效性和持久性。

一、柔韧素质锻炼的原则

（一）渐进性的原则

采用柔韧性锻炼的时候，要根据自身的身体情况出发，始于一定的临界点，达到自然舒适的状态。此外，要牢记慢慢来、循序渐进的原则，以拉伸、放松、再拉伸的方式应用在重复的锻炼过程中，在感受到肌肉疼痛的时候要立即停下来休息。经过一段时间的锻炼，完成了身体对拉伸长度的适应，下一步就应该尝试拉长肌肉、韧带，建立一个新的边界，使柔韧性进一步得到提高。但是，想要提升肌肉、肌腱、韧带的柔韧性不是一两天的事情。

（二）全面性原则

身体在运动过程中，完成动作不只仅限于一个关节或某个身体部位，而且要牵扯到几个相互作用的部位及全身，如果柔韧性的练习只集中在部分关节和身体某一部位而忽视其他部位，则完成动作会受阻碍，甚至存在发生伤害性的可能。

柔韧性练习必须要考虑身体的全面性及各个部位的关节，这其中包括肩关节、肘关节、腕关节、髋关节、膝关节、踝关节和脊柱及其他结构。全面锻炼的规律，不仅要求要分析身体各部分关节的解剖结构、活动的时空、活动的角度和距离；且还需要考虑柔韧性训练的特点，关节有压力、搬运、摇摆、踢、旋转、紧绷、环绕以及前屈、后伸的多种动作形式，但最终还是要通过关节周围及跨过关节的肌肉、韧带、肌腱和软组织的收缩与伸展来完成动作。因此，柔韧性练习既要考虑关节结构，也要考虑肌肉、肌腱、韧带和软组织的运动特性，以达到安全、全面的锻炼效果。

（三）差异性原则

尽管人体生理结构基本相同，但是由于年龄、性别、身体机能、基本活动能力等存在个体差异，柔韧性练习的方法、手段、运动强度、运动负荷应该有所差别，针对不同年龄、体质、胖瘦、高矮、性别、锻炼程度等有所区别。在进行柔韧性锻炼时，应充分考虑自身实际情况，明确练习目的，安排合理的练习内容，制定出适合自身的柔韧性锻炼计划。

二、青少年柔韧素质训练注意事项

（一）遵循生理发育特点

根据青少年生理特征和参加业余训练时间段的不同，在安排基础身体素质训练时应重点突出柔韧素质的发展。一般来讲，青少年在柔韧素质的两个发展高峰期内,年龄越小,越适宜发展柔韧素质。因此,及时进行柔韧素质练习对青少年来说是一个更有效的选择,它能够符合人体自然生长规律,所带来的效果会更加显著,而且更容易保持和巩固,不易消退。

(二)机体内外"温度"的影响

研究发现,肌肉温度和外界气温对柔韧素质有重要影响。从肌肉伸展力的角度来看,当气温在18~32℃时,肌肉伸展力最好,关节活动性也最强,做柔韧训练的效果也最佳。

(三)选择合理的运动负荷

发展柔韧素质,就像发展其他身体素质一样,需要正确选择负荷量和负荷强度,过低的负荷无法带来改善,而过高的负荷则可能会造成运动损伤。此外,小学生的年龄和性别也会影响负荷的选择,小学生在练习时,负荷量和负荷强度应小于成年运动员。

(四)注重心理品质的培养

根据运动解剖学和运动生理学,人的肩关节柔韧性受到遗传因素影响,而其余关节的柔韧性和灵活性可以随训练水平的提高而逐渐改善,即学者所说的"用进费退"原则。在业余训练中,拉伸时间应该持续到达到酸距、胀痛的程度,再坚持10s钟,每天练习次数不低于2次。

第五章

小学生体能教学
——速度、灵敏素质

第一节　速度、灵敏素质训练的基本原理

许多运动项目，如球类、滑雪、武术、散打、拳击、摔跤、击剑和体操等，都需要小学生能够在时空变化环境中灵活应变，准确识别动作，反应敏捷，拥有较强的自控能力，以及能够快速改变身体运动方向的灵敏素质。

针对要求小学生身体或其部位经常做出变化运动的项目，灵敏素质就显得尤为重要。例如，球类项目在训练和比赛中，小学生必须要求起动、急停、突然改变运动方向；体操、跳水、花样滑冰等项目，则要求小学生能够根据实际情况调整身体方位的能力以及高度的灵活性。

这样的灵活反应，是衡量小学生灵敏性的重要指标。比赛场上一切都无常，虽有基本规律，但技术和战术模式无固定。小学生要基于正常的训练获得身体、技术和战术能力，根据场上的状况和敌方的战略安排，能够迅速、准确、协调地调整自己的动作。这种灵活的反应，正是评判小学生灵敏素质的重要标准。

一、灵敏素质的概念

灵敏素质指的是人体快速、协调、敏捷、准确地响应变换条件，完成各项动作的能力，这是由神经反应、运动技能及各种身体素质共同作用的结果。力量、速度、耐力和柔韧这四个素质，特别是爆发力量和爆发速度，都在一定程度上反映了灵敏素质，它们控制着人体的加速或减速，以及躲闪和变换方向的快慢，而柔韧可以保证力量和速度的有效发挥，耐力则有助于持久性的工作能力。

只有将这些素质综合运用，才能够保证动作的熟练程度，而这种熟练需要由中枢神经系统来支配。因为神经系统的反应速度会影响反应的快慢，还可以决定判断是否正确，以及应答动作是否及时。因此，快速的反应、准确的判断以及及时的应答动作，都是敏捷素质的前提，各素质之间的协同配合是完成应答动作的基础。

灵敏素质是一种比较难以衡量的素质，而它的熟练度却可以通过动作的迅速准确来表现，从而直接反映出一个人灵敏素质的高低。因此，灵敏素质是运动技能、神经反应和各种素质的综合表现，并可以通过动作的熟练程度体现出来。由于没有客观的衡量标准，因此只能通过动作的迅速准确性来作为衡量灵敏素质高

低的标准。

小学生的躲闪能力，体现在其躲闪动作的快慢上，可以说是反应判断的快慢决定了动作的快慢，因此灵敏素质的高低只能在没有做出躲闪动作之前无法衡量。不仅如此，一些动作如急跑急停、转体、平稳等也是需要基于各种素质来完成的，这些素质越好，完成动作越熟练，表现出的灵敏素质也就越高。因此，在离开了其他素质和运动技能的基础之外，单纯的灵敏素质是并不存在的，只有通过熟练的动作才能真实的表现出来。

二、灵敏度评价

评价一个人灵敏素质的发展水平，主要从三个方面来看：一是反应能力，是否能够快速、准确地判断、躲避、转身、翻转、维持平衡以及改变方向；二是技能，是否能够自如操控身体，任何环境下都能准确地完成任务；三是表现，是否能够将力量、速度、耐力、协调性和节奏感综合起来，表现出灵活的动作。实践证明，灵敏素质较高的人可以更加自如地控制身体，精熟完成不同动作。

三、灵敏素质的意义

灵敏素质是协调发挥各种身体素质能力，有助于增强运动技术动作的质量，从而达到良好的体育成绩。在各类运动项目中，灵敏素质可以发挥两方面的重要作用：其一，帮助小学生更准确、熟练及协调地完成动作，取得更好的运动成绩；其二，能够灵活地应对对手，最终取得胜利。按照灵敏素质与专项运动之间的关系，将灵敏素质分为一般灵敏素质和专项灵敏素质两种类型。

通常，灵敏素质可以指人们在各种活动中，在突变的情境下，能够快速、合理、准确完成多种动作的能力，它也是专项灵敏素质发展的基础。更具体地说，专项灵敏素质是指小学生在特定体育项目中，能迅速、准确、协调地完成技术性动作的能力，它是在一般灵敏素质的基础上，多年不断练习某个专项而提升技能的结果。

不同的体育运动项目对灵敏素质的要求也有所不同，特别是球类和一些对抗性项目，它们更多的需求是关于判断力、反应能力、躲闪等方面的敏捷性。因为球类运动的变化性很大，以及它不像体操、武术、田径等项目，需要像相同的动作技巧，所以球类运动员需要有更广阔的视野，以及敏锐的球感，以及多变的战术，以及协调的配合，这样才能适应球类运动的需求，所以没有良好的灵敏素质很难拥有一名优秀的球类运动员的实力。

篮球对于躲闪、突然起动、急停、改变身体位置、运球过人、切人、跳起空中投篮、争夺篮板球等技能的要求极为精细；足球更是让守门员必须具备高度的反应、判断能力，如急跑急停、铲球、过人、射门、头及身体控制球等；而排球则要求跳起扣球、倒地滚动、鱼跃救球、反应判断等方面所表现的灵活素质。篮球、足球和排球等运动都对小学生的灵活度要求极为苛刻，在此情况下，小学生必须具备良好的反应能力和判断能力。

乒乓球、羽毛球、网球这些运动的技术变化越来越快，需要脚步迅速移动，身体姿势及反应判断的敏捷程度也在不断提升。跳水、体操等项目也同样要求身体位置和平衡能力在短时间内发生变化，还要求能在空中迅速翻转。此外，滑雪、滑冰等冰雪项目还需要迅速调整身体位置和平衡，及时变换运动方向，这些行动需要极高的灵敏素质。

四、灵敏素质的特点

由于各体育项目所涉及的运动技能差异，对灵敏素质的要求也有所不同，从而体现出灵敏素质在各项目中的不同特点。从运动技能、神经反应以及灵敏素质要求等方面来看，灵敏素质的项目特点显而易见。如，优秀的篮球运动员在篮球场上的灵巧多变令人称奇，但在体操器械上却不太熟练，因为他们缺乏体操运动员所需的运动技能，不能灵活地完成体操动作，导致体操方面的灵敏素质受到影响。而体操运动员在体操器械上能轻易地完成动作，但在篮球场上空间控制能力却不如篮球运动员。此外，其他专项的运动员很擅长某一项，而在其他项目上却不一定太在行。因此，体育教师和小学生都要重视发展本专项所必需的灵敏素质。

第二节 速度、灵敏素质训练方案设计

一、发展灵敏素质的注意事项

（一）练习方法、手段应多样化并经常改变

灵敏素质的发展与各种分析器和运动器官机能改善之间存在着密切的联系，

这可以从人体在运动中表现出准确的定向定时能力和动作准确、迅速变换的能力来证明。但是，一旦技能达到自动化程度，使用它来发展灵敏素质就失去了意义。因此，灵敏素质练习应该以多样的方式进行，并且需要频繁的变换。这样一来，不仅可以让人们获得各种运动技能，还能够提升各种分析器的功能，从而在时空三维立体中表现出准确的定向定时能力，以及精准的动作变换速度。

(二)掌握本专项一定数量的基本动作

运动技能是通过条件反射在大脑皮层建立起来的，拥有越多的条件反射，就能够以更快的速度，更准确地做出变换动作。掌握运动技能以后，就可以迅速地形成应答性动作，应对突发情况。为了提高灵敏素质，我们应该尽可能多地学习基本的动作、熟练技术及战术。而要发展灵敏素质，不仅要培养人的各种能力，还要在练习中利用发展其他身体素质的方法来发展灵敏素质，并锻炼自身掌握动作的能力、反应能力、平衡能力等。

(三)抓住发展灵敏素质的最佳时期

由中枢神经系统所指挥的灵敏素质，代表着各种能力的综合表现。儿童时期的神经系统发育最先、最快，具有良好的反应能力，动作速度、平衡能力和节奏感等也具有巨大的发展潜力。利用这一时期的条件，练习灵敏素质可获得巨大的收益。

(四)灵敏素质练习时应注意消除练习者的紧张心理

练习灵敏素质时，体育教师应采取各种有效措施以消除小学生的情绪紧张和恐惧心理，因为这种情况可能使反应变慢、动作协调性下降，从而影响练习的效果。

(五)合理安排训练时间

对于灵敏素质的训练，应当适当安排，使之系统化，但训练时间不宜过长，练习重复次数也不宜过多，因为小学生体力疲劳后，力量水平会降低，速度将变慢，节奏感也会受到影响，平衡能力也会降低，这些都不利于灵敏素质的发展。有经验的体育教师会根据训练的特点安排适当的灵敏素质训练，比如在比赛临近时，技术训练的比重会增加，就会加强协调能力训练。而在准备期，则以一般灵敏素质训练为主，比赛期以专项灵敏素质训练为主。在训练过程中，应将灵敏素质训练安排在课前的部分，以确保小学生体力充沛、精神抖擞，运动欲望强，以便做好每一个练习。

（六）灵敏素质练习应有足够的间歇时间

练习灵敏素质时，应给予足够的休息时间，以确保体内氧债的偿还和ATP能量物质的合成。但是，休息时间又不宜太长，因为会使中枢神经系统的兴奋性下降，使得下次练习时对运动器官的指挥能力减弱，动作协调性下降、速度变慢、反应迟缓，严重影响练习的效果。通常来说，可以按照1∶3的比例调控练习时间和休息时间。

（七）应结合专项要求进行训练

灵敏素质具有特定的特点，因此经验丰富的体育教师会根据不同的运动项目，安排特定的灵敏素质训练，以满足专业要求。例如，小学篮球运动员可以通过练习手部灵敏性，来提高手感和控球能力；小学足球运动员可以多做一些脚移动和用脚控球的训练；而体操等项目的小学生运动员则可以多做一些移动身体方位的练习。另外，体育教师在训练过程中还要注意控制小学生的体重。

二、灵敏素质训练

灵敏素质训练指人体在复杂环境下快速协调和准确完成动作的能力。为了发展灵敏素质，人们采用了各种各样的训练方法，比如灵活动作组合、技术型和认知型训练，和使用辅助设备的技巧训练，以及定期参加体能活动，如拉伸和放松等。这些都是有助于发展灵敏素质的重要手段，具体如下。

(1)运动练习：让参与者在跑步和跳跃的过程中进行多种动作，例如，快速改变方向、各种躲闪、拳击和踢击、突然启动和快速停止等。

(2)躲闪垒球：练习时，垒球投掷可用于挑战选手的各个部位，而选手则可尽力躲避这些垒球。

(3)蹦床运动：跳高练习的技巧动作可以在蹦床训练中发挥作用，从而受益匪浅。

在灵敏素质训练中，最重要的是锻炼学生对时间、空间的准确判断能力。小学生体重较轻，大脑皮层神经传导过程具有良好的可塑性，是发展灵敏的好时机，因此，在体育课的准备活动中，可以结合其他素质训练，把灵敏素质训练融入进去。

灵敏素质可以作为一种能力，指的是一个人快速完成动作的能力，根据不同形式可分为反应速度、动作速度和移动速度。它可以提高大脑皮层兴奋抑制过程的灵活性和中枢神经的协调性，促进呼吸循环系统的机能活动，同时也对掌握运动技术和提高运动成绩起到很大作用。

有许多方法可以提高发展速度，例如，以最快的速度、最少的时间反复练习某一动作；利用一定的场地和器材（如快速下楼梯）来加快动作的练习速度；或是在突发情况下提高反应速度（如听到口哨信号后跑）。尤其是小学生，他们大脑皮层兴奋过程占优势，神经过程灵活性较高，反应速度快，正是提升发展速度能力的最佳时期。

速度发展是力量、协调和灵敏素质的结合，它与神经冲动、集中注意力的能力等相关。因此，速度训练应与发展力量、灵敏素质以及神经协调能力等有机结合。在体育课的前半时进行速度素质练习，要求学生体力充沛、精神饱满、运动欲望强，才能发挥出最佳效果。另外，要记住，速度素质的发展比较缓慢，特别是提高到一定程度以后，提高难度也会增大。因此，在体育教学中不能急于求成，及时把握适当的训练强度是关键。

耐力素质是衡量一个机体能在长时间活动与抗疲劳能力的竞争中取胜的指标。它可以作为一个重要的参考来评估身体健康的水平，耐力较强的小学生能够更好的抵抗疲劳，拥有更长的坚持时间，从而达到更高的耐力素质。另外，耐力素质对其他运动素质也有重要的影响，科学的耐力训练能够提高小学生抗疲劳的能力，从而有利于大脑皮层兴奋与抑制过程之间节奏的协调性。

拥有良好的柔韧性素质可以促进关节的活动幅度，肌肉和韧带的伸展和弹性，使得完成任务时能够以更优异的质量。不论是什么样的运动，柔韧性素质都是技术掌握的重要因素，也是提高质量的关键。

少年时期是进行柔韧练习的最佳时期。青少年的身高迅速增长，肌肉会变得更加发达，而柔韧性则会减弱。因此，在七年级和八年级时，要定期进行柔韧性训练，但负荷宜少，最好能结合一定的力量练习，以保持相对平衡。到了九年级，柔韧素质受到限制（由于关节发展到达了终点，韧带也变得很坚实，拉伸能力大大下降），所以就应该加大柔韧训练的负荷。

准备柔韧性练习前，不可忽略热身活动的重要性。这可以减少肌肉紧绷和黏滞的状态，也可以防止肌肉韧带拉伤，并且在拉伸练习中不要出现过度用力的情况。此外，柔韧性练习必须与放松活动搭配，以保持肌肉弹性，避免发生消极拉伸的情况。

若要提升身体素质，应该按照一定的训练计划，有计划地进行考核，结合国家体育锻炼标准，以便更好地评估效果。运动项目可以包括引体向上、俯卧撑、跳绳等，随着学生身体素质的改善，可以逐步增加难度和锻炼量。此外，训练不仅可以提高身体素质，还可以与基本技术教学紧密结合，以帮助学生更好地掌握基本技术，提升体质。

第三节　速度、灵敏素质训练的基本方法

灵敏素质是人类综合能力的一种表现，受遗传因素影响较大。它通常反映在身体、智力、情感以及其他方面，对个人生活产生积极的影响。遗传因素在影响灵敏素质的过程中起着重要作用，可以使人们拥有较高的灵敏素质，进而带来更好的应对能力。体育教师应该尽可能采取多种不同的练习方式，逐渐增加锻炼的复杂性；可以改变练习条件、设备、器械等，增加技术动作的复杂度和难度。此外，小学生的技能、反应能力、平衡能力、观察能力和节奏感等，也要给予重视、培养和提升。

一、灵敏素质练习的主要手段

通过不同训练的方式来提高跑、跳的快速变向能力，包括跑、躲闪、突然起动以及快速急停和迅速转体练习等。此外，还要做各种调整身体方位的练习，以及专门设计的复杂多变练习，如所谓的"之字跑""躲闪跑""穿梭跑"和"立卧撑"等。此外，也可以以非常规姿势完成的练习，如侧向或倒退跳远、跳深等，以及在缩小的球类运动场地进行限制完成动作空间的练习。还可以增加训练强度，如变换动作频率或逐步增加动作的频率，以及做各种变换方向的追逐性游戏和对各种信号做出应答反应的游戏等。

二、灵敏素质练习的途径

灵敏素质的发展对于提高运动能力至关重要，在此过程中应当注重力量、速

度、耐力和柔韧素质等的提升。运动项目如体操、武术、技巧、滑冰、滑雪和球类活动等都具有提升灵敏素质的效果。另外，在复杂的特定训练条件下多次练习类似动作，也是提高专业灵敏素质的有效途径。发展灵敏素质的方式包括徒手训练、器械训练、游戏与组合练习等。

（一）徒手练习

包括单人练习和双人练习。

(1)单人练习：主要有弓箭步转体、立卧撑跳转体、前后滑跳、屈体跳、腾空飞脚、跳起转体、快速后退跑、快速折回跑等练习。

(2)双人练习：主要有躲闪摸肩、手触膝、过人、模仿跑、撞拐、巧用力等双人练习。

（二）器械练习

器械练习包括单人练习和双人练习。

(1)单人练习：主要包括各种形式的个人运球、传球、顶球、颠球、托球等多种练习，单杠悬垂摆动、双杠转体跳下、挂撑前滚翻、翻越肋木、钻栏架、钻山羊以及各种球类运动、技巧运动、体操运动的专项技术动作的个人练习等。

(2)双人练习：主要包括各种形式的传、接球、运球中抢球，双杠端支撑跳下换位追逐、肋木穿越追逐等双人练习。

（三）组合练习

组合练习包括两个动作组合、三个动作组合和多个动作组合的练习。

(1)两个动作组合练习：主要有交叉步→后退跑，后踢腿跑→圆圈跑，侧手翻→前滚翻，转体俯卧→膝触胸，变换跳转髋＋交叉步跑，立卧撑→原地高抬腿跑等。

(2)三个动作组合练习：主要有交叉步侧跨步→滑步→障碍跑，旋风脚→侧手翻→前滚翻，弹腿→腾空飞脚→鱼跃前滚翻，滑跳→交叉步跑→转身滑步跑等练习。

(3)多个动作组合练习：主要有倒立前滚翻→单肩后滚翻→侧滚→跪跳起，悬垂摆动→双杠跳下→钻山羊→走平衡木，跨栏→钻栏→跳栏→滚翻，摆腿→后退跑→鱼跃前滚翻→立卧撑等练习。

(四)游戏

灵敏素质的游戏既具有综合性、趣味性又能激发参与者的竞争欲望,极大地增加了玩家的兴趣。它们不仅能帮助人们集中注意力,还可以训练大脑、加强神经系统灵活性和反应能力,进而提高身体素质和运动技能。灵敏素质的游戏种类繁多,其中包括应答性游戏、追逐性游戏以及集体游戏等。

三、发展灵敏素质的具体方法

发展灵敏素质须从专项特点出发,重点综合发展反应、平衡协调等能力。以下根据教学训练体会,提供一些发展灵敏素质的方法,供教学训练时参考。

(一)提高反应判断的练习

(1)按口令做相反的动作。

(2)按有效口令做动作。

(3)原地、行进间或跑步中听口令做动作。如:喊数抱团成组。加、减、乘、除简单运算得数抱团组合,看谁最快等。

(4)一对一追逐模仿。

(5)一对一互看对方背后号码。

(6)听信号或看手势急跑、急停、转身、变换方向的练习。

(7)听信号的各种姿势起跑。如:站立式、背向、蹲、坐、俯卧撑等姿势。

(8)跳绳:两人摇绳,从绳下跑过转身,从绳上跳过等。

(9)一对一脚跳动猜拳、手猜拳、打手心手背、摸五官等练习。

(10)各种游戏。如:叫号追人、追逃游戏、抢占空位、打野鸭、抢断篮球(一方攻、一方守,攻方运球强行通过,守方积极拦截抢夺,夺到球变为攻方小学生运动员)等。

(二)发展平衡能力练习

(1)一对一面向站立,双手直臂相触,虚实结合相互推,使对方失去平衡。

(2)一对一弓箭步牵手互换面向站立,虚实结合互推互拉使对方失去平衡。

(3)各种站立平衡:俯平衡、搬腿平衡、侧平衡等。

(4)头手倒立,肩肘倒立、手倒立停一定时间。

(5)在肋木上横跳、上下跳练习。

(6)做动作或急跑中听信号完成突停动作。

(7)在平衡木上做一些简单动作。

(8)发展旋转的平衡能力练习。

①用手扶住体操棒，然后松手转身击掌再扶住体操棒使其不倒。

②向上抛球转体 2 周、3 周再接住球。

③跳转 360°进，保持直线运行。

④闭目原地连续转 5～8 周，然后闭目沿直线走 10m，再睁眼看自己走的方向是否准确。

⑤绕障碍曲线转体跑。

⑥原地跳传 180°、360°、720°落地站稳。

(三)发展协调能力练习

(1)一对一背向互挽臂蹲跳进、跳转。

(2)模仿动作练习。

(3)各种徒手操练习。

(4)双人头上拉手向同方向连续转。

(5)脚步移动练习。如：前后、左右、交叉的快速移动。单脚为轴的前后、转体的移动。左右侧滑步、跨跳步的移动。

(6)做小腿里盘外拐的练习。

(7)跳起体前屈摸脚。

(8)选用武术中的"二踢脚""旋风脚"动作。

(9)双人跳绳。

(10)做不习惯方向的动作。

(11)改变动作的连接方式。

(12)选用健美操、体育舞蹈中的一些动作。

(13)简单动作组合练习。如：原地跳转 360°接跳远、前滚翻交叉转体接后滚翻、跪跳起接挺身跳等。

(14)双人一手扶对方肩、一手互握对方脚腕，各用单脚左右跳、前后跳、跳转。

(四)选用体操中的一些动作练习

(1)前滚翻、后滚翻、侧滚翻。

(2)连续前滚翻或后滚翻。

(3)双人前滚翻：一人仰卧，另一人分腿站在仰卧人的头两侧，双方互握对方两脚踝，然后作连续的双人前滚翻或后滚翻。

(4)连续侧手翻。

(5)双人侧手翻：双人同向重叠站立，后面人抱住前面人的腰，然后共同完成侧手翻。

(6)鱼跃前滚翻。(可越过一定高度的障碍物)

(7)一人仰卧，两人名抓一只脚，同时用力上提，使其翻转站立。

(8)前手翻、头手翻、后手翻，团身后空翻。

(9)跳马、跳上、挺身跳下；分腿或屈腿腾越；直接跳越器械；跳起在马上作前滚翻。

(10)在低单杠上做翻上、支撑腹回环、支撑后摆跳下、支撑摆动向前侧跳下等简单动作。

(11)在低双杠上做肩倒立、前滚翻成分腿坐、向前支撑摆动越杠下，向后摆动越杠下等简单动作。

(五)利用跳绳的方法练习

(1)"扫地"跳跃：练习者将绳握成多段，从下蹲姿势开始，将绳子做扫地动作，两脚不停顿地做跳跃练习。

(2)前摇二次或三次，双足跳一次。

(3)后摇二次，双足跳一次。

(4)交叉摇绳：练习者两手交叉摇绳，每摇一两次，单足或双足跳长绳子一次。

(5)集体跳绳：两名练习者摇长绳子，其他练习者连续不断地跳过绳子，每人应在绳子摇到最高点时迅速跟讲，跳过绳子。并快速跑出。谁碰到绳子，与摇绳者交换。

(6)双人跳绳：同前，要求两名练习者手拉手跳3～5次后快速跑出。

(7)走矮子步：教练与一名队员将绳拉直，并把高度适当降低，队员在绳子下走矮子步和滑步与滑步动作。

(8)跳波浪绳：教练与一名队员双手握一根长绳子，并把绳子上下抖动成波浪形，队员必须敏捷地从上跳过，谁碰到绳子，与摇绳者交换。

(9)跳蛇形绳：教练与一名队员双手握一根长绳，并把绳子左右抖动，使绳子像一条蛇在地上爬行，数个队员在中间跳来跳去1min内触及绳子最少者为胜。

(10)跳粗绳(或竹竿)：教练双手握一根粗绳或竹竿，队员围成一个圆圈站立，当教练握绳或竿做扫圆动作时，队员立即跳起，触及绳索或竹竿者为败。

(六)利用蹦床的练习方法

绷床练习是训练高大队员灵敏素质、提高身体协调性和空中平衡能力的有效方法。

(1)原地向上腾起，两臂上举，使身体在空中伸展，然后下落。连续做5～10次。

(2)原地腾起，两臂上举，空中转体180°、360°。

(3)原地腾起，下落时成俯卧姿势，然后再腾起。

(4)原地腾起，体前屈，侧分腿，两手触及脚尖，然后直体双脚落地。

(5)原地腾起，在空中模仿挺身式跳远、分腿腾跃、足球守门员救球、排球运动员扣球、拦网、篮球运动员扣篮、跳水运动员的起跳、腾空、入水等动作。

(6)原地腾起，后空翻一周，双脚落地。

(7)原地腾起，前空翻一周，双脚落地。

(8)原地腾起，身体后倒，犹如失去平衡，然后臀部着地成直角坐地再腾起。

(9)原地腾起，落地跪立后再腾起。

(10)原地腾起，落地时成仰卧姿势，然后再腾起成站立姿势。

(七)灵敏性游戏

在灵敏性游戏的设计、选择、运用中，要注意把思维判断、快速反应、协调动作、节奏感等内容有机地结合起来。进行游戏时，要严格执行规则，防止投机取巧，遵守纪律，注意安全。

(1)形影不离。两人一组，并肩而站。右侧的人自由变换位置和方向，站在左侧的人必须及时跟进仍站到他的右侧位置。

要求：随机应变，快速移动。

(2)照着样子做。两人一组,其中一人做站立或活动中的各种动作,并不断更换花样,另一人必须照着他的样子做。

要求:领做者随意发挥,照做者模仿过真。

(3)水、火、雷、电。练习者在直径为15m的圆圈内快跑,体育教师接连喊"水""火""雷""电",所有人必须做出与之相适应的动作。

要求:想象力丰富,变换动作快。

(4)互相拍肩。两人相对1m左右站立,既有设法拍到对方的肩膀,又要防止对方拍到自己的肩膀。

要求:伺机而动,身手敏捷。

(5)单、双数互追。练习者按单、双数分成两组迎面相距1~2m坐下,当教练喊"单数"时,单数追双数,双数转身向后跑开20m;当教练喊"双数"时,双数追单数,单数转身向后跑开。

要求:判断准确,起动迅速。

(6)抓"替身"。成对前后站立围成圈,指定一人抓,另一人逃,逃者通过站到一对人的前面来逃脱被抓,后面的人立即逃开。当抓人者拍打着被抓者时,两人交换继续抓"替身"。

要求:反应快、躲闪灵。

(7)双脚离地。练习者分散在指定的地方任意活动,指定其中几个为抓人者,听到教练的哨音后,谁的双脚离地就不抓他,抓人者勿缠住一人不放。

要求:快速悬垂、倒立、举腿等。

(8)听号接球。练习者围圈报数后向着一个方向跑动,教练持球站在圈中心,将球向空中抛起喊号,被喊号者应声前去接球。

要求:根据时间和空间采取应急行动。

(9)老鹰抓小鸡。"小鸡"跟在"母鸡"背后,用手扶住前面人的髋。"老鹰"站在"母鸡"前面要抓后面的"小鸡","母鸡"伸开双臂设法阻止。

要求:斗智斗勇,巧用心计。

(10)围圈打猴。指定几个人当"猴"在圈中活动,余者作为"猎人"手持2~3个皮球围在圈外,掷球打圈中的"猴"(只准打腿部),被击中的"猴子"与掷球的"猎人"互换。

要求:眼观六路,耳听八方,掷球准确,躲闪机灵。

(11)跋山涉水。用各种器械和物体设置山、水、沟、洞等,练习者采取相应运动越过去，山要攀登，水要划行，沟要跳跃，洞要匍匐前进，看谁爬山涉水快。此游戏可分成两组计时比赛。

要求：协调灵活，及时改为动作。

(12)传球触人。队员分散站在篮球场内。两个引导人利用传球不断移动，追逐场上队员并以球触及场内闪躲逃跑的队员，凡被球触及者参加传球，直到场上队员全部被触及为止。

要求：传球者不得运球，走步违例；闪逃者不准踩线或跑出界外。

(13)追逐拍、救人。队员分散站在场内，指定4名引导人为追逐者，其他队员闪躲逃跑。当有人被追着时，需马上原地站立。两手侧平举。此时，同伴者可去拍肩救他，使之复活逃脱。由于在救人时可能被追拍，因此，该游戏可以培养自我牺牲的精神。

要求：判断准确，闪躲敏捷，救人机智。

(14)"活动篮圈"。队员分两大组，每组设活动篮圈一个（两人双手伸直，互相握手）。教练抛球，两组跳球开始比赛，设法将球投入对方的活动篮圈中去，比哪组投中次数多。

要求：按篮球规则进行比赛，活动篮圈可以跑动，但不能缩小，防守队员可以在篮圈附近防守。

(15)"火中取栗"。练习者分成两个小组，一个小组的人手挽手面向外围成一个圈子，以保护圈子中的几只球，另一个小组的人则设法钻进去把球取出来。

要求：动作灵巧，合理对抗。

第六章

小学生体能教学
——耐力素质

2022年，学生体质健康的发展曾一度成为全社会热议的话题，因为教育部发布的《国家学生体质健康标准》测试结果公告显示，只有不足两成的青少年学生活动量达标。这说明青少年学生活动量远不能满足他们对活动的天然需求，这不仅导致身体发育不协调，而且还为许多功能障碍提供了可乘之机。因此，学校应将健康教育提升为重中之重，尤其应将培养和提升青少年学生的耐力素质作为重点来加以强调。

第一节　耐力素质对学生体能锻炼的作用

耐力是人体身体素质的重要组成部分。具备良好的耐力素质能够使人们在长时间的工作或运动中有较强的抵抗力，这也是衡量人体健康水平或体质的重要指标。

疲劳是生理现象，长时间的工作或运动会导致体内能量物质大量消耗。然而，它也是提高有机体工作能力的必要因素，它能帮助机体重新恢复机能并提高它们。因此，通过提高耐力素质，可以有效地促进体能发展，以及人体克服疲劳能力。

一、影响耐力素质发展的因素

人体耐力素质的变化受多种因素影响，包括遗传、年龄、性别、环境等，此外，还受体育锻炼和心理因素的影响。主要表现在以下几个方面。

（一）神经系统的调节能力

人体肌肉的持续收缩和放松交替过程是由大脑皮层神经元的兴奋和抑制调节所控制的。因此，耐力素质是由神经系统的兴奋和抑制相互作用决定的。耐力训练要求神经系统具备协调肌体平衡性和持久性的能力。

（二）心肺功能

耐力训练依靠糖、脂肪和蛋白质的有氧氧化来提供肌体能量，而有氧氧化又需要大量的氧气。研究表明，长期参加体育锻炼，不仅会增强呼吸肌的发达程度，还会拓宽胸廓，让大部分肺泡张开，使血液和外界空气的接触面积更大，大幅增加肺通气量。此外，也包括其他部位的肌肉的发达，每搏量增加，心脏搏动的间息时间变长，让心肌得到充分休息，最终达到提升持久工作能力的目的。因此，影响最大吸氧量的主要生理因素是心肺功能，也就是呼吸系统和心血管系统的机能。

（三）运动技能

运动活动中，动作的速度和技术有效的执行可以直接影响到能量的消耗。比如，经过测试，技术不佳的游泳者在游完同样距离后，比采用匀速游泳的人多耗费5倍的能量。因此，采取匀速练习，提高技术的规范化水平，如此不仅可以节省体力，延缓疲劳，也是提高耐力素质的重要方式。

（四）心理因素

青少年学生若要在耐力练习中获得成功，就需要克服许多困难。长时间、单调、乏味的练习过程，伴随着不舒适的生理反应，还有可能出现认知上的曲解和偏离，这些都有可能阻碍学生练习的兴趣和积极性，甚至出现逃避、勉强应付等行为。因此，教育工作者应该努力帮助学生明确耐力练习的目的，消除不同干扰，培养学生自身练习的兴趣和能力，以此营造良好的习惯。

二、耐力素质对学生体能发展的作用

耐力作为人体基本素质之一，拥有重要意义。提升耐力素质，有助于学生体能发展，抵抗疲劳，保持充沛的体力。

（一）耐力素质的提高对身体机能发展的作用

1. 对心血管系统的作用

提升耐力素质对心血管系统有着重要作用：首先，可以改善心率变化；其次，还可以增强心肌力量。心率是反映心脏功能良弱的标志之一。当人体运动时，循环系统的主要变化是心输出量的增加，大量血液流向骨骼肌，以满足加强代谢时能量的需求。心脏具有自身的储备力，普通时候心率输出量仅占最大输出量的四分之一。通过加强耐力素质可以增加心肌力量，增加心率输出量，最终增进人体活动能力。

2. 对呼吸系统的作用

人体通过呼吸器官，即鼻、咽、喉、气管、大小支气管和肺，不断地吸入氧气，又不断地排出新陈代谢产生的二氧化碳，这就是所谓的呼吸过程。这种气体交换过程仅发生在肺中，其他部分则只能起到气体的通道作用，而不能进行气体交换。

练习耐力素质耗能量物质和氧气多，必须供应充分的能量，并产生大量二氧化碳。这就要求呼吸器官加大努力，令呼吸技能有所提高。具体体现在以下三个方面。

（1）呼吸肌增强。呼吸肌增强是进行耐力素质练习时的一个重要效果。为了满足身体各个组织所需的氧气量，我们需要同时增加呼吸的深度和频率，这样就能有效地锻炼呼吸肌。呼吸肌包括膈肌、肋间肌和腹肌等，它们会在运动过程中得到增强。当呼吸肌得到充分锻炼时，不仅能够增加胸围，还能扩展呼吸运动的幅度。这样一来，我们的呼吸系统就能更加高效地将氧气输送到身体的各个组织，提供更好的运动支持。

（2）肺活量增大。肺活量的增加可以通过进行耐力素质练习来实现。通常情况下，男性的肺活量在3500～4000ml之间，女性为2500～3000ml。相比之下，青少年的肺活量要小于成年人。然而，经常从事耐力素质练习的人肺部的弹性会增加，呼吸肌肉的力量也会增强，因此他们的肺活量远远超过不锻炼的人，一般可以增加20％左右。根据相关调查，经常进行长跑的中老年人的肺活量比不锻炼的同年龄段人群增加了大约30％。肺活量反映了肺部的储备能力和适应能力，同时也反应了呼吸器官的最大工作能力。

（3）加大呼吸深度。增强呼吸系统功能是非常重要的，而加大呼吸深度是一种有效的方法。对于那些经常参加体育锻炼的人来说，他们的呼吸深度经常增加，同时呼吸次数也相对减少。这表明他们的肺活量得到了增加，换气效率也得到了提高。相比之下，不经常参加体育锻炼的人，由于肺活量较小，换气效率较低，他们在跑步时很容易感到气喘。然而，通过加大呼吸深度并减少呼吸次数，呼吸系统的功能可以得到增强。这意味着他们的肺部可以更有效地吸收氧气，并将二氧化碳排出体外。进一步地，这种增强的呼吸系统功能将使他们在日常生活中更加有活力和耐力，也有助于提高身体的整体健康水平。因此，我们应该意识到加大呼吸深度的重要性，并在日常生活中更多地参与体育锻炼，以促进我们的呼吸系统功能的增强。

3. 对肝功能的作用

耐力素质训练时，由于能源物质糖的消耗增加，肝脏的后勤供应得到加强，从而促使肝脏的机能得到锻炼。对于小学生来说，他们的肝脏储备了较多的糖原，因此在运动时能够快速向外输送。肝糖原对肝脏的健康至关重要，它不仅能够保护肝脏，还能提高肝脏对疾病的抵抗能力，并在使用肝糖原时比一般人更加经济高效。此外，肝脏也是一个重要的消化腺，通过经常进行耐力素质训练，可以进一步提升肝脏的机能，从而更好地促进食物的消化过程。因此，坚持耐力素质训练的人不仅在肝脏机能方面具有较高水平，还拥有更强的抵抗疾病能力和更良好的消化吸收能力。医生通常建议患有肝病的人适当增加糖的摄入量，正是基于这个原因。

4. 对消化系统的作用

经常进行耐力素质练习可以提高胃肠的消化功能。在进行耐力素质练习时，肌肉运动得到加强，除了需要心血管系统和呼吸系统输送氧气外，还需要胃和肠道供应营养物质。因此，消化腺分泌的消化液会增加，消化道的蠕动也会增强。这样一来，胃肠的血液循环会得到改善，从而使食物的消化和营养物质的吸收更加顺利和充分。长期进行耐力素质练习会加速呼吸，使膈肌大幅度地上下移动，同时也会不断活动腹肌，这对胃肠产生按摩作用，进一步增强了肠胃的消化功能。

5. 对神经系统的作用

长期进行耐力素质训练可以显著改善神经系统的兴奋与抑制、传导与反应等机能。此外，这种训练还能提高人的精力充沛度，使人变得精明果断，动作迅速、准确、有力。人体对外界刺激的适应能力也会明显提高，使机体对致病因素的抵抗能力显著增强。例如，长期从事耐力素质训练的人面对突然的寒冷侵袭时，能迅速收缩毛孔和表层血管，增加新陈代谢等防御反射机制；在炎热的环境中，能迅速舒张表层血管，以增强体内热量的散发；当细菌侵入人体时，能快速动员各种防御机能，以保护身体免受损害。所有这些都是神经系统功能良好的具体表现。

（二）耐力素质的提高对培养意志品质的作用

从生理学角度来看，耐力素质训练往往是非常艰苦的。然而，作为教师，我们应该紧密结合教材的特点，时机恰当地对学生进行思想教育。我们可以通过宣传体育先进人物，进行爱国主义教育，激励学生积极向上，勇往直前，不畏艰辛。毕竟，提高耐力素质需要经历一种枯燥的、多次重复的周期性运动，这也是培养学生坚毅、顽强、勇于克服困难的意志品质的过程。所以，我们要鼓励学生保持坚持不懈的毅力，通过不断地挑战自我，努力克服困难，锻炼自己的意志力。只有这样，他们才能在面对各种挑战和困难时，保持冷静、持久的耐力，取得更好的成绩和进步。

第二节　小学生耐力素质锻炼的手段

一、青少年学生耐力素质的分类

耐力是指人体在经过长时间活动后，仍能够保持正常运动能力并克服疲劳的能力。在长时间的活动中，肌体会逐渐产生疲劳，这是一种生理现象，也是肌体自我保护的一种机制。从生理角度来看，耐力素质可以分为有氧耐力、无氧耐力和肌肉耐力三种类型。根据运动的性质不同，耐力可以被进一步分为专项耐力和一般耐力。

（一）有氧耐力

它是指在充足供氧的情况下，肌体对抗疲劳的能力。其持续时间长，能够快速消除疲劳。有氧耐力训练的目的在于提高机体的供氧能力，并促进新陈代谢的能力。长跑、骑自行车和游泳被认为是典型的有氧耐力运动项目和训练方式。然而，目前在体育教学中对于长距离耐力训练的重视程度较低。

（二）无氧耐力

它被称为无氧耐力，是指在供氧不足（存在氧债）的情况下，人体克服疲劳的能力。无氧耐力训练的强度较大，时间较短，但是恢复的速度较慢。无氧耐力训练的目的是提高机体对氧债的承受能力。与有氧耐力训练相比，无氧耐力训练的特点是持续时间较长，适合强度较大的运动项目，比如 400m、800m 等。

（三）肌肉耐力

肌肉耐力是指肌肉能够持续抵抗疲劳并保持工作的能力。在运动实践中，培养肌肉耐力对于促进肌肉中的血液循环和改善神经系统的协调能力都非常有益。

二、有效提升小学生耐力素质的对策

（一）营造学习氛围，兴趣激发学力

为了增强学生的耐力素质和营造良好的学习氛围，老师们常常采用耐久跑这一教学手段。然而，耐久跑往往乏味，学生们并不太喜欢。因此，学校可以通过一些其他形式来宣传耐久跑训练的重要性，例如文化长廊、班级黑板报、体育墙报和校园广播等。通过这些宣传形式，可以激发学生内心对耐久跑训练的动力，培养学生对体育运动的兴趣也是发展他们耐力素质内在动力的重要途径。

学生可以将发展耐力素质的认知、兴趣理解转化为体育课学习的动力，表现出积极主动的体育锻炼行为。因此，我们在教学过程中，应该重点讲授耐力素质的锻炼价值和意义。通过指导学生分析自身的具体情况，发现存在的问题，我们能够培养学生对耐久跑的兴趣，并增强体育课教学的趣味性。这样一来，学生就能够端正学习态度，明确锻炼的意义和作用，了解耐力跑的生理特点，并增强自信心。同时，学校和社会也应该共同努力，营造体育锻炼的氛围，增加学生对体育锻炼的新鲜感。这样，学生们可以更愿意参与体育锻炼，养成良好的锻炼习惯，并提高耐力素质。

（二）培养学生锻炼的意志

在耐力素质训练的早期，我们应该让学生了解到提高耐力素质的关键是意志品质。因此，在他们发展耐力素质的过程中，我们需要磨炼他们的意志，帮助他们战胜自身在耐力训练中可能出现的恐惧心理。同时，我们也需要告诉学生，当出现"极点"时，这其实是人体能量和需氧量供求短暂失去平衡的一种适应现象，也是人体的一种自我保护机制。在这个关键时刻，学生应该有意识地加深呼吸，并适当减慢跑速，抬高脚步。只要学生能够坚持下去并以顽强的意志战胜这一难关，"极点"就会消失，而"第二次呼吸"就会出现，从而使学生的运动能力重新提升。

（三）革新教学模式、丰富体育课堂耐力项目

有些教师对于体育课的教材研究不足，导致教学形式呆板、手段单一，很难

激发学生对学习的兴趣。同时，还有一些教师过于急功近利，盲目地增加运动量，这使得学生根本无法承受，生理反应出现严重问题，甚至产生了对体育课的恐惧心理，这样的结果实际上适得其反。因此，体育教师应对教学模式和体育课堂做以下改进。

1. 对教学内容、形式加以改进，来有效地取得好的教学效果。

(1)音乐教学法。音乐教学法在耐久跑教学中有着重要的作用。为了激发学生的内在运动能力，增强他们的耐力和动力，可以选择节奏明快、鼓舞意志的运动音乐作为背景音乐。通过在运动音乐的旋律调节下进行耐久跑训练，学生可以减少疲劳感，同时达到练习的目的。音乐的动感和活力将激发学生更积极地参与运动，提高他们的运动效果和体能水平。伴随着音乐的节奏和旋律，学生将享受到更加愉悦和有趣的耐久跑体验，从而更加坚定地追求运动的目标。

(2)精准教学。在教学过程中，我们采用根据学生学习能力分组的教学方式，以激发学生的学习热情。通过这种方法，我们能够更好地满足每个学生的学习需求，并为他们提供与其能力水平相适应的教学内容和难度。这种个性化的教学方式有助于提高学生的学习积极性和自信心，使他们更加乐意参与课堂活动。与传统的集体教学相比，按学生学习能力分组的教学形式能够更好地培养学生的自主学习能力和合作精神，为他们提供更多的学习机会和挑战。通过这样的教学方式，我们相信学生们将更加积极主动地参与学习，提高学习效果。

(3)游戏教学。耐力练习转化为游戏化的形式，可以让学生能够在愉快的比赛氛围中"玩中学，学中练"，从而在忘却身心疲劳的同时，达到良好的练习效果。

(4)小组互助教学，打破传统的班级授课界线，采用合作教学模式，提高学生的学习积极性，既达到了育体，又达到了育心的教学目的。

2. 丰富多样的教学手段和教学内容是体育课教学的重要组成部分

为了增强学生的耐力素质，我们采用了跳绳、校园定向、雷格尔跑等多种项目作为教学载体。通过这些项目的实施，学生们在快乐的体育活动中提高了自己的耐力素质。同时，我们还积极改变体育课的教学方法和组织形式，激发学生们主动参与体育锻炼的热情。这样一来，体育课的教学方式变得灵活多样，教学手段也更加新颖活泼。通过这种教学方式，我们达到了提高学生耐力素质的目标。

(四)充分利用大课间和课外活动时间

充分发掘大课间活动的潜力，将耐力跑、跳绳等耐力项目纳入学校的大课间活动计划中。定期组织班级间、年段间的比赛，如在大课间开展跑步、耐力跳绳等活动，同时在课外活动阳光体育时间，定期开展校园定向跑等运动项目。这样，学生们在比赛游戏的过程中不仅能够享受运动的乐趣，还能够得到身体的锻炼。通过积极推行多种形式的体育活动，形成人人参与体育锻炼的热潮，有助于提高学生的耐力素质。

（五）完善体育课考核制度

综合考虑，将考核评价与平时的训练相结合是一种有效的方法。通过考核评价，我们能够及时发现学生在体育训练中存在的问题，并给予针对性的指导和帮助。同时，将平时的训练成绩和考核成绩累计平均作为期末成绩，可以减少因为一次考核失常而对学生产生过大的影响。这种做法更加有利于学生的耐力素质提高，也完善了体育课的考核制度。同时，这种方法也为培养学生终生体育意识打下了坚实的基础。通过综合考核评价和平时训练相结合，我们可以更好地促进学生的全面发展，并激发他们对体育运动的兴趣和热爱。

简而言之，我们致力于满足青少年的身心需求，并结合学校的实际情况，进行创新的教学改革。通过引入各种丰富多样、灵活多变的教学方法，我们在耐力训练中注重培养学生的兴趣和乐趣，以提高他们在长跑项目上的自觉性和积极性。我们的目标是有效地提升学生的耐力素质，使他们在这方面取得显著的进步。

三、小学生不同类型耐力体能锻炼的活动参考

（一）有氧耐力练习

1. 小学低年级阶段耐力素质的锻炼方法

（1）迈步走。将实心球、木块、小体操垫、折起的跳绳等障碍物以一定的间隔摆放在一起，形成一个大圆圈。学生在行走的过程中，需要跨越这些障碍物。根据圆圈的尺寸，可以选择顺时针或逆时针行走，并尝试多走几圈，看哪一次用时最短。要求学生采用大步跨过障碍物，步幅逐渐增大。

（2）计步数走。在400m的赛道上，采取大步迈行2~3圈，记录下步数，并比较不同圈数下所需步数的差异。同时，要求逐渐增大步长。

（3）跑跑停停。在距离为30~60m的范围内绘制若干个能够容纳一个人站立

的圆圈，每个圆圈之间的间距为1m。学生们在每个圆圈内进行5~10次高抬腿的练习，然后跨过到达下一个圆圈，再次进行5~10次高抬腿的练习，重复这个过程直到跨越所有的圆圈。在整个练习过程中，要尽量保持动作规范，并注意呼吸的配合。

(4)地滚球。学生们可以在场地上设置一些障碍物，然后弯腰用手将球滚过障碍物。根据设定的圈的大小和距离的长短，来决定需要绕过障碍物的圈数。为了确定最快的完成时间，可以采用计时的方式进行比较。在整个过程中，学生可以更换手来进行滚球操作，但不能使用脚触碰球。

(5)轮滑、滑冰。建议在光滑的地面或者冰场上滑冰至少30min以上，并确保佩戴适当的保护装备。

(6)攀爬组合练习。设计不同的攀登构架和障碍物，使人或物能够攀爬并克服。可以进行多次尝试，以确定最短用时。要求动作迅捷。

(7)推铁环。在公园或其他安全平坦的场地上，可以尝试制作一个铁环和一个铁钩，并进行练习。练习时，可以用铁钩推动铁环进行奔跑，每次活动时间至少为20min。请确保保持一定的奔跑速度。

(8)郊游或远足。在日常课程结束后，家长会带领孩子或学校会组织学生进行郊游或远足活动。在参与之前，我们需要提前了解当天的天气情况，并穿着适合运动的装备。

(9)踩"尾巴"。约有20名学生参与游戏，每人背后系着一条长约1m的报纸制成的"尾巴"，尾巴的长度大约在30到50cm之间，拖在地面上。一听到游戏开始的口令，学生们要在保护自己的"尾巴"不被踩掉的同时，试图踩别人的"尾巴"。一旦有人的"尾巴"掉了，他就立即退出游戏，最后坚持到最后的学生将成为胜利者。为确保游戏的公平性，要求"尾巴"不能被系得过紧，以确保一踩就能掉下来。

(10)拉网捕鱼。在半个篮球场上，有15到20名学生站在不同的位置上。其中三人手拉手站在一起，形成了一个"渔网"去捕捉"小鱼"。当一个"小鱼"被网住后，他会加入到"渔网"中，直到所有的"小鱼"都被网住。最后被网住的"小鱼"将成为胜利者。在网"小鱼"的过程中，"渔网"不能松开，而"小鱼"也不能离开场地。

2. 小学高年级阶段耐力素质的锻炼方法：

(1)5min跑台阶(田径场看台或楼梯)。踏上每个台阶时，要小心地迈出一

第六章 小学生体能教学——耐力素质

步，如果楼梯高度不太高，可以迅速跑到楼顶，然后再重复踏台阶的动作。穿上运动鞋，一步一个台阶，同时要注意控制呼吸。

(2)慢跑。在清新的大自然中进行慢跑活动。建议尽量深吸新鲜空气，并注意脚步的顺畅滚动以减轻着地时的冲击，保持较低频率。每周可安排进行三次慢跑活动，每次持续时间不少于15min。

(3)托重物跑。在一个50m长的跑道上，使用绳子将一个重量为3kg的杠铃片系住，然后拖着杠铃片绕折返标志物进行往返跑。参与者可以进行3~4次往返，并进行计时。这项活动可以个人比赛，也可以以小组接力的方式进行。在活动过程中要注意调整呼吸，并确保在绕过折返标志物后再返回。

(4)变速跑。在400m的田径场跑道上进行快跑和慢跑，每次快跑100m，慢跑100m，连续进行3圈以上。请特别注意呼吸配合和监测运动强度的负荷。

(5)跳绳跑。在围绕规定场地内进行，总长度不少于800m，学生需要自己摇绳，一边跳绳一边向前跑。期间不能停下来休息。

(6)小场地变向跑。在一个平坦的场地上划出一个10m×50m的长方形区域，然后在该区域的四个角上分别插入四根折返三角旗。学生需要绕着这个区域跑四圈。在进行跑步时，学生需要注意调整呼吸，并监控运动负荷的强度，同时避开每个角上的旗帜。

(7)"8"字跳长绳。将学生分成相等人数的若干组，每组派遣两名学生进行摇绳比赛。在听到开始指令后，观察哪个组的学生在5min内成功跳过的次数最多。要求比赛过程尽量连续进行，保持动作的连贯性，而摇绳的学生需要注意控制好摇绳的节奏。

(8)捉人。大约有10名学生，他们选择了一块有边线限制的场地。首先，通过猜拳的方式确定一名追赶者。游戏开始后，追赶者喊过"1、2、3"后，开始追逐其他人，而被追赶者则四处逃避。如果被追赶者被追到，那么两人将交换角色。每次游戏的时长应该控制在6到8min之间。为了保护学生的安全，追拍的力度不宜过大，以防止他们受伤。此外，游戏应该在规定的场地内进行练习。

(9)飞跃"大渡河"。在这个活动中，我们将绘制两条相距5m、长约30m的平行线，模拟出一个名为"大渡河"的场景。学生们将被分成3组，每组人数相等。其中两组学生将站在"河"的两岸，而另一组学生则会快速从"河"中穿过。这两组站在岸边的学生将用4个沙包击打那些从"河"中穿过的同学。被击中的学生将退出游戏，而未被击中的学生将继续在"河"中来回穿梭，直到整个组的学生都被击中。然后，与岸边的那一组学生交换位置，并继续进行游戏。需要注意的是，不能用沙包击打学生的头部。

(10)穿过"城门洞"。将学生分成两组，每组人数相等。站在起跑线后，他们手拉手，然后向前走。当他们跑到距离起跑线60m远的地方时，两名学生举起手臂，形成一个"城门洞"的形状。当教师发出开始口令后，两个小组的成员手拉手一起出发，穿过"城门洞"，然后再手拉手跑回起跑线。首先完成回到起跑线的小组将获胜。这个活动要求每组的5名学生协调配合，在跑动过程中不能松开手，必须依次通过"城门楼"。

第三节 学生耐力素质锻炼的注意事项

人体的长时间运动能力被称为耐力素质，也称为人体的抗疲劳能力。耐力素质不仅是进行任何运动的基础，还对提高青少年的身体健康和学习效果有积极的影响。然而，在平时的训练过程中，我们注意到一些中小学教师在组织学生进行耐力素质练习时存在一些问题。因此，我们应该从以下几个方面来改进。

一、优先发展一般耐力素质

耐力素质可以划分为一般耐力、速度耐力、力量耐力和综合耐力等不同方面。一般耐力是其他耐力素质的基础，当小学生拥有良好的一般耐力素质时，有助于其他耐力素质的全面发展。因此，在进行耐力素质训练时，应优先注重培养一般耐力素质，然后再逐渐发展其他耐力素质。

二、从能量供应的角度来发展耐力素质

在发展耐力素质时，我们应该从能量供应的角度选择适当的训练方法。有氧氧化能力是耐力素质的基础，耐力素质需要的是有氧化供能，也就是指在有氧的条件下，糖、脂肪和蛋白质分解生成二氧化碳和水，并产生能量供给肌肉活动。这些能量供给通过二磷酸腺苷（ADP）再合成三磷酸腺苷（ATP）来直接满足肌肉的需求。

为了有效地提升有氧氧化供能能力，我们应该采用低强度长时间(3～5min)的训练方法。这种训练方式可以有效地培养小学生的一般耐力素质。

乳酸供能（糖酵解供能）能力是速度耐力素质的基础。它指的是将糖原分解为乳酸来释放能量，然后再通过 ADP 与 ATP 的再合成来为肌肉收缩提供必要的能量。而进行较长时间（3s 以上）的间歇训练可以有效地增强乳酸供能（糖酵解供能）能力。因此，在提升速度耐力素质时，我们应该采用这种训练方法。

三、不同项目的耐力要求不同

不同项目需要不同的耐力素质，例如，小学生短跑运动员需要速度耐力，而摔跤、柔道和跆拳道运动员需要力量耐力。长跑运动员则需要一般耐力，而球类运动项目需要综合耐力。因此，在发展耐力素质时，我们必须考虑到不同项目的特点，根据其需要来培养相应的耐力素质。

四、在耐力素质的训练中要考虑到负荷的问题

在耐力训练中，通常需要进行较长时间的运动。由于运动时间的延长，小学生需要承受更大的运动量，尤其是在夏季的高温环境下更是如此。因此，在训练过程中应充分考虑小学生的负荷，以避免过度疲劳的发生。

五、要处理好耐力素质和其他素质的关系

耐力素质与其他素质之间存在紧密的联系。通常情况下，具备良好耐力素质的小学生速度和力量素质相对较弱。可以说，过度培养耐力素质可能会对速度和力量素质的发展造成阻碍。因此，我们应该根据专项训练的需求，恰当地平衡发展耐力素质与其他素质之间的关系。

六、在发展耐力素质之前也要做好准备活动

在耐力素质训练中，通常运动的强度较低，但一些小学生往往忽视充分的准备活动。这种做法不仅无法达到预期的训练效果，还容易对小学生的身体造成伤害。

在进行耐力素质训练之前，要求小学生进行一般性和专门性的准备活动。一般性准备活动主要包括慢跑和拉伸练习，旨在热身。专门性准备活动则应包括一些活动量和强度较大的练习，旨在激活内脏器官，使其达到高水平的功能状态。

七、耐力素质要在其他练习之后发展

在训练过程中，应该将耐力素质的训练安排在其他练习之后。这是因为耐力

素质的发展需要较长的运动时间和相对较大的运动量，可能会对小学生的身体造成较大的疲劳。如果在其他练习之前进行耐力素质的训练，可能会对其他练习的质量产生负面影响。然而，如果在其他练习之后进行耐力素质的训练，此时小学生的身体已经疲劳，通过进行耐力练习可以有效地提高训练效果。

八、耐力素质与年龄的关系

耐力素质的培养与小学生的心肺功能密切相关，可以说心肺功能是耐力素质的基础。与其他素质相比，耐力素质的发展稍晚一些，小学生在较晚的年龄才能达到耐力素质的高峰。我们观察到在耐力项目中表现出色的小学生往往年龄较大，这表明耐力素质与年龄之间存在一定的关联。一般而言，随着小学生年龄的增长和训练程度的提高，他们的耐力素质水平也会不断提升。

目前，对于儿童和少年小学生的耐力素质发展存在不同的观点。一种观点认为，儿童和少年小学生可以承受较高的耐力负荷。根据国外研究，8～10岁的儿童可以连续滑雪2到6个小时，8～12岁的儿童每次游泳训练课的运动量可达1000～2000m，甚至10岁的儿童可以参加马拉松比赛。然而，还有一种观点认为，儿童和少年不应进行过度的耐力训练，因为他们的心肺功能尚未完全发育成熟。过度的耐力训练可能导致心壁增厚，减少心脏容腔，从而影响小学生未来的发展。

第七章

小学生体能教学
——不同竞技项目训练

第一节　小学足球体育运动员的体能训练

一、足球运动的项目特征

足球运动激发了无数人的喜爱和热情。在足球场上，比赛双方竞争激烈，追求射门得分的目标。这个过程展现了人性积极向上的一面。足球激发了极端的喜悦和悲伤，使其成为全球最受欢迎、影响最深远的运动，赢得了"世界第一运动"的美誉。足球运动之所以具有如此巨大的吸引力，不仅因为它蕴含着丰富的内涵，还与其独特的特点密不可分。

（一）整体性

足球比赛每队由 11 人上场参赛，整体参战的意识要强。

（二）对抗性

球场上的 11 名球员思想统一，行动一致，无论是进攻还是防守都需要全身心的投入。在足球运动中，竞争是激烈的，比赛双方都希望争夺控制权，将球送进对方球门，同时不让对方球进入自己的球门，尤其是在两个罚球区附近的时间和空间争夺，每一次冲撞都充满了战斗的力量。在一场高水平的比赛中，双方为了争夺球权和实施冲撞，倒地的次数竟然多达 200 次，这显示了比赛对抗性的激烈程度。

（三）多变性

足球运动是一项技术上丰富多样、战术上变化多端的非周期性运动项目。比赛中，运用技术和战术需要面对对方的直接干扰、限制和抵抗。在场上，球员需要根据具体情况灵活机动地运用和发挥技战术。这使得足球比赛的胜负结局难以预测，增加了比赛的悬念和观赏性。

（四）易行性

足球竞赛规则相对简单，且对器材设备要求不高。一般来说，足球比赛的时间、参赛人数、场地和器材并没有严格的限制，这使得足球成为一项非常适合全民健身的群众性体育运动项目，容易开展。无论是小型的社区比赛还是大型的校园联赛，足球都能提供一个平等公正、充满激情和团队合作的竞技平台。不仅如此，足球还能够培养参与者的协调能力、身体素质和战术意识，为个人提供一个全面发展的机会。无论是年轻的孩子还是成年人，都可以通过踢足球来享受运动的乐趣，并从中获得健康、快乐和友谊。

二、足球体育运动员的总体特征

（一）小学生足球体育运动员的体能特征

随着现代足球全攻全守型打法的确立，比赛对体育运动员提出了更高的要求。他们需要不断地进行交叉换位、互相补位、随机策应和反复冲刺跑，以完成技战术动作。这使得比赛的强度非常大，每场比赛球员的跑动距离大约在9~14km之间，平均为10.8km。在整个比赛过程中，球员的运动状态是多种多样的。他们可能会处于站立、走动（4km/h）、慢跑（8km/h）、低速跑（12km/h）、中速跑（16km/h）、高速跑（21km/h）、冲刺跑（30km/h）、后退跑（12km/h）等多种运动形式之中。其中，站立、走动、慢跑、低速跑和后退跑等运动形式主要依靠有氧供能，而高速跑和冲刺跑则主要依靠无氧供能。虽然高速跑和冲刺跑所占比例较小，但在足球比赛中却具有十分重要的作用。因此，可以说足球运动具有以有氧供能为基础，无氧供能为关键的供能特点。运动员在比赛中需要保持良好的有氧供能水平，以支持他们进行长时间的站立、走动和慢跑，同时也需要具备较好的无氧供能能力，以在关键时刻完成高速跑和冲刺跑。这种供能特点的理解和训练将对足球运动员的表现产生重要影响。

1. 体能的特异性

足球运动的体能特点与其他运动项目有明显的差异，主要体现在其"间歇性"上，即高强度的跑动与休息交替进行。因此，不能简单地套用其他项目的体能训练方法，而是需要采取特殊的方式来开发适合足球运动特点的体能水平。这种特殊的适应过程机制在于专项特异性。适应性反应的专项特异性不仅体现在身体素质和植物性神经系统能力的发挥方面，还表现在心理因素的发挥方面，尤其是在完成紧张的肌肉活动时，需要通过意志力来加强工作能力。此外，足球运动员还需要全面均衡地发展有氧耐力和无氧耐力。有氧耐力和无氧耐力是足球运动员体能的重要组成部分，单单强调其中一种耐力的发展，会导致体能系统失衡，影响运动员的竞技状态。因此，针对足球运动的体能训练需要以有序的开放系统来进行，确保有氧耐力和无氧耐力得到全面发展，以维持运动员的整体体能水平。

2. 体能的时间局限性

根据竞技状态的周期性规律，最佳体能水平只能保持在相应的时间段，这就是体能的时间局限性。足球体育运动员体能的产生与发展过程就是其有机体的应激和适应过程。在足球专项训练中存在着两种适应性反应：急性但不稳定的反应与长久且相对稳定的反应。通过短期体能强化训练，可刺激体育运动员机体产生急性适应性，但这种通过专项强化训练所获得的体能有极大的不稳定性。因为这种适应性反应是通过高强度的专项负荷所获得的，是以超量恢复为其表现特征的，并不是建立在各种器官、系统的肥大与变异的基础上，即生物学的形态改造上，这就导致体能存在着时间局限性。根据体能时间局限性的认识，训练师们需要制定科学合理的训练计划，以最大限度地发挥运动员的体能水平。在比赛前期，应注重进行急性适应性训练，以提高运动员的瞬时爆发力和耐力，使其在比赛中能够迅速应对各种紧急情况。而在比赛后期，应逐渐转向长久且相对稳定的适应性训练，以保持运动员的持久力和耐力。此外，训练师们还需注意合理安排休息和恢复时间，以保证运动员的身体能够充分恢复，避免过度训练导致的不良后果。同时，定期进行体能测试和评估，及时调整训练计划，确保运动员在比赛中能够达到最佳状态。综上所述，足球运动员的体能训练需要综合考虑时间局限性和适应性反应，制定科学合理的训练计划，以提高运动员的整体竞技水平。

3. 体能的个体性

足球运动员根据其在球场上的位置不同，主要可以分为前锋、前卫、后卫和守门员四个位置。不同位置的球员在比赛中扮演着不同的角色，因此他们的活动方式也不尽相同。由于这四个位置的球员功能和作用在整个球队中的差异，他们在体能方面也有所不同，这就是体能的个体差异性。从一场比赛中球员的活动情况来看，前锋球员在加速和爆发力等方面表现出色，前卫球员在有氧高强度跑和灵活性等方面相对突出，后卫球员则在爆发力和有氧低强度跑方面具备优势，而守门员的体能则主要体现在身高、体重、爆发力和反应速度方面。

4. 体能的整体性

小学生足球体育运动员体能的综合性表现在以下两个方面。

(1) 小学生足球运动员在比赛训练中，体能的外在表现是受多个因素综合作用的结果。不仅与他们的氧耐力有关,还与肌肉耐力、恢复能力以及意志力等因素密切相关。过于强调单一因素的作用,往往会导致误解和误判。因此,在培养小学生足球运动员的体能时,必须综合考虑各种因素的相互影响,以实现全面发展和综合提升。只有在多个方面的训练和综合能力的提高下,小学生足球运动员才能在比赛中发挥出更好的表现,同时也能更好地抵御压力和疲劳,保持持久的竞技状态。

(2)小学生足球体育运动员的体能除受能量供应系统的影响外,还受到其他因素的影响。其中包括恢复手段、营养和心理等方面,这些因素会对体育运动员的体能周期变化和外在表现产生影响。因此,为了解决体育运动员的体能问题,我们必须从多个因素出发。不仅要考虑生理机能,还要考虑心理方面的因素。因为充分了解和应用这些因素,可以更好地促进体育运动员的体能发展和提高他们的表现水平。

(二)小学生足球体育运动员的形态特征

小学生足球体育运动员的身体形态总体上为健壮型,身材高大、结实是高水平球队的一个明显特征。然而,在不同的地区和不同的体育运动员之间,身体形态存在着较大的差异。因此,高水平球队的又一个重要特点是球队中体育运动员的身体形态具有合理的差异性。从我国小学生足球体育运动员的身体测量指标来看,优秀的小学生足球体育运动员的身体形态主要表现为身材高大、体格健壮、肌肉纤长而有弹性、脂肪层较薄、踝关节较细、跟腱鲜明且足弓较高。

(三)小学生足球体育运动员的机能特征

器官系统的能力表现在活动中扮演着重要的角色,尤其对于体育运动员的体能来说至关重要。正如之前所提到的,足球运动员的身体机能可以从多个角度进行分类,包括身体的各个器官系统、运动过程中的耗氧性质以及有氧与无氧运动以及肌肉做功系统的综合分类等方面。

1. 小学生足球体育运动员有氧无氧混合供能特征

鉴于职业足球比赛的复杂性,小学生足球运动员在体能方面需要综合多种机能能力。有氧供能和无氧做功是足球运动能量代谢的一个显著特点。在足球比赛中,混合供能的特点是有氧供能在数量上占据绝对优势,但在重要性上无氧供能则显著突出。

2. 足球运动中有氧能力与无氧能力的对立统一关系

有氧能力与无氧能力是相互关联又互为补充的两个方面，而关键在于能够辨别足球比赛中能量供应和功率输出的特殊规律。在足球比赛中，有氧能力并不排斥大量的无氧功率输出，这些无氧功率既是无氧能力的基石，也可以归入有氧能力的范围。基于这一基础，有氧能力与无氧能力既是相互对立的，又是相互统一的。足球比赛的高强度、短间歇、短距离、高能耗的特征正是这种特殊能力结构形成的基础，因此训练必须与之保持一致。

(四)小学生足球体育运动员的素质特征

1. 专项力量素质

小学生足球体育运动员的力量素质除了呈现出竞技运动众多项目共同的特点外，更加突出的是展现出足球运动所需的迅捷力量。这种力量表现为肌肉能够快速地收缩和伸展的能力，并具备高度的灵活性和准确性。

2. 专项速度素质

在足球运动中，速度被视为最为重要的素质之一，它是运动员在比赛中争取时间优势的关键要素。对于足球运动来说，速度素质的表现应该包括反应迅速、起跑迅猛、急停转向敏捷、动作衔接和转换灵活以及绝对速度快等特点。

3. 专项耐力素质

耐力素质在体育运动中体现了运动员机体对氧气的代谢能力。对于足球运动来说，比赛的时间和规律要求运动员具备一般耐力和专项速度耐力，而专项速度耐力在足球运动中显得尤为重要。

4. 专项灵敏素质

足球运动对体育运动员在灵敏素质方面所提出的要求则主要是迅速、协调、精确。只有具备了这些素质，才能与足球运动所需要的快速反应和灵活应变的专项特点紧密结合，进而推动体育运动员技术和战术水平的发挥。具体内容如下：足球运动对体育运动员在敏感性素质方面的要求主要是快速、协调、准确。只有具备这些素质，才能与足球运动所需要的反应速度快、应变能力强的特点密切结合，从而促使体育运动员的技术和战术水平得到发挥。

5. 专项柔韧素质

在足球运动中，柔韧素质的重要性体现在对运动员关节韧带的要求上，特别是对腰、胯、膝、腿、踝关节韧带的韧性要求更高。这样的要求对于运动员来说具有积极的意义,因为它能够增加他们在实际比赛中拉伸动作的强度和幅度,同时减少运动员在比赛中受伤的风险。这种柔韧素质的提高将使运动员能够更好地适应比赛的要求,提高他们的竞技水平。

三、小学足球体育运动员体能训练的内容与方法

足球作为一项运动项目,对身体素质的要求极高。它要求运动员具备出色的速度、敏捷性,同时还需要具备强大的力量、爆发力和耐力。在一场比赛中,高水平的足球运动员需要奔跑超过14km的距离,并且还要不断进行加速、减速、改变方向和跳跃等动作。这充分说明体能是足球选手进行技术和战术训练的基础。查尔斯·休斯是英国足球总会前训练组长,曾对足球体能做出具体解释,他认为足球体能是指完成和实现技术、战术或比赛所需的身体能力。也就是说,足球运动员需要具备良好的身体素质才能在比赛中有效地运用各项技术和战术以取得优异的表现。因此,足球运动员在训练中不仅要注重技术和战术的提升,还要重视体能的训练,以保证在比赛中的出色发挥。

身体素质的重要性在于它对各个级别的小学生足球体育运动员都有着深远的影响,特别是对顶尖运动员来说更是必不可少的。对于初学者而言,通过进行身体素质训练并达到一定的标准,可以有效提升他们在运动中的动作效果,同时也能更好地享受运动的乐趣。小学生足球体育运动员进行体能训练的目的在于使他们能够满足比赛中对身体机能的需求,从而能够在整场比赛中合理且有效地发挥出自己的技术和战术能力。在竞技场上,拥有优秀的身体素质将使运动员更具竞争力,更有机会取得良好的成绩。因此,注重身体素质的训练对于小学生足球体育运动员而言是至关重要的。

(一)体能(身体素质)训练的组成

身体的运动能力是受到先天能力(即遗传因素)和训练状态共同影响的。即使一个个体具有出色的天赋,但只有经过正确的训练,才能使其潜能得到充分发挥。

不同的运动项目对身体素质有着不同的要求。对于小学生足球运动员来说,他们需要具备较高的耐力,因为足球比赛通常持续时间较长且呈现间歇性运动。此外,他们还需要具备较大的爆发力,因为在比赛中需要进行冲刺、踢球或抢球等高强度的动作。良好的灵敏性和协调性也是小学生足球运动员必不可少的素

质，这些素质也是优秀运动员与普通运动员之间的重要差别之一。因此，小学生足球运动员需要在训练中注重培养这些身体素质，以提高他们在比赛中的表现和竞争力。

由于比赛过程中运动强度的不断变化，因此我们应该根据实际情况进行身体素质训练。经常进行有球训练不仅有助于发展比赛所需的专项肌肉机能，还可以提高技战术水平并保持球员对训练的兴趣。体育教师应根据不同球员的特点制定不同的身体素质训练计划，这对女足队员和其他运动员同样重要。根据项群训练理论，足球属于技战能主导类同场对抗性项目。因此，只有深刻准确地了解比赛负荷的特点，我们才能制定科学合理的训练计划，选择与比赛相似的训练内容，并采用科学合理的训练方法，从而提高竞技能力。

（二）小学生足球体育运动员的力量训练

1. 速度力量

速度力量训练强度通常保持在75%～90%之间，每次练习持续时间为5～10s。在每组练习之间，需要充分休息以完全恢复。建议每组练习重复4～6次，并进行3～4组训练。

2. 力量耐力

力量耐力的练习强度为60%～70%，练习时间以15～45s为宜，间歇为一般心率恢复到120次/min左右，重复次数为20～30次，练习组数为3～5组。

（1）发展颈部、上肢、肩背力量的练习。包括：①两手扶头，在颈部转动时给予抵抗力。②俯卧撑（可以双手撑在健身球上做）。③引体向上。④俯立飞鸟。⑤卧推（水平、上斜、下斜，宽握、中握、窄握，正握、反握）。⑧哑铃/杠铃弯举。⑦俯立哑铃臂屈伸（宽握、中握、窄握，正握、反握）。⑧杠铃俯立划船（单臂哑铃划船）。⑨对坐，两腿分开，互抛实心球（先离心后向心）。⑩坐在健身球上做杠铃颈后推举（宽握、中握、窄握，正握、反握）。

（2）发展腰腹力量的练习。包括：①仰卧起坐（加转体）、仰卧举腿（斜板）。②侧卧体侧屈、侧卧双腿上举、俯卧做体后屈（同时可抬腿）。③跳起空中转体、收腹头顶球。④展腹跳。⑤肩负杠铃体前屈、转体。

（3）发展腿部力量练习。包括：①各种跳跃练习（立定跳、多级跳、蛙跳、助跑跳、肩负杠铃连续上跳、胯步跳、跳深）②肩负杠铃提踵、半蹲。③快速摆动大、小腿。可绑沙袋，也可采用橡皮筋增加阻力。④远距传球、射门练习。⑥骑人提踵。⑥杠铃剪蹲是一种训练方法,当步子跨得较大时,可以有效地锻炼股四头肌、股二头肌和臀大肌。而当步子跨得较小时,集中训练的重点主要放在股四头肌上。⑦悬垂举腿。

(三)小学生足球体育运动员的速度训练

速度训练的运动负荷需要满足以下要求:练习强度应保持在95%~100%之间;练习时间应控制在3~10s;间歇时间应根据训练目的来确定,可以选择完全恢复或部分恢复;练习的重复次数应为6~8次;而练习的组数则应为3~5组。

(1)各种姿势的起跑(10~30m)

(2)在快速跑或快速运球中,听、看教师信号,做急停、转身、变向、跳跃、翻滚等动作。

(3)利用快速小步跑、高抬腿跑、顺风跑、下坡跑、牵引跑等练习,突破速度障碍。

(4)全速运球跑、变速变向运球跑。

(5)绕杆跑、运球绕杆。

(6)利用简单的战术配合练习速度。

(7)抢球游戏。为了更好地锻炼队员的速度和反应能力,教练采用了一种特殊的训练方式。球队被分为两排,彼此之间的距离为20m,并在场地中央的10m处画了一条线,作为分隔线。为了增加挑战性,教练在这条线上每隔2m放置了一个球,每个球都代表着一次抢球的机会。

队员们一个接一个地站在自己所选的球前,等待教练发出信号。一旦信号响起,双方队员立刻冲向自己所选的球,争夺机会。他们需要迅速反应,并全力以赴抢夺更多的球。获得更多球的一方将成为这场比赛的胜利者,这不仅是对个人能力的考验,也是对团队合作意识和竞争精神的培养。

通过这项训练,队员们不仅能够提高自己的速度和反应能力,还能够增强团队合作意识。在追逐球的过程中,他们需要相互配合,协调行动,以确保团队的胜利。同时,这种竞争性的环境也能够激发队员们的斗志和竞争意识,使他们在比赛中更加积极、专注。

总的来说,这种训练方法为队员们提供了一个全面锻炼的机会,不仅促进了速度和反应能力的提升,还培养了团队合作意识和竞争精神。这项训练的重要性在于,它能够帮助球队成员们成长为更加全面、协作和具备竞争力的球员。

(8)追球射门。独特的练习方式让队员们在追球射门的过程中能够更好地锻炼他们的速度射门意识。每个小组由两名队员组成，可以在中圈外的中线两侧站好。为了保持训练的连贯性和效果，我们将两个球门同时使用。体育教师将球集中于中圈，当他将球踢向一个球门并同时发出口令时，两名队员立即起动追球并尝试射门。在这个练习中，未拿到球的队员必须紧紧追随持球队员，并且持续前跑直至球门线处。这样做有助于提高他们的速度，并加强他们对射门的意识。通过这种独特的训练方式，队员们能够锻炼出更好的追球和射门技巧，提高他们的整体比赛水平。

(9)提升运动速度的练习，包括制定最高速度标准的特定练习。例如，在教练设定的时间内迅速完成连续传球、传接射门等动作，以培养迅捷的动作反应。进行肌肉感觉的快速而准确的分析能力训练。可以两人或多人一组，在连续奔跑的过程中进行相同的传球练习。增加练习频率，例如在较小的运动场上进行2对2、3对3的传球抢断练习。

(四)小学生足球体育运动员的耐力训练

1. 有氧耐力训练

(1)有氧耐力训练有小强度持续法和间歇法两种：①持续训练法要求。练习强度为40%－60%，练习时间为25min以上，距离为5000～0000m。②小强度间歇法要求。练习强度方面，建议选择每min进行150次的训练。至于练习时间，最好控制在30－40s之间。在间歇期间，不要完全恢复，一般脉搏恢复到120次/min即可。根据个人情况，可以选择进行8－40次的练习。而练习的组数则可以只进行1组。这样的训练安排可以帮助您在保持适度的强度和合理的时间安排下进行伪原创练习。

(2)有氧耐力训练的具体练习方法如下：①3000m、5000m、8000m等不同距离跑。②定时跑(如12min跑)。

③穿足球鞋长距跑。

④100200m间歇跑，400～800m变速跑。

2. 无氧耐力训练

(1)无氧耐力训练常采用次大强度间歇法训练，这种训练方法要求练习强度在80%至90%之间。此外，脉搏要保持在180至200次/min的范围内，练习时间一般在20至120s之间。在间歇期间，脉搏一般不完全恢复，保持在大约120

次/min 左右。每次训练的练习次数可以在 12 至 40 次之间，而练习的组数则为 1 至 2 组。

(2)无氧耐力训练的具体练习方法如下：①3～60m 重复多次冲刺跑。②100～400m 高强度反复跑。③各种短距追逐跑。④进行 5m、10m、15m、20m、25m 折返跑。⑤往返冲刺传球。⑥规定时间做不同人数抢传练习。

3. 体能循环练习

内容可以是折线快跑 20m——仰卧屈体 5 次——冲刺 10m——突停转身铲球——快跑中跳起头顶球 3 次——冲刺射门 2 次——三级蛙跳。或者根据队内实际情况改变各站设置。

(六)小学生足球体育运动员的柔韧素质训练

柔韧训练的运动负荷组合要求如下：锻炼强度的合理选择是从中等强度开始，逐渐提高，最终可以达到 80% 以上的强度。每次练习的时间控制在 10～20s 之间，不宜过长。在练习过程中，间歇时要求完全恢复，可以进行积极的放松活动。重复次数建议在 5～10 次之间进行。对于练习组数，适宜选择 3－5 组。

(1)颈前屈、侧屈、后屈并绕环，体前屈、侧屈、后屈并振动。

(2)前弓步和侧弓步压腿，纵劈腿和横劈腿。

(3)前踢腿、后踢腿、侧踢腿和腿绕环。

(4)采用站立体前屈下压的姿势进行训练，或者选择靠墙站立体前屈下压的方式进行锻炼。同时，还可以进行背部伸展、展腹屈体练习和腿部肌肉伸展练习。

(5)模仿内外颠球动作，单双腿连续进行内翻和外翻训练。以模仿内扣和外扣动作为基础，单腿连续进行内转和外转动作的练习。

(6)两腿交叉的各种跨步、转身动作。

(7)踢球、顶球、抢截球等各种技术动作的模仿练习。

(8)用膝盖跪在地上，将身体向后仰，轻轻地施加压力在正脚背上，同时也可以做全脚背着地的俯卧撑练习，这个练习主要是为了拉伸脚背的弓带和小腿前部肌肉。

(9)进行练习时，可以模仿和结合大幅度振摆腿、铲球、侧身踢凌空球以及倒钩射门等动作。

第二节　小学篮球体育运动员的体能训练

一、篮球运动的项目特征

篮球运动是一项旨在以得分投篮为目标的技能类项目，其攻防方式快速多变，运动强度高，身体对抗激烈。然而，在全球篮球竞技格局的不断演变下，现代篮球运动的特征也逐渐发生了新的变化。

（一）整体协作性

整体协作性，也称为集体协作性，如今在篮球运动中更加强调团队的智慧和技能。注重发挥团队精神、核心战斗力以及队伍风格是现代篮球的重要方向。整体协作性主要表现在攻防战术指导思想的要求下，运动员在任何行动中都要从整个球队的利益出发，更加积极主动。同时，强调与队友之间的通力协作和配合，将个人的技战术能力融入到集体协同配合中，以实现共同的战术目标。强调集体协作性并不意味着忽视球员个人的攻守能力，相反，它积极为球员提供有效、持续的有利环境和条件，以充分发挥每个运动员的积极性和主动性。

（二）技战术运用的开放性

现代篮球比赛对运动员的智商要求极高，他们必须具备较高的球技，并展现出技战术运动的高度开放性。高开放性的技战术运用使得运动员能够根据攻防双方的情况，迅速做出有针对性的策略调整，灵活地运用技战术，从而展现出高效的攻防能力。开放性体现在比赛中，运动员能够充分、合理地发挥自身的技战术优势，同时限制对手的发挥，始终保持相对优势地位。在篮球比赛中，双方的攻防行动非常迅速。体育运动员需要在观察、判断、思考、做出决策以及运用技战术等方面展现出出色的能力，尤其是在激烈的身体对抗中，技战术的灵活运用尤为重要。比赛的级别越高，对运动员的要求也越明显，技战术的开放程度也更高。当体育运动员能够更开放地运用技战术时，他们在进攻端的表现将更具威胁性、方法更简单、成功的可能性更大，能够灵活地调整技战术应对策略，充分发挥个人和团队的优势，以此最大程度地发挥技战术的实际效果，始终掌握比赛的主动权，尤其是在激烈而复杂的对抗中。

（三）对抗性

篮球比赛是在一个面积为 420m² 的场地内进行的，它是一项地面与空中的运动，以近身进行的方式来争夺球权、追逐、抢夺、限制对手，并进行智力与体力的激烈对抗。现代篮球运动越来越趋向职业化，商业化程度也日益增强，对抗性更加激烈、强度更大。从对抗的形式、内容和方法来看，现代篮球运动已经发生了巨大的变革。

就体能、技术、战术和心理等方面来分析，现代篮球运动的竞争在各个方面都发生了新的、不同的变化。现代篮球比赛在球权争夺、抢位、控制空间以及地面和空中的控制方面变得更加激烈和立体化。在无球对抗方面，运动员更加注重无球对抗意识，强调进攻时的摆脱助位、防守时的选位和卡位对抗意识以及能力，大量采用错位、集体、协防和高强度的防守策略。在有球对抗方面，持球队员在强对抗下更具有控制球和支配球的能力，现代篮球运动强调对有球队员进行紧逼防守，使对抗变得更加直接和激烈。从争夺篮板球开始，到争夺有利地面位置，再到最后对球的争夺，每一个环节的对抗都变得更加凶猛和激烈。

随着现代篮球运动训练科技的进步，体育运动员的训练和营养恢复变得更加科学和合理。这使得体育运动员的身体潜力得到充分发挥，比赛的对抗表现出全面性、激烈性、准确性和变化性等特点。现代篮球运动呈现出两个密切相关的发展趋势，即局部对抗的强度不断增加和有效对抗范围的扩大。需要注意的是，在现代篮球比赛中，运动员之间的对抗不仅体现在平面和立体争夺范围的扩展，而且尤其强调对抗的激烈程度明显提高。

（四）节奏性

节奏在篮球比赛中是非常显著的特点之一，它决定了比赛的主动权和胜利的关键因素。由于受到风格、环境、心理和体能等多种因素的影响，篮球比赛的节奏具有复杂性和动态的易变性。在认识到节奏的重要性后，国内外一些教练提出了比赛节奏转换作为现代篮球战术实施中的一个关键问题。球队的正确决策、争取比赛的主动权和捕捉战机等方面，都可以根据节奏的变化规律来进行调整。现代篮球比赛强调更多的针对性、合理性和策略性，因此节奏显得尤为重要。球队通常会依靠核心队员来制定攻守节奏的策略，并在比赛中根据实际情况进行主动调整。这种调整是队员之间的默契变化，无需特别安排和布置。这种能力反映了队员们对比赛的阅读和驾驭能力。现代篮球比赛的节奏特性建立在运动员充沛的体能基础之上。

（五）多变性

篮球运动是一种充满活力的运动，充满了变化的节奏和方向。力求主动是现代篮球运动的基本规律和特点。变化是篮球运动的核心，而动态是变化的基础。现代篮球运动的多样化主要体现在进攻战术和防守战术的多变性。针对整体篮球队和球员的特长、对手的布阵和特点，应该及时调整进攻和防守战术，以掌握主动权。只有不断主动或灵活应变地运用战术，才能在进攻和防守的对抗中占据先机。现代高水平的球队在防守形式上采取多种变化的策略，旨在让对手感到不适应。战术的多样性体现在区域和形式两个方面。

（六）准确性

篮球运动需要高度的精确性，目标是将球投进篮筐。除了高命中率，现代篮球运动还强调精确性的扩展。精确性不仅表现在中远距离投篮的能力上，还体现在技战术运用的准确性上。首先，技战术的准确性是在激烈对抗的环境下实现的。对抗是篮球项目的基本特征，比赛始终处于对抗中，运动员的技战术是在与对手在身体、技术、战术等方面的对抗中完成的。其次，运动员需要在与队友的协同配合中展现技战术的准确性。篮球比赛是一个动态变化的过程，运用技战术的目标也在不断变化，运动员需要准确观察和判断队友的变化，并及时提供支援和配合，只有通过默契才能提高对抗中技战术的准确性。

二、篮球体育运动员的体能特征

专项体能是指与专项训练及特殊比赛任务密切相关的体能，运动员必须具备这种特殊体能才能成功完成特定的训练和比赛任务。篮球运动员的专项体能是通过遗传和训练形成的，它体现在运动员在篮球比赛中持续运动的能力。运动员的机体形态结构、系统器官的机能水平、运动素质水平、能量物质贮备、基础代谢水平、心理因素和意志品质以及外界环境等都与专项体能密切相关。研究表明，体能在运动员的竞技能力中起着至关重要的作用，它是决定运动员在专项竞技运动比赛中取得优异成绩的关键因素。

篮球运动员的体能基于三大功能系统，它们是能量代谢活动的基础，并通过骨骼肌的活动表现出来。体能水平的高低取决于身体形态、生理机能和运动素质三个方面。身体形态和生理机能是体能的基础，而身体素质则是体能的外在表现。因此，体能水平综合反映了力量、速度、耐力、灵敏和协调等运动素质。在现代篮球运动中，项目的特征决定了这些身体素质对该项目的不同贡献，这体现在不同位置的分工和项目整体要求上。因此，现代篮球运动的体能表现具有独特的项目特征。

（一）篮球体育运动员的形态特征

《项群训练理论》是由田麦久先生主编的，对篮球等对抗性球类项目的体育运动员的形态特征做出了描述。根据该书的描述，这些运动员的身材特征包括身材高大、健壮、肌肉细长且富有弹性、脂肪层薄、臀部肌肉紧缩上收、踝关节围度小、跟腱清晰以及足弓高等。篮球运动被形容为巨人的游戏，现代篮球运动员的身高在比赛中起着特殊而重要的作用。因此，篮球运动员身材的增高已经成为必然的发展趋势。增加身高和体重的目的是为了提高控制和支配球的能力。拥有较高的身高可以在篮下控球时获得优势，从而在实施进攻战术体系中有效地发动快攻，并提高掩护质量和篮下攻击能力。

（二）篮球体育运动员的机能特征

身体的机能水平是体能结构的基础环节，机能水平和状态对体能的发挥起到重要的促进和制约作用。身体素质是体能水平的主要体现，也是衡量体能水平的重要指标。在对体育运动员身体素质进行诊断测试时，一直沿用着多年来冬训中使用的身体素质测试内容和评分标准。然而，现行的机能测试能更准确地反映身体素质的状态。身体机能测试主要包括以下方面的指标：①呼吸机能；②心血管系统的机能与血红蛋白的含量；③血清睾酮；④有氧代谢与无氧代谢机能。

（三）篮球体育运动员的素质特征

在国际篮球舞台上，各个位置的运动员都必须具备卓越的身体素质。随着比赛强度的增加，对运动员的身体条件提出了更高的要求。只有全面发展身体素质，才能够适应和满足高强度、激烈对抗的比赛需求。现代篮球运动对运动员的体能要求极高。

个体的体能水平反映了其身体素质的综合表现，而不同运动员之间的差异主要体现在体能水平上。身体素质在不同运动员之间有很大的差异性：有些运动员具有出色的力量，有些运动员则具有出色的速度，还有些运动员拥有出色的耐力。还有一些运动员则属于综合型，身体素质没有特别突出的一项，但整体表现比较全面。

由于体能的各种素质之间存在相互迁移的关系，为了更准确地描述现代篮球运动的体能特征，我们将篮球的体能分为五个部分，分别是专项力量、专项速度、专项耐力、专项灵敏和专项柔韧。这样的划分能更全面地描述篮球运动员的体能状况。

1. 专项力量素质

理论上，篮球是一项禁止身体接触的运动，但实际上，身体对抗无处不在且越来越激烈。现代篮球运动的对抗性表现在多个层面，包括体能、技战术、心理和智能等方面，其中身体对抗是最高形式的对抗。因此，力量对篮球运动员的专项对抗能力、专项速度和专项技术等方面是基础和保障。从整体效应来看，现代篮球运动要求运动员具备全面发展的力量训练水平，各个身体部位都需要进行力量强化训练，以提高整体力量。从动作结构和发力特点来看，运动员必须具备出色的弹跳力、躯干肌力和上肢力量。从力量的性质来看，运动员必须具备爆发力和快速力量耐力。

篮球对于体育运动员的身体力量要求是多方面的。身体可以分为上肢、核心区和下肢三个部分。在比赛中，体育运动员需要进行跑动、跳跃和投篮等动作，这些动作的快速变化主要依靠下肢部分的力量。股四头肌、大腿后侧肌群和小腿的相关肌群在这方面起着重要作用。此外，膝关节周围的肌腱和韧带的坚韧性和灵活性也非常重要。体育运动员需要在起动时快速而有力地蹬地，变向时侧向蹬地以及急停时制动，这些都要求高水平的起动力和爆发力。核心区主要包括腰腹、背部和臀部区域，它是连接上肢和下肢的枢纽。体育运动员需要不断改变运动方向，调节身体的重心，并保持对抗下的滞空能力，以确保在失去重心的情况下仍能有效完成技术动作，因此对核心区的力量有严格的要求。上肢部分直接参与抢球和投篮得分。传球、运球、投球和拼抢等技术动作需要手指、手腕和上肢肌群的力量和灵活性的有效运用。

2. 专项速度素质

速度素质是指个体或身体部位能够快速移动、迅速完成动作和迅速做出反应的能力。在篮球运动中，速度素质被认为是至关重要的，被视为篮球运动的核心，对于提高和改善运动员的整体竞技能力起着重要作用。在实际运动中，速度素质主要体现在反应速度、动作速度和移动速度上。加速度和加速跑步速度是运动员速度素质的核心，而不是绝对速度。技术的精确性和动作速度是篮球项目的基本目标，两者之间存在密切关联。

在篮球项目中，速度是爆发力的重要指标。现代篮球运动要求运动员具备迅捷的移动速度，根据时间规则的限制（比如3s、5s、8s将球从后场推进到前场以及总进攻时间的24s），同时能够在对手积极防守的情况下，利用速度从一个位置迅速移动到另一个位置，以获取有利的优势，实现战略和战术目标。现代篮球运动特别强调各个环节之间的衔接，强调快速进攻、攻守转换的迅速以及防守反击的敏捷。

在篮球技术的运用方面，更加注重在正确的位置上提高技术运用的速度。要求能够迅速地运球、传球和出手投篮。各个环节之间的衔接要紧密，比赛速度要快，攻守转换之间几乎没有休息时间，对运动员的速度和耐力要求非常高。这种速度耐力是在高强度、最大加速的运动中反复进行的能力。速度耐力为速度素质和灵敏素质提供了代谢基础，使其可以持续较长时间。现代篮球运动中，速度素质需要具备快速发力的特征，并与许多运动技巧有内在的联系，这是展示速度力量应用原则的最佳方式。

3. 专项耐力素质

专项耐力是为了取得专项成绩而最大限度发挥机体的能力，以应对专项负荷所带来的疲劳。根据运动中的氧代谢特征，耐力可分为有氧耐力和无氧耐力。现代篮球运动的速度加快，对抗性加剧，对无氧耐力的要求也随之提高。体育运动员首先需要具备良好的无氧耐力，即能够长时间反复进行高强度运动的能力。由于技术动作与间歇性活动交替进行，对体育运动员的有氧耐力要求也很高。现代篮球比赛中的动作方式和数量各不相同，无法确定比赛所承受的负荷，甚至比赛总时间也无法准确确定，因此现代篮球运动需要具备相当大的耐力储备。

4. 专项灵敏素质

专项灵敏素质是指根据专项的要求，与专业技术密切相关、能够适应不断变化的外部环境的能力。灵敏素质具有明显的特点，对于球类体育运动员来说，灵敏表现为能够及时准确地变换动作并做出反应，以应对外界刺激的变化。对于篮球项目而言，灵敏主要体现在急停、变向和再加速的能力上。相比仅仅获取和保持速度，灵敏素质更为重要。现代篮球运动强调减速能力和相应的减速加速耦合能力。根据运动次数和运动方式的不同组合，灵敏素质可以分为闭合性灵敏和随机性灵敏。闭合性灵敏是指在预先设计好的动作中展现的灵敏，而随机性灵敏则是指在随机运动中展现的灵敏。现代篮球运动更加注重随机性灵敏。

5. 专项柔韧素质

专项柔韧是指人体关节在不同方向上的运动能力以及肌肉、韧带等组织的伸展能力，以满足专业技术需要。关节的活动范围受多种因素影响，包括结缔组织的构造、有机体的活动状况、年龄和性别等。由于现代篮球运动的比赛负荷加大、对抗更强等因素，攻守技术的运用难度增加，有时甚至超出了关节的活动范围和肌肉的最大伸展能力。因此，柔韧性可以为短时间的剧烈对抗提供缓冲的空间。

现代篮球运动注重控制和赢得空间，以创造攻守优势。在实际比赛中，通过对抗肌肉和周围组织的伸展，主动肌肉可以收缩并控制空间，让肢体末端的活动范围扩大。现代篮球运动要求运动员具备良好的柔韧度，以增加关节活动的幅度，提高运动水平，并同时减少肌肉和骨骼系统的潜在损伤。

三、小学篮球体育运动员体能训练的内容、方法与手段

（一）篮球体育运动员的力量训练

1. 篮球体育运动员力量训练的特点和要求

人体要发挥最大力量和最大爆发力，并不仅仅是某个环节的问题，而是各个运动环节和工作肌群之间的协调配合和共同用力的综合结果。篮球体育运动员的力量素质具有全面的特点，要求上肢、下肢、腹部和背部肌群都得到均衡发展，同时主动肌、对抗肌和协同肌都需要进行强化训练。

篮球运动员的力量训练需要根据篮球运动的特点进行调整。举个例子，下蹲练习的力量性质与篮球中的急停起跳力量差距很大。篮球运动员膝关节损伤通常不是因为伸拉力量不足，而是因为缓冲力量（退让力量）不足。在力量训练中，需要特别关注选择与篮球运动相一致的肌肉收缩方式。训练动作应尽可能与篮球技术结构相符，并力求将最大力量和快速力量转化为专项力量，即跑跳和对抗能力。

2. 篮球体育运动员力量训练的方法

(1) 常用的训练方法。①最大负荷法。最大负荷法是通过使用重量较大的训练来进行。具体来说，就是使用 90%～100% 的最大负荷量进行 1～2 次的练习，每个练习做 8～10 组。这种训练方法非常有效，能够显著提高最大力量水平。②金字塔训练法是一种通过逐步增加所负重量来训练力量的方法，直到达到极限。通过这种训练方法，可以迅速增强力量。

(2) 快速力量常用的训练方法。①大负荷训练法。这种训练方法的作用不仅在于增加最大力量，还能显著增强中枢神经系统释放的冲动强度，从而最大限度地激活运动单位，使其达到最佳状态并与活动保持同步。②中小负荷训练法。通常使用这种方法可以迅速收缩肌肉，但它产生的刺激强度还不足以引发足够的神经冲动来完成所有肌肉纤维的收缩。因此，高负荷训练方法比中小负荷训练方法更有效，但中小负荷训练可以作为力量训练的良好补充。③大幅度训练法。提升运动员训练效果的一种方法是延长动作的用力距离，这可以通过改进动作技术和提高身体各部位关节的柔韧性来实现。通过调整动作的幅度和运动范围，运动员可以更好地利用肌肉力量，并使身体各部位得到更全面的锻炼。此外，增加用力距离还可以增加训练的难度和挑战性，激发运动员的潜力和动力，从而取得更好的训练效果。因此，运动员和教练应该注重发展动作技术和提高身体柔韧性，以增加体育运动员训练动作的用力距离，促进健康的身体发展和提高竞技成绩。④超常训练法。肌肉首先经历了快速的离心收缩，然后迅速进行向心收缩，这种独特的训练方法在提升体育运动员的支撑能力和快速力量方面具有无与伦比的效果。这种训练方法可以有效地激发肌肉的潜力，并通过快速的离心收缩来增强肌肉的爆发力。紧接着的向心收缩则进一步提高了肌肉的力量和稳定性。与其他训练方法相比，这种训练方法更加全面地锻炼了肌肉，在提高运动员整体素质的同时，也增强了肌肉的耐力和反应能力。因此，这种独特的训练方法被广泛应用于体育训练中，对于提升运动员的竞技水平有着显著的积极影响。

(3) 腿部力量与弹跳力训练。①在进行减负杠铃半蹲或全蹲锻炼时，一般建议使用负荷为最大负荷的 80% 左右。你可以在每组重复动作 3～4 次，这样可以有效地锻炼身体肌肉。在进行动作时要保持躯干挺直，避免塌腰或者翘臀的情况发生。同时，要注意保护自己的身体，避免受伤。②承载着最大负荷量的 40%－50% 杠铃，可以在软地或地毯上进行半蹲跳的训练，每组进行 8～12 次，总共进行 4～6 组。在进行跳跃时，要注重快速起跳，并保持脚踝的直线张力。③肩负最大负荷量40%—50%的杠铃做箭步交换腿跳。④徒手或负重，做单腿深蹲起。⑤徒手或肩负做单足或双足的各种连续跳、多级跳。

此外，对于篮球运动员的弹跳力而言，除了前脚掌、脚弓、踝关节和小腿肌群的爆发力的重要性之外，还有一些训练方法可以帮助他们提高弹跳能力。其中包括负重训练，即在进行提重训练时加入附加重量（约为总体负重的95%），这样可以有效地锻炼爆发力，提升弹跳能力。此外，跳栏架训练也是一种有效的方法，通过跳过不同高度的栏杆，可以提高腿部肌肉的力量和协调性，从而增强弹跳力。另外，原地双脚跳起摸篮板也是一项常用的训练方式，通过反复地进行此动作，可以锻炼腿部肌肉的爆发力和灵活性，进而提高弹跳高度。通过这些训练方法，篮球运动员可以在比赛中展现出更加出色的弹跳技巧。

3. 篮球体育运动员力量素质训练应注意的问题

（1）力量训练的方式和手段应与专项动作的特点紧密相连。特别强调动力性练习，需要与速度、弹跳、灵敏等素质和篮球技术的训练相结合，从而使力量变得有活力。

（2）在进行力量训练时，需注意结合集中与分散安排的原则，以避免过度负担特定部位，同时注重平衡发展不同部位的肌肉群。此外，还需考虑运动员的特点、年龄和性别，以及他们的训练水平，来合理安排速度力量的训练和发展，使之具有针对性。

（3）进行力量训练时应当注重安全，以避免发生意外伤害事故。在进行负重练习之前应充分做好准备活动，训练过程中要保持高度集中的注意力，掌握正确的动作技巧和要领，渐进式地进行，同时加强保护措施。此外，力量训练不宜在疲劳状态下进行。

（4）力量训练应该保持经常性，并注意适当的训练间歇。由于力量的增长和退化速度较快，因此需要跟上训练的频率。每周进行1~2次力量训练可以保持力量水平；进行2~3次力量训练可以增加力量素质；而每周进行3~4次力量训练，则可以显著增长力量素质。为了快速发展力量，可以采取超负荷训练的方式，以获得超量恢复效果。

（5）在力量训练中，必须注重练习顺序的安排，应将速度力量训练安排在力量耐力训练之前进行。

（6）力量训练的重要环节之一是注意让肌肉适时放松。力量训练后，肌肉往往会产生酸胀感，这是肌肉酸胀和肌纤维增粗的反应，同时也是力量增长的必然结果。然而，我们应该采取积极的措施来消除肌肉的酸胀感，以便减少能量的消耗，并进一步维持肌肉的弹性。在进行训练时，我们应该根据身体不同部位的肌肉，进行交替穿插训练，并且要注意合理安排放松练习。此外，在训练结束后，我们还需要采取必要的恢复手段，如按摩和淋浴等，以培养体育运动员自我放松的习惯。这些措施旨在帮助肌肉恢复和放松，以便更好地适应训练的负荷，提高训练效果。

（二）篮球体育运动员的速度训练

1. 篮球体育运动员速度特点及训练要求

篮球的奔跑与田径的奔跑完全不同。在篮球中，运动员必须时刻关注队友和对手的位置；他们需要做出奔跑和滑步的组合动作；不仅要向前奔跑，还要向后移动；不仅要直线奔跑，还要横向奔跑。所有这些要求都对篮球运动员的速度训练提出了独特的挑战。

篮球运动员的速度特点表现为以下几方面：

（1）连续反复的快速冲刺；

（2）身体重心低，反复变速交向；

（3）在篮球运动中，速度是一项重要的特点。运动员需要在短距离内迅速达到最大速度，并且在长时间内保持强大的变速能力。为了满足这些要求，篮球运动员不仅需要具备高效的ATP-CP供能能力，还需要提高糖酵解供能能力。这种能力可以使他们在比赛中迅速释放能量，并且保持体力的持久性。因此，篮球运动员的身体素质训练中，注重提高起动速度、最大速度能力和长时间变速能力，对于他们在比赛中的表现至关重要。

篮球运动员的速度训练主要关注起跑速度、加速跑速度和速度耐力。由于篮球场地的尺寸有限，仅为28m长、15m宽，因此需要重点了解对这类速度产生影响的主要因素。这些因素包括躯干的稳定平衡力量、髋、膝、踝关节的爆发力以及上肢的摆动力量。根据篮球运动速度的特点，篮球体育运动员的速度训练应该具备以下要求：①着重发展动作的频率；②提升反应起动速度，要发展运动员在时空感知方面的能力。③快速跑动应与技术动作协调；④速度训练应安排在训练前期进行。

2. 篮球体育运动员速度训练的方法

篮球运动员的速度训练需要结合其他手段，包括发展最大力量、速度力量和完善动作技术(如起动、滑步、急停等)。此外，专项速度的提升也要与专项技能的完善相结合。在篮球运动中，速度训练应该注重提高场上起动和快速奔跑的能力，同时也要加强无氧供能能力的训练。

(1)可以进行小步跑、后踢腿跑、高抬腿跑等训练，也可以尝试交叉步跑或后退跑，甚至在原地迅速转变为加速跑。

(2)10m、20m、30m、100m加速跑或变速跑。

(3)快速启动和急停动作可以通过体育教师的手势或信号来进行传球或运球操作。

(4)5—8m往返跑或全场四点折回跑。

(5)迅速地进行快速运球并尝试进行3~4次全场上篮。

(6)两人一组站在端线外，前后相隔跑2~3m，根据指令，前方的队员迅速运球上篮，后方队员全力追赶，努力追上并夺球，或者干扰对方动作。

(7)传球或远球的接力赛。

(8)两名队员组成一组，站在两端的篮筐旁，同时起跑，进行三步上篮。他们需要在篮筐之间往返2~4次，作为一组的完成要求。

(9)多种脚步动作的转换练习。

(10)队员站在端线外，体育教师将球传至前场，以高吊球或地滚球的方式。队员迅速启动并加速奔跑，接球后迅速上篮。

(11)合理的负重力量练习。

3. 篮球体育运动员速度素质训练应注意的问题

(1)要使速度素质发挥作用，必须结合篮球专项的特点。体育教师首先需要了解自己专项速度的特点，明确自己专长的速度类型以及主要的表现形式。

(2)在培养篮球运动员速度素质时，需要根据他们的年龄特点进行适当的发展。

(3)请注意合理安排篮球运动员速度素质训练的时间和顺序。

(4)重视培养篮球运动员速度素质的同时，需要注重提高他们的发展力量和柔韧性。

(5)在进行速度训练时要确保人体处于适宜的工作状态。

(6)培养篮球运动员的速度素质时，肌肉放松是一个重要的方面。

(7)正确预防和消除"速度障碍"。

(8)篮球体育运动员速度素质训练应结合专项进行。

(三)篮球体育运动员的耐力训练

1. 篮球体育运动员的耐力特点及训练要求

篮球运动中,耐力是一项重要素质。篮球运动员的耐力训练需注重糖酵解供能形式,以最大乳酸能和机体耐酸能力的训练为主,同时辅以有氧供能的训练。有氧供能的训练是糖酵解供能训练的基础,能够增强篮球运动员的恢复能力。然而,要保持篮球运动员在比赛中持续快速运动能力,无氧供能和无氧-有氧混合供能同样至关重要。基于篮球运动耐力特点,篮球体育运动员的耐力训练应包括以下几个要求。

(1)首先,篮球运动员需要通过耐力训练来提高其有氧耐力水平。

(2)在耐力训练中,篮球运动员需要特别注重专项耐力的训练。

(3)在准备阶段的早期,应该更多地注重有氧耐力的发展;而在准备阶段的后期和比赛前阶段,则应该着重发展无氧耐力。

(4)篮球体育运动员的耐力训练要长年进行。

2. 篮球体育运动员耐力的训练方法

提高篮球运动员的耐力可通过增强摄氧、输氧和利用氧的能力,增加体内适当储存的糖原和脂肪量,以及提高肌肉对长时间负荷的承受能力来实现。为了发展一般耐力,可以采用持续匀速负荷和变速负荷的训练方法,负荷的强度应控制在接近无氧代谢的程度,心率应保持在约 160 次/min 左右。

(1)持续负荷法。在培养篮球运动员的专项耐力训练中,需要特别关注其总体代谢特点。一般而言,重点是发展无乳酸产生的无氧耐力。此类训练通常采用约 95% 的强度,并且心率可达每 min180 次。训练方法建议进行 5-6 组的重复,而每组的重复次数则宜稍微少一些。

(2)间歇负荷法。这种训练方法的目的是通过提高有氧代谢水平来增强身体的耐力。在这种训练中,心率被控制在每 min160 次左右。为了达到这个目标,可以采用一些特殊的跑步方法,如匀速跑、变速跑、超越跑和折返跑。这些方法可以让你的心率保持在理想的范围内,并且能同时激活有氧和无氧代谢。

在这种训练中,通常会使用大约 50% 的有氧负荷和 50% 的无氧负荷。这意味着将在训练过程中同时进行有氧和无氧代谢。为了达到心率的上限,心脏每 10s 钟会跳动大约 28 次。在进行下一轮练习之前,只需要在没有完全恢复的情况下进行适当的间歇时间。

这种训练方法可以通过一些具体的跑步训练来实施。例如，可以进行400m的快速跑、100m的快速跑和100m的放松跑，并反复进行。还可以进行大约40s左右的各种连续跑，不断重复这些动作。这些方法可以有效地提高有氧代谢水平，增强心肺功能和耐力能力。

(3)重复负荷法。这种训练方法的主要目的是提高无氧代谢水平。通过负荷的最大心率达到28次/(10s)以上，并在组间休息5min的情况下，使心率下降至15次/(10s)左右后再进行下一次的练习。具体的训练方法包括5－10组400m计时跑和不同强度的重复练习，以达到预期的效果。

3. 篮球运动耐力素质训练时应注意的问题

(1)在篮球运动员的耐力素质训练中，多种训练方法都是单调重复的，这使得体育运动员的耐力难以得到良好的发展。所以，在选择训练方法以及确定其所占百分比时，需要考虑篮球这项运动的代谢特点。要确定这一点，还需要考虑个人的训练状况以及队员在场上的位置、任务和耐力训练的各个重点目标。

(2)在篮球运动中，个人意志的控制能力对于耐力的培养起着至关重要的作用。运动员的个人意志控制能力的强弱与稳定性直接决定了他们是否能够战胜困难并承受更大的压力，从而提高自己的耐力水平。因此，体育教师在训练中必须了解并掌握现代耐力训练所需的心理学知识，以有效地提升运动员的心理承受能力。

(3)有氧代谢供能是各种供能系统的基石。通过训练，可以增强篮球运动员的有氧代谢能力。在初期阶段，重点应该是提高心肺功能。对于已经具备一定训练水平的运动员来说，应该注重提升骨骼肌在进行篮球运动时利用氧气的能力，以增加肌肉自身工作的耐力。

(4)尽管篮球运动员在进行耐力训练时身体承受着巨大的压力，但他们可以通过采取积极有效的恢复方法和营养补充来加快身体的康复和恢复。此外，养成良好的生活习惯对他们的身体康复和训练效果也起着重要的作用。然而，需要特别强调的是，吸烟对体育运动员的有氧耐力有着严重的影响，因此篮球运动员应严格禁止吸烟。吸烟会导致肺功能下降，影响氧气供应和康复速度，从而降低身体的耐力水平。因此，为了保持最佳的身体状态和训练效果，篮球运动员应该坚决摒弃吸烟，选择健康的生活方式。

(5)篮球体育运动员在身体训练过程中，可以采用心率监控来评估运动负荷，从而更好地了解个体对运动负荷的反应差异。这不仅有助于体育教师根据不同的反应差异制定个性化的训练计划，还方便运动员自己掌握和应用这些信息。因此，我们鼓励篮球运动员利用心率自我监督来进行耐力素质的训练。通过监测心率变化，运动员可以更准确地掌握自己的身体状况，及时调整训练强度和方式，以达到最佳的训练效果。这种自我监督的训练方法不仅能够提高运动员的身体素质，还可以培养他们的自律性和自我管理能力，为他们未来在比赛中的表现提供更有力的保障。

（四）篮球体育运动员柔韧素质的训练

1. 篮球体育运动员柔韧素质特点及训练要求

柔韧性是指体育运动员关节韧带屈伸旋转的活动范围和肌肉拉伸的幅度。它受到关节骨结构的影响，同时也取决于跨越关节的韧带、肌腱、肌肉和皮肤的伸展性和弹性程度。发展良好的柔韧性对于掌握和发挥篮球技术起着积极的促进作用。此外，良好的柔韧性还能减少运动损伤的发生，并对提高其他素质也有密切关联。因此，我们必须非常重视柔韧性的训练，尤其是在运动员的发展阶段，更需要强调对柔韧性的培养。篮球专项的柔韧性训练应尽早进行专门化。我们应该从儿童时期开始改善关节的柔韧性，提高韧带、肌肉的弹性和伸展性。篮球柔韧性训练需要与其他素质训练相结合，特别是要与力量素质训练结合起来，使肌肉、韧带既柔软又有力，关节活动自如而灵活。

2. 篮球体育运动员柔韧素质的训练方法

（1）将两手交叉相握，手心朝前，然后进行压指和压腕的动作，将手臂向下、向前、向上充分伸展。

（2）将两手交叉相握并向上伸直，然后身体向左或向右进行充分伸展。

（3）进行不对称的大绕环转肩动作，一只手从背后向下拉，另一只手从背后向上拉，通过在背后拉伸进行练习。

（4）双腿并拢站立，上身向前弯曲，手触摸脚或地面；或者身体侧转并用手触摸异侧脚跟。

（5）双腿交叉并立，上身向前弯曲，手触摸脚或地面。

（6）双腿张开，髋关节向前推，手触摸脚跟。

（7）双腿前后分开，双脚跟着地面进行弓箭步下压腿。

（8）在地板上做"跨栏步"拉压腿、胯。

（9）进行左右弓箭步练习时，将双手放在膝盖上，连续进行左右弓箭步练习。

(10)两人面对面背对背站立,进行身体转体并击掌的练习。

(11)利用器材或与伙伴合作,进行相互压肩、拉肩、转肩背以及各种压腿、拉腰、背部和全身伸展的练习。

3. 篮球体育运动员柔韧素质训练时应注意的问题

(1)循序渐进,持之以恒。培养柔韧素质需要坚定的意志和持续的训练。刚开始练习时会感到疼痛,效果出现得较慢,如果停止训练,效果也会逐渐消退。只有坚持不懈才能看到成效。初次练习可能会迅速见到效果,但第二天再次练习时会感到疼痛,之前获得的效果几乎会全部消失,柔韧水平还不如开始练习前。这是因为肌肉被拉长后会回缩,回缩力增加,所以我们应该继续慢慢拉伸,以消除疼痛感。经过一段时间的练习,肌肉已经适应了当前的伸展长度,我们应该进一步拉长肌肉和牵拉肌腱,以增强回缩力。因为柔韧训练本身就是一个由不适应到适应逐步提高的过程。

(2)专项柔韧性练习要因项、因人而异。柔韧性的训练需要根据不同专项和个人情况来安排。举个例子,跳远运动员需要注重腿部和筋部的柔韧性,游泳运动员则需要关注踝关节和躯干的柔韧性,而体操运动员则需要注重肩部、筋腰和腿部的柔韧性。因此,在全面培养身体各部位的柔韧性的基础上,还需要重点训练专项所需的几个部位的柔韧性。此外,在进行柔韧性训练时,必须根据每个人的具体情况进行差异化对待,突出针对性和实用性。在运动训练中,尽管柔韧性对各项运动都有一定要求,但通常来说,并不需要将柔韧性的发展推至极限,只需满足专项运动技术的需要即可。

(3)柔韧素质的发展应与力量素质的发展相适应。灵活的发展应该在肌肉力量增长的基础上进行,而肌肉力量的增长不能以增加肌肉体积为代价,从而限制关节的活动范围。力量训练是为了增强肌肉的收缩能力,而柔韧性训练是为了提高肌肉的伸展能力。因此,结合力量和柔韧性训练是提高肌肉质量最有效的方法之一,既可以增加力量和柔韧性,又可以保证关节的灵活性和稳定性。

(4)发展柔韧素质需要同时关注身体各个部位之间的相互关系。在某些动作中,柔韧性不仅仅表现在一个关节或某个身体部位,而是涉及到几个相互关联的部位。举例来说,通过进行"桥"的练习来提高腰部的柔韧性取决于肩、脊柱和髋部等多个关联部位的协同作用。因此,在练习过程中,应该同时发展这些关联部位,以免忽视其中任何一个部位导致可能的伤害事故。如果发现某个部位的柔韧性稍差,应立即采取措施予以改善。另外,也可以通过其他部位的有效发展来补偿，从而实现各个部位柔韧性的全面发展，以满足专项运动训练的需求。

（5）柔韧性练习需要注意外界气温和练习时间。极高或极低的气温都会对肌肉状态和伸展性产生影响。一般来说，当环境温度在18℃时，有利于柔韧性的培养，因为肌肉在这种湿度下更容易伸展。温度过高会导致肌肉紧绷或无力，从而影响伸展性。举例来说，跳高运动员在完成试跳后会穿上衣物，以保持体温，使肌肉保持良好状态。柔韧性练习可以在一天中的任何时间进行，但效果可能会有所不同。早晨的柔韧性会明显降低，因此可以进行一些强度较低的"拉韧带"练习。而上午10点至下午6点期间，人体的柔韧性较好，适合进行一些强度较大的柔韧性训练。

（6）柔韧性练习之后应结合放松练习，以增强身体的灵活性和帮助肌群恢复。在完成每个伸展练习后，应进行相反方向的练习，这样可以使身体的机能得到全面发展。举例来说，完成压腿练习后，可以进行几次屈膝练习，这样可以帮助放松和恢复伸展肌群。同样地，完成体前屈练习后，可以进行几次挺腹挺胯的动作，以增强腹部和胯部的肌肉。完成下腰练习后，可以进行几次体前屈或团身抱膝的动作，以帮助肌群放松和恢复。通过结合放松练习，可以提高柔韧性，并促进肌肉的恢复与舒缓。

（7）柔韧素质的发展要从小培养。我国的体操界、武术界和技巧界的体育运动员，从小就开始进行柔韧性的训练，他们在这方面积累了丰富的经验。这些运动员的柔韧素质的发展是从他们自然生长发育的过程中实现的，因此能够得到保持和巩固，不容易消退。此外，柔韧素质的发展存在着一个敏感期，这个敏感期是在5到10岁之间，所以在这个时期要抓紧进行练习，以便在10岁之前能够使柔韧素质得到较好的发展。

（8）柔韧练习时要防止受伤。拉伸练习的目的是通过运用各种科学方法，来增加人体关节肌肉和韧带的长度。尽管如此，在进行柔韧练习时，如果没有注意科学的方法，很容易发生肌肉拉伤的意外事故。为了提高柔韧练习的效果，我们必须注意防止受伤。在开始柔韧练习之前，可以进行一些热身活动，以减少肌肉的粘性。在拉伸肌肉的过程中，不要用力过猛，特别是在进行被动柔韧练习时，体育教师施加的外力应该逐渐增加，并且要及时注意运动员的练习反应，以便合理地增加或减少力量的施加，以确保柔韧练习的顺利进行。

第三节　小学武术体育运动员的体能训练

武术是以技击动作为主要内容,以套路和格斗为主要运动形中心内外兼修的中国传统体育项目。作为中国武术特有表现心用套路运动,虽然拳种不同,风格各异,但其共同特点都是以踢、打、摔、拿、击、刺等攻防动作构成套路的主要内容。做到手到眼到,形断意断,使意识、呼吸、动作协调一致,要达到上述要求,武术运动员的体能便是体现武术特点的关键基础。

一、武术运动员体能及其构成

作为传统项目的武术,有着自己独特的魅力与动作特点,这一特点也就是要求武术运动员有别于其它运动项目的运动体能,运动员的体能是运动员机体的基本运动能力,是运动员竞技能力的重要构成部分。

武术运动员体能发展水平是由其身体形态、身体机能及运动素质的发展状况所决定的,武术是技能主导类表现难美性的运动项目。身体形态对武术运动员的竞技能力起着重要作用,要求运动员是有优美的形体,表现出动作敏捷而灵巧。构成体能的身体形态、机能、素质三个因素都有相对独立的作用,又有着密切联系、彼此制约、相互影响,其中每一个因素的水平都会影响着体能整体的水平。三个构成因素之中,运动素质是体能的外在表现,所以,在运动训练中多以发展各种运动素质为身体训练的基本内容。

二、小学体能训练的重要意义

体能训练是运动训练的重要内容,在武术运动项目中很重要,良好的体能训练是技术、战术训练和搞好运动成绩的基础,是运动员承受大负荷训练和高强度比赛的基础,是运动员在训练和比赛中保持稳定、良好的心理状态的基础,有助于预防疾病,延长运动寿命的意义。

合理的安排一般体能训练和专项体能训练。一般体能训练可全面的发展运动员的力量、速度、耐力、灵敏和柔韧等运动素质,可为提高专项运动所需要的身体能力打下基础。体能训练与技术战术、心理和智能训练有机结合,要因时、因项、因人而异。体能训练的主要内容是运动素质训练,武术体能训练中,运动员常会感到疲劳，武术体能训练的手段又比较单调枯燥，因此，在训练中应加强运动员的思想政治教育，培养他们具有吃苦耐劳的意志品质，使运动员减少对训练的枯燥感和无味感。

三、小学生武术运动员体能训练存在的问题

（一）对体能训练重视度不足

国内教练与运动员对体能训练的重视度不足。如教练在武术训练中沿袭传统武术训练方式，单纯地提升运动员的武术技能，普遍缺乏对体能的训练。同时传统武术重在修心，而武术动作繁多，身体负荷量大，对运动员相关标准要求较高。此外，高等武术运动员武术技能水平基本持平，在比赛中取胜的关键还在体能的比拼。因此，运动员也要意识到体能重要性，严格执行相关体能训练，进而在比赛中取得良好的成绩。

（二）场地与器械缺乏

武术运动是对运动员肌肉耐力的一种考验。一般通过长跑锻炼肌肉耐力，因此，体能训练要有一定的场地。此外，通过不同的器械来有效地刺激肌肉，使得肌肉形成肌肉记忆，自动记住训练姿势、完成动作所需力量及训练量等，所以竞技运动员在体能训练时需要足够的场地与相应的器械。

（三）体能训练不平衡

众多小学生为了追求高难度动作的美观性，在身体素质达不到训练要求时盲目地进行练习，最终导致动作变形甚至出现受伤现象。如为了施展空中刹车、腾空摆莲腿、720°转体旋风腿等，在肌肉核心力量和协调力不达标准时进行练习，极有可能导致损伤。因此，在练习高难度动作前，一定要做好核心练习，为高难度动作训练做基础。

（四）系统规划不完善

在现阶段，针对小学生体能训练的系统规划并不健全也不完善。如在小学生训练内容方面，缺乏明确、具体的训练细节，总的细分训练概念模糊，导致对小学生的指导缺乏规范性、统一性。在制定训练计划方面，部分人员未按照国家规

定的小学生身体发育特点进行规划,其系统规划缺乏合理性、科学性。

四、小学生武术运动员体能训练的方法

(一)身体形态及其训练

根据不同生长发育阶段的形态特征安排身体形态训练,一般是先长高度,后长宽度、围度和充实度。根据专项的特点安排身体形态训练,在武术中,对手、眼、身、法、步与动作的协调配合甚严,举手投足之间表现出对武术的领悟能力,则应更多的依靠后天训练加以改善和提高。

(二)力量素质及其训练

力量素质是人体神经肌肉系统在工作时克服或对抗阻力的能力,在武术项目当中,力量作为其它运动素质的基础,有着不可替代的重要作用。在一个武术套路中,合理的利用力量,便会使套路更显流畅,达到宏伟气势。武术专项运动中,发展运动员最大力量的训练强度一般可控制在75%左右,训练必须有一个准备性的渐进过程,为运动员身体健康来讲,选择有效的训练手段,处理好负荷与恢复的关系,注意激发练习的兴趣。

(三)速度素质及其训练

武术项目的特点决定套路训练的特点,由于是表现难美性的运动项目,腾空、转体、闪、转、挪等动作都需要速度作为后盾,那么速度就是人体快速运动的能力,不同运动项目对动作速度的要求是不同的,武术等表现难美性项目动作速度主要表现在快速完成动作的能力,经常采用快速完成动作的练习,用最快的速度完成、若干次俯卧撑、快速两头起、原地跳起快速转体等练习。

(四)耐力素质及其训练

在为发展有氧耐力而进行的持续性练习中,运动强度的选择十分重要。一般认为,为发展有氧耐力,采用超过本人VO2max50%强度的运动,能使有氧耐力显著提高。武术专项耐力,表现为以最佳技术重复完成完整比赛动作的能力。因此,在赛前训练中,必须多次完成整个武术套路的练习1/2套以上的练习。在武术运动员耐力训练上要求重视运动员呼吸能力的培养,还应加强武术运动员意志

品质的培养,来抵抗意志薄弱温度过高、气压过低等所产生的不利影响。

(五)灵敏素质及其训练

让运动员在跑、跳当中迅速、准确、协调地作出各种动作,如快速改变方向的各种跑、各种躲闪和突然启动的练习,各种快速急停和迅速转体的练习等,各种调整身体方位的练习。教练员应采用各种手段,消除运动员的恐惧心理或紧张状态,以保证训练取得良好的效果。

(六)柔韧素质及其训练

武术运动员的柔韧素质发展要与力量素质结合,不仅可以避免和消除两者之间不良转移,而且有助于柔韧与力量两种素质的协调发展,注意柔韧性训练与温度和时间的关系,外界温度过高或过低,将会影响肌肉的状态和肌肉的伸展能力。在任何训练时期,都应安排或保持柔韧性的练习,采用多种手段发展。少儿进行柔韧性训练时,一般地说,要抓紧7岁以前的练习,力争在12岁前使柔韧性得到较好的发展,16岁以后,可逐渐加大柔韧性练习的负荷量和负荷强度,进行完柔韧性训练之后要十分注意放松练习,使肌肉柔而不软韧而不僵。

五、小学生武术运动员体能训练的注意事项

(一)体能训练做好核心训练

小学生一定要在做好核心练习的基础上进行高难度动作的练习,不能为追求动作的美观性,就盲目地进行高动作的训练。在核心训练中,要坚持以下原则:结合专项技术特点增强力量素质、结合技术的特点和身体形态发展柔韧素质、一般速度与专项速度结合等进行训练,以达到最好的训练状态。

(二)提供充足场地与器械

加大对小学生体能田径场地与相关器械的资金投入,场地不能一味依靠学校操场,同时及时更新辅助器械,通过硬件设施健全、完善的建设,更好地调动运动员训练的积极性与主动性,也为小学生运动员训练打下良好的训练条件。增大比赛规模,营造良好的田径发展氛围,进而增加训练经费来源途径。

（三）健全、完善系统规划

针对小学生体能训练，需要一个持久性、系统性的规划做支撑。一方面通过为小学生设立阶段目标及阶段计划，能有效促进小学生训练的积极性。另一方面，制定的训练计划要严格依据小学生身体发育特点进行规划。如6－14岁适合锻炼爆发力、灵敏度、协调能力、柔韧性、力量等，12－18岁适合训练耐力与速度。

总之，体能是掌握武术技术的保障，有了好的体能才能提高运动员的技战术水平，并能提高个人武术的战斗力，也可为取得骄人成绩打下坚实的基础，以上训练方法是在实践训练中总结出来的，比较符合武术专业训练的特点，方法简单实用。

第四节　小学田径体育运动员的体能训练

田径运动是现代以个人为主的运动竞赛项目，它通过走、跑、跳等基本技能的逐步形成和完善而发展起来的。根据国际业余田径联合会《田径手册》的定义，田径运动包括径赛、田赛、公路跑、竞走和越野跑。无论是短跑、跳跃、投掷等注重速度和力量的项目，还是中长距离走、跑等强调耐力的项目，运动员都需要发挥出最佳的体力和顽强的意志，全力以赴追求最好的成绩。田径运动的成绩客观准确，反映了运动员在体能、技术、战术、心理和智能训练方面的综合效果。田径运动员的表现体现了奥林匹克格言"更快、更高、更强"的精神。

田径运动成绩的取得不仅依赖于单一因素，而是多种复合因素的综合作用。运动员的竞技水平是关键，其中体能水平对于体能类项目的比赛成败至关重要。田径运动是以人体三大供能系统的能量代谢活动为基础，通过骨骼肌系统表现出来的运动能力。体能是指人体的基本运动能力，涵盖了身体素质、形态和机能等方面。

身体形态、机能和素质是组成体能的三个因素，它们在一定程度上相互独立，但又密切相关、相互制约、相互影响。每个因素的水平都会影响整体体能水平。身体形态、机能和素质是体能的外在表现，因此在训练中需要发展各种运动素质来提高体能。人体的形态和机能状态是决定运动素质水平的基础条件。

田径运动员的素质训练主要是发展与专项技术和成绩密切相关的身体素质，并针对专项要求来提高各器官和系统的机能。力量、速度和耐力是重点发展的专项素质，以满足比赛的要求。专项训练的方法、动作幅度、用力性质、用力顺序和紧张程序应与专项一致或相似。

本节将根据田径各项体能训练的特点分为竞走、短距离跑、中长跑、跳跃和投掷五个部分进行详细说明。

一、竞走类体育运动员的体能训练

（一）竞走类运动的项目特征

(1)竞走项目分为 5km、10km、20km、50km 等不同的距离，运动员在这个过程中需要保持与地面的接触，并持续向前迈进，没有腾空的动作。在触地瞬间到垂直位置，运动员的前腿应该保持伸直，膝关节不能弯曲。

(2)竞走是一项以体能为主导的周期耐力性运动，比赛的距离较长，技术要求严格，比赛时间也较长，容易导致严重的局部疲劳。参与这项运动需要运动员具备高水平的专项耐力素质，技术动作要协调，并且要有良好的节奏感。

(3)竞走是一种有效的向前运动，运动员通过利用髋部作为支点的杠杆效应（双腿和双脚的运动）以及双臂的摆动来保持平衡。这项运动有着专门的技术要求和判罚标准，要求运动员具备较高水平的技术动作。在竞走比赛中，尤其是比赛的后期，正确的竞走技术动作依赖于运动员的体能状况。

(4)运动成绩的评判是基于体育运动员完成比赛任务所消耗的时间，并使用计量工具进行准确测定和评价，以实现客观公正的评判。

（二）竞走类运动的体能特征

(1)竞走运动员的外貌特征应为身材修长、匀称，肩宽胸厚，骨盆较窄，足弓弯曲较大，跟腱明显，膝关节自然伸直，踝关节弯曲能力较大，小腿相对较长，肌肉纤维细长而具有弹性。

(2)竞走运动员的身体机能特点表现为中枢神经系统处于兴奋状态，肌肉紧张和放松能力较强，心肺功能要求较高。能量供应主要依靠无氧代谢和有氧－无氧混合供能。

(3)竞走运动员的素质特征体现在长时间耐力的要求上，要求运动员在一定强度下持续工作，需要具备良好的有氧代谢能力和专项耐力。速度素质也要求较高，尤其是在战术安排或比赛最后阶段，这是取得优异成绩的保证。此外，竞走运动员需要在长时间内发挥小量的力量，因此需要将力量素质和耐力素质结合起来，否则随着距离的增加，步幅会减小。柔韧性和关节灵活性特别是髋关节的灵活性对于步幅和正确的技术非常重要。

（三）竞走类体育运动员的体能训练的方法与手段

1. 竞走类体育运动员的力量训练

（1）一般力量训练

一般力量训练的目标是发展体育运动员全身各部位的力量。这主要包括对符合专项技术所需用力肌群的训练，主要集中在腿部、腰部、髋部、腹部和背部的肌群，同时也包括臀肌群、股二头肌群、小腿和足关节屈肌群、肩关节和肱二头肌等。训练要求不同部位肌肉在完成不同练习时的肌力和内协调性得到提高。

常用的训练方法包括以下几种：丘陵地跑可以发展腿部力量和耐力；连续跳跃练习如连续单腿交换向上跳和连续跨步跳可以发展腿部力量和耐力；连续蛙跳可以发展腿部和整体的协调力量；综合力量练习可以发展整体力量、速度力量和耐力，同时也提高协调能力。

在体育运动员的训练中，身体素质训练是整体训练结构的一个重要组成部分。因此，训练负荷数量、训练负荷强度和训练负荷密度的增加或减小都需要与同期的专项运动能力训练相协调一致，这样才能有效地促进整体运动能力的提高。

（2）专项力量训练

由于竞走运动员需要进行持续、重复的下肢运动，因此在全面发展力量素质的前提下，对下肢肌肉的力量耐力和腿部及踝关节的力量能力要求更高。

因此，在训练中，力量训练主要关注力量耐力和支撑器官的训练。提高力量耐力应通过改善血液循环和呼吸系统功能来发挥毛细血管和肌肉对血红蛋白的利用，而不仅仅依靠提高绝对力量。因此，在训练过程中，不宜过度使用过重的杠铃练习，而应利用自然条件充分发展力量耐力和支撑器官的功能。

此外，竞走运动员还应重视身体核心部位（骨盆和躯干）的稳定性、关节稳定性、髋关节平衡能力以及克服体重的力量等方面的练习。特别需要重点强调腰、背和臀部肌肉的发展和力量的提高。可以采用一些更具挑战性的竞走练习，如上坡走、山地起伏地段走、适当的跳跃练习（如两腿交换跳、跳绳）和负重摆臂等。竞走的推动力主要来自踝关节、趾关节和髋关节周围肌肉的水平推力。因此，加强支撑腿踝关节、趾关节和髋关节的伸屈力对增加步频和步长也非常重要。

综合力量练习应根据项目特点和个人特点合理安排，使运动员的代谢供能达到与专项能力训练相同或接近的程度。这对于提高运动员的整体力量素质的协调发展非常有益。

2. 竞走类体育运动员的速度训练

最大速度是指在有限的距离内，能够达到最快位移速度的能力。对于体育运动员来说，他们的最大速度水平通常是比赛中胜负的决定因素之一，取决于战术安排和比赛的最后阶段。然而，最大速度并不是竞走项目中的决定性因素，因此要提高竞走运动员的速度，必须同时注意其他因素对速度耐力水平的影响。仅仅通过训练提高最大速度（类似于短跑运动员的速度训练），即使能够提高最大速度，其转化为速度耐力的比率也是非常低的。竞走运动员既需要进行非乳酸无氧代谢供能的训练，也需要进行糖酵解无氧代谢供能的训练。只有同时改善这两种速度能力，才能促进运动员速度耐力水平的提高。

发展非乳酸能的速度能力是耐力项目的特殊需求，即在运动员有机体内乳酸积累一定量的条件下，发展运动员的最大速度能力。实际上，教练通常会安排最大速度训练在专项训练负荷后，即在运动员的有机体内乳酸含量尚未完全恢复时进行，例如在越野跑后，可以选择大约200m距离的间歇跑。竞走运动员的速度素质的发展通常采用接近专项、短于专项、强度较大的竞走练习，并且强调发展运动员的动作速率和节奏感。除了专门的练习之外，还可以安排高频小步走和原地快速摆管的模仿竞走练习，连续快速的仰卧摆腿练习，以及各种加速走和坡度走练习等来辅助训练。

3. 竞走类体育运动员的耐力训练

肌肉长时间地持续工作是竞走项目的最大特点。耐力是竞走体育运动员的基本素质。耐力是基础，可直接反映出一名体育运动员能源物质贮存量的大小、有氧代谢能力的高低及运动器官抗疲劳能力的强弱。因此，发展耐力应放在首位，并贯彻训练始终。

（1）一般耐力训练

一般耐力泛指体育运动员完成长时间工作的总体能力。因此，提高体育运动员的摄取氧、运输氧及利用氧的能力，保持体育运动员体内适宜的糖原及脂肪的储存量，提高肌肉、关节、韧带等支撑器官对长时间负荷的承受能力，以及加强体育运动员心理调控能力，改进体育运动员在疲劳状态下充分动员机体潜力，坚持继续工作的自我激励是发展体育运动员一般耐力的基本途径。

针对竞走项目的特点，对体育运动员呼吸系统和心血系统的机能要求高。一般认为，长时间的单一练习既能发展机体的有氧代谢的能力，又能发展进行该项运动主要工作肌群及关节、韧带的工作耐力。而长时间变换内容的练习则减轻了局部运动装置的工作负荷，着重培养体育运动员有氧代谢的能力。小强度、长时间是发展一般耐力训练的负荷特点。

竞走体育运动员一般耐力主要训练方法如下：长时间单一运动练习，持续走、跑；变换的运动练习；法特莱克、爬山、自行车、游泳等。由于竞走和中长跑均为周期耐力性项目，具体方法手段可借鉴中长跑训练部分。为了进一步提高竞走运动员的一般耐力，可以增加训练负荷、逐渐延长训练时间，同时结合间歇训练和阻力训练，以提高竞走运动员的肌肉耐力和爆发力。此外，要注意合理的休息和恢复，以保证身体的健康和适应能力的提高。

（2）专项耐力训练

专项耐力是指在特定距离内以最大平均速度完成全程的能力，这对于竞走运动员的专项成绩来说至关重要。培养特别的耐力是竞走运动员训练的核心问题，其主要依赖于运动员的有氧代谢能力、能源物质储存能力、支撑器官长时间工作的能力以及运动员对疲劳的承受能力等多个方面。特别的耐力训练需要在对身体产生最大刺激的同时，使运动员能够在短期内恢复，同时还需要进行必要的医疗监督和营养保健措施，定期检查运动员的各种生理变化，以避免受伤和过度疲劳的发生，只有这样才能不断提高训练负荷和运动成绩。无论采用何种方法，关键是围绕合理的技术进行训练，并控制好训练强度和训练量之间的关系。提高竞走运动员的特别耐力主要是通过提高有氧－无氧混合能力来实现的，一般采用比赛速度或略高于比赛速度，并采用与主项或接近主项距离的高强度间歇、重复和比赛训练方法。要求训练条件与比赛相同或在某些方面更加苛刻。

4. 竞走类体育运动员的柔韧素质训练

竞走运动员的柔韧素质对于步幅和技术的影响是直接的，尤其是髋关节的柔韧性和灵活性。为了提高这些素质，可以通过身体各个部位的肌肉和关节进行主动和被动的大幅度伸展和牵引练习，通常安排在准备活动和主要练习之间。在进行这些练习时，需要注意要缓慢进行，并逐步增加动作的范围。根据竞走运动员的特点,在练习时可以着重提高肩、髋、膝、踝等关节的柔韧性和灵活性,适当增加身体围绕垂直轴转动的幅度,以提高肌肉的紧张和放松能力,从而改善动作的协调均衡性和协调能力。柔韧素质的训练一般可以采用垫上或肋木的静力拉伸练习,在最大动作范围的姿势下保持5~30s;还可以进行原地或行进间的动力性练习;并且可以进行原地的模仿竞走转肋、两手支撑转蹦跳等练习。而竞走运动员的协调、柔韧素质和协调能力的训练并不是单独进行的,而是要与专项技术训练结合,并贯穿于整个运动员的训练过程中。由于竞走和中长跑都是周期耐力性项目,所以在体能训练的方法和手段上,也可以借鉴一些中长跑的训练部分。

二、短距离跑类体育运动员的体能训练

(一)短距离跑类项目特征

(1)短跑类项目通常包括60m、100m、200m、400m跑以及4×100m和4×400m等项目。它们是田径运动径赛中最短距离、最高强度的项目,要求人体运动器官和内脏器官在缺氧情况下完成极限强度的运动。

(2)短跑类项目是体能在速度性项目中起主导作用的项目,其竞技能力主要由速度能力决定。全程成绩取决于反应速度、加速度、保持最高速度的能力以及技术质量。虽然不同距离的项目中这三个因素的比例不同,但它们都是三种表现的完整结合。例如,400m可以视为较长距离的短跑,速度耐力尤为重要。而100m对起跑的快速反应能力和爆发力要求极高,在极短时间内达到最大位移速度并保持快速用力至终点。接力短跑体现了每个运动员的单跑速度以及传接棒技术。

(3)跨栏跑包括男子110m、女子100m和男女400m栏四个项目。跨栏跑是短距离跑的一种特殊形式,是指跨越障碍物进行短跑,是一项在固定条件(栏高、栏距)限制下,通过加快步频提高全程速度的非对称周期性径赛项目。它是田径项目中技术性强、动作较为复杂,对速度、力量、柔韧性、敏捷性、耐力等素质以及全身协调配合要求较高的项目。运动成绩取决于运动员的栏间跑速度、过栏技术以及跑跨结合技术,主要影响因素包括速度、力量、一般和专项耐力、技术、节奏、髋部灵活性、协调性、平衡能力以及精神集中能力等。

(4)短距离跑类项目的肌肉工作属于动力性工作,包括爆发用力起跑、极大强度的途中跑和最大用力冲刺跑。主要涉及下肢肌群,包括大小腿肌肉,虽然上

肢和躯干肌肉不产生动力，但在运动过程中起到保持姿势和平衡的重要作用。

(5)短距离跑类项目的竞赛规则相对简单，运动成绩以最短时间完成相应距离为依据，并通过计量工具进行准确测定和评判，具备客观公正性。

(二)短距离跑类体育运动员体能特征

1. 短距离跑体育运动员形态特征

短距离跑体育运动员形态特征优秀体育运动员在身高方面存在个体差异，一般而言身体匀称且结实。他们的肌肉具有很高的弹性，呈束状排列。此外，他们的皮下脂肪较少，相对而言瘦体重较大。小腿稍长于大腿，并且大小腿长比最好小于95％。他们的踝围较小，跟腱较长，因此人体肌肉收缩的作用力能够集中在踝关节的蹬伸动作上。臀部会上翘，臀后和骨盆的纵轴较短，这样在肌肉用力时发力会集中。此外，他们的脚趾齐且较短，这样在跑步时所做功较少，有利于向前推进。

跨栏体育运动员在形态特征上与短跑运动员相似，但一般要求下肢长度与身高比较大，大腿长度与身高比较小，这有利于跨越栏架和跑过栏间距。

2. 短距离跑类体育运动员机能特征

短距离跑类体育运动员机能特征短跑运动的特点要求运动员能够快速地进行肌肉的收缩和舒张的交替活动，因此，他们的神经过程灵活性较高，兴奋过程占优势。然而，由于兴奋和抑制过程的频繁转换，大脑皮层的神经细胞容易疲劳。短距离项目一般需要在60s左右完成，主要依赖无氧代谢供能，其中包括磷酸原系统供能和糖酵解系统供能。不同的项目所占比例不同。50m、60m、100m和直道栏项目主要依赖磷酸原系统供能；而200m、400m和400m栏项目主要依赖无氧糖酵解系统供能，要求运动员具备较强的无氧耐力以及健康的心血管和呼吸系统功能。

3. 短距离跑类体育运动员素质特征

短距离跑类体育运动员素质特征短距离项目的素质特点是在全面发展身体素质的基础上，不断提高速度素质。由于这些项目要求运动员靠自身的力量克服体重和静止状态，迅速产生快速的位移运动，因此力量的发展和提高对速度素质的提高和挖掘起着重要作用。此外，柔韧性、灵活性和一般耐力也是非常重要的。例如，跨栏运动员的关节灵活性和肌肉的柔韧性对于掌握合理的跨越栏架技术有很大的影响。各项素质的全面发展必须有助于提高运动员的动作频率和动作幅度。

(三)短距离跑类体育运动员的体能训练的方法与手段

提高体育运动员体能的关键在于正确选择训练内容，根据项目特点、训练阶段划分和个体差异来优选适合运动员的训练方法和手段。目前，短距离跑项目在训练中体现了广泛性和专项性的结合，训练方法和手段相对集中，并且采用最佳匹配的训练手段来合理组合。在训练过程中，为了提高体育运动员的竞技能力水平，训练内容的选择需要紧密结合速度素质。我们采用发展运动员爆发力、动作速度、反应能力以及动作幅度的练习方法和手段。另外，我们还要根据不同专项技术的需要进行相应的训练。比如，在跨栏项目中，我们注重蹬摆配合以及跑与跨、跨与跑结合的练习。通过合理组合训练手段，我们能够充分发挥各个手段的综合效应，从而使短跑运动员采用跑一跳、跳一跑的组合训练，先进行跑的专门练习，然后过渡到加速跑等。

1. 短距离跑类体育运动员的力量训练

增加短距离跑项目体育运动员速度的方法有很多，其中一个关键是提高肌肉力量。肌肉力量的特性和状况直接影响专项训练的素质。例如，肌肉的最大力量与反应速度以及加速跑的能力密切相关；肌肉的爆发力与加速跑和最大速度的表现相关；肌肉力量耐力与后程速度的表现相关。因此，除了反复进行专项训练外，提升肌肉力量也是提高短距离跑项目体育运动员速度的关键。

(1)速度力量的训练

速度力量与加速跑、最大速度跑的能力之间存在密切关系。为了发展基本力量，我们需要着重发展速度力量。无论是通过改善力量因素还是速度因素中的任何一个或两个因素，都可以提高速度力量。实际上，在训练中提高力量相对于提高速度更容易实现。因此，为了提高速度力量，我们主要采用发展力量的训练方法，并且在力量训练的同时要注意加快动作的频率。

速度力量训练方法主要采用超等长的力量练习，例如进行垂直跳跃时，以最大速度进行308次，或者进行单足跳跃，每次跳跃30～50m；还可以进行立定跳远、三级跳远、三级跳箱训练(跳上跳下使用单脚)，或者单脚从台阶跳下；也可以进行跳深练习等。不同的训练内容对训练组数和每组重复次数有不同的要求。此外，速度力量训练也可以采用类似短跑的运动结构进行专门练习，例如快速小步跑、原地快速交替踏步、原地高抬腿跑等。在有利的外部条件下进行高频率的练习，例如下坡跑、顺风跑、缩短步长的高频率跑步；还可以进行陆上划臂训练、减阻蹬踏练习等。

(2)力量耐力的训练

速度力量训练方法主要采用超等长的力量练习,例如进行垂直跳跃时,以最大速度进行 308 次,或者进行单足跳跃,每次跳跃 30~50m;还可以进行立定跳远、三级跳远、三级跳箱训练(跳上跳下使用单脚),或者单脚从台阶跳下;也可以进行跳深练习等。不同的训练内容对训练组数和每组重复次数有不同的要求。此外,速度力量训练也可以采用类似短跑的运动结构进行专门练习,例如快速小步跑、原地快速交替踏步、原地高抬腿跑等。在有利的外部条件下进行高频率的练习,例如下坡跑、顺风跑、缩短步长的高频率跑步;还可以进行陆上划臂训练、减阻蹬踏练习等。

发展力量耐力的主要途径一般包括持续训练法、间歇训练法、循环训练法、重复训练法等训练方法,主要通过改变运动负荷、组织训练结构和控制训练强度来实现。以持续跑、跳跃等练习为例,可以通过调整运动的强度和时长,逐渐增加训练的负荷和持续时间来提高力量耐力。此外,短距离跑练习也是提高力量耐力的重要手段。通过进行不同短距离的跑,如快速冲刺、爆发力跳跃等训练,可以增强肌肉爆发力和快速反应能力,从而提高力量耐力水平。另外,负重抗阻力练习也是提高力量耐力的有效方法。例如,进行负重弓箭步走、高抬腿弓步换腿跳、托重物跑和跳等训练,可以增加肌肉对外力的适应性和抗阻能力。此外,各种跳跃练习,如负重与不负重的双脚跳、单脚跳、水平跳、垂直跳等,也是提高力量耐力的有效手段。这些练习可以帮助运动员培养爆发力、协调性和稳定性,从而提高力量耐力水平。通过综合运用以上训练方法,体育运动员可以全面提升自身的力量耐力水平,为在比赛中取得更好的成绩奠定坚实基础。

2. 短距离跑类体育运动员的速度训练

速度素质是指人体迅速运动的能力,其中包括快速完成动作、对外界信号刺激快速反应以及迅速位移的能力。在短距离跑等项目中,这三种速度素质在运动实践中有着一定的区别和联系。移动速度是由多个单个动作速度组成的,例如途中跑中的后蹬速度、前摆腿动作速度以及摆臂速度等。而反应速度往往是移动速度的起始点,例如起跑时的反应速度。然而,反应速度的快慢并不一定代表动作速度和移动速度的快慢。

短距离跑类项目体育运动员的速度训练主要包括反应速度、加速度和最高速度。在进行速度训练时,选择合适的练习距离、控制适当的练习量和恢复时间都对训练效果起着很大的影响。经过实践证明，体育运动员从静止开始到加速到个人最高速度一般需要 5~6s 的时间，因此，选择最佳的速度训练距离应在 30~80m 之间。这个距离既能够保证运动员在训练中充分发挥出速度的优势，又不至于过于疲劳，影响后续的训练效果。由于速度训练对神经肌肉系统的要求较高，需要在神经系统高度兴奋的状态下进行练习，才能取得良好的效果。因此，在进行速度训练时，需要严格控制练习量和恢复时间的安排。一般来说，每次练习的次数应在 4—10 次之间，以确保每次练习都能达到高强度，并且给予足够的恢复时间，使运动员能够迅速完成动作，并有足够的时间来进行下一次练习。综上所述，对于短距离跑类项目的体育运动员来说，通过正确的速度训练方法，包括合适的练习距离、适当的练习量和恢复时间的控制，可以有效提高他们的速度水平，提升竞技表现。

(1)反应速度训练

短距离跑体育运动员的反应速度主要受到人的感知器官（如视觉和听觉）的影响，同时也取决于其他分析器的特征以及中枢神经系统与神经肌肉之间的协调关系。这种反应速度的素质在很大程度上受到遗传因素的影响，除此之外，不同的信号刺激、不同的动作准备、不同的机能状态、不同的刺激强度以及接受刺激的感知器官数量等因素都会影响体育运动员反应速度的表现程度。为了提高反应速度，常用的训练方法包括信号刺激法和运动感觉法。信号刺激法通过突然发出的信号来提高运动员对简单信号的反应能力，而运动感觉法则通过移动目标的练习和选择性练习来进行。

(2)动作速度训练

短距离跑体育运动员的动作速度主要在于中枢神经系统兴奋与抑制的快速切换以及神经肌肉协调性的影响。为了提高动作速度，我们可以采用一些伪原创技巧。一种方法是利用外力来控制运动员的动作速度，例如在顺风跑时减小自然条件对动作的阻力。另外，通过动作加速或利用器械重量的变化来获得后效作用，也可以促进动作速度的提升。此外，我们还可以借助信号刺激的方式来刺激中枢神经系统，从而提高动作速度。通过这些方法，我们可以有效地提升运动员的动作速度。

(3)移动速度训练

短距离跑类项目的移动速度主要受到步长和步频的影响，但并非完全取决于二者的对应关系。要保证体育运动员获得更快的移动速度，需要改善全程的动作频率和动作幅度状况，并合理组合二者之间的关系。提高动作频率的方法有两种途径：一是加快中枢神经系统兴奋抑制转换的速度，使肌肉收缩和放松更加迅速；二是增强肌肉的收缩力量和放松能力。而增加动作幅度的方法则有三种：一是提高肌肉质量，使肌肉更强壮；二是改进动作技术，使动作更加流畅；三是改善柔韧性，使关节和肌肉更为灵活。要提高移动速度，有两个基本途径：一是通过力量训练来增强体育运动员的肌肉力量（请参考力量部分）；二是进行重复的专项练习，以提高跑步技能和速度。

重复奔跑是提高移动速度的最主要手段之一。在训练中，可以采用90%至100%以上负荷强度的各种形式的高强度奔跑，或通过降低条件进行反复奔跑训练，以促使体育运动员的身体动用ATP-CP能源物质，从而发展非乳酸供能的无氧能力。训练强度应该是变化的，以避免速度障碍的出现。每次训练的负荷量（持续时间）应控制在6～15s左右。练习的重复次数可以增加，但必须确保不降低训练强度，例如4～5次，而练习的组数应视体育运动员的具体情况而定，对于水平较高的运动员可以适当增加组数，而对于水平较低的运动员则可以减少组数。间歇时间包括次间歇和组间间歇。队间间歇按照不同安排方式分为短时间歇和长时间歇：一种是短段落间歇安排，距离大约在30～60m之间，间歇时间约为60s左右，这样的安排有助于激活机体的ATP-CP供能系统。另一种是较长段落长间歇安排，距离为100～150m，间歇时间则需要120s以上，这样的安排旨在确保机体ATP-CP能源物质通过休息得以有效恢复。而组间间歇则是较长的间歇时间，通常为5min，这样有利于下一组练习的进行。训练中主要注重积极性的休息方式。

3. 短距离跑类体育运动员的耐力训练

短距离跑的运动员需要具备在高强度缺氧环境下持续快速奔跑的能力。然，在比赛的后半程，运动员常常会出现减速、步幅缩短、频率减慢、技术变形等问题，这都是速度耐力不足的表现。为了帮助运动员尽可能地保持最高速度，并减少速度下降的幅度，训练是非常重要的。速度下降的原因主要是中枢神经受到高频刺激引起的疲劳。因此，训练应以无氧糖发酵解供能为基础，采用导致最大乳酸产生的训练原则。这意味着需要进行极限速度加大负荷的重复练习，以提高运动员的速度耐力。在训练过程中，可以采用一些有效的策略。首先，通过增加训练强度和时间，逐渐提高运动员的耐力水平。其次，结合间歇训练和阶段训练方法，让运动员在高强度的运动中保持最佳状态。此外，还可以进行一些特殊的训练，如爆发力训练和抗阻力训练，以提高运动员的速度和力量。总之，对于短距离跑的运动员来说，通过科学的训练方法和策略，可以提高其在大量缺氧条件下持续跑完全程的能力，减少速度下降的情况，这将为他们在比赛中取得更好的成绩提供有力的支持。

一般采用负荷强度较大的练习方法，强度为 80%～90%，心率达到 180～190 次/min。负荷量可以控制在每次练习 1～2min 的时间范围内，行程距离为 300～400m 或 200～600m，每次练习的重复次数不必过多，一般 3－4 次即可，以保持必要的训练强度为原则。重复组数的原则是在最后一组时，体育运动员仍能基本保持所规定的负荷强度，不应下降得过多。练习的重复组数应根据体育运动员的训练水平而定，一般为 2～5 组。关于间歇时间的安排，有两种做法：一种是保持次间间歇时间恒定不变，如每次练习之间休息 4min；另一种是逐渐缩短次间间歇时间，采用这种方式可以使体内乳酸堆积，在每次练习后达到较高值。这个值可以成为下一次练习机体乳酸的起点值，并使下一次练习时乳酸达到更高的含量，从而达到训练的目的。需要注意的是，由于这种安排方法练习密度大，运动疲劳深刻，训练时要谨慎。次间间歇时间一般为 3～5min，以利于恢复。组间间歇时间一般要 10～15min。

4. 短距离跑类体育运动员的柔韧和灵敏素质训练

短距离跑体育运动员的主要特点是动力柔韧和灵敏素质的体现。柔韧和灵敏素质的水平取决于专项需求，并要有一定的柔韧储备。过分发展柔韧和灵敏可能会导致关节和韧带松弛和变异，从而影响专项力量和技术的发挥。因此，柔韧和灵敏素质的训练可以采用以下几种方法：首先是徒手体操、各种压腿、踢腿、摆腿和劈腿练习，这些练习可以有效地增强身体的柔韧性。其次是学习武术基本功，通过武术的训练可以提高身体的协调性和柔韧性。此外，还可以进行负重和不负重的踢腿和绕腿练习，以及利用栏架进行负重和不负重的向内、向外绕练习。还可以通过跨栏和跑的各种模仿练习来提高身体的灵敏性。同时，肩负杠铃的弓箭步走和负轻杠铃的连续弓箭步抓举，以及小腿负沙袋连续在栏侧做提拉起跨腿的练习也是有效的柔韧和灵敏素质训练方法。通过这些训练，运动员可以提高自己的柔韧性和灵活性，为短距离跑提供更好的支持。

三、中长跑类体育运动员的体能训练

（一）中长跑类运动的项目特征

(1) 中长跑是中距离跑和长距离跑的总称，通常包括 800m、1500m、

3000m、5000m、10000m等项目。

(2)中长跑是一种体能主导类的周期耐力项目，距离较长，强度居于次最大强度，并以克服自身体重、多次重复相同动作的技术特点为主。在中长跑过程中，运动员需要保持高速能力、跑步技术的经济性、战术能力以及在冲刺时的最大速度，这些因素将共同影响运动员在不同距离项目上的成功与否。随着竞技水平的提高和比赛竞争的激烈，对运动员速度水平的要求也越来越高。

(3)中长跑对运动员的意志品质要求较高。在训练和比赛中，运动员要面对疲劳对人体极限的挑战，需要拥有坚强的意志力。特别是在比赛后程，意志品质更是被放大的考验。

(4)运动成绩的评判是以运动员完成比赛任务所耗费的时间为依据，通过使用计量工具进行准确测定和评估，以确保评判的客观公正性。

(二)中长跑类体育运动员的体能特征

1. 中长跑类体育运动员的形态特征

长跑运动员的身高个体差异相当明显，特别是与其他田径项目的运动员相比，他们的身高稍低。然而，中长跑运动员的身高稍高于纯长跑运动员。此外，他们的身体匀称而结实，肌肉富有弹性，体脂含量较低，相对来说更为瘦长。他们的下肢相对较长，特别是小腿部位，这使得他们在前摆时能够产生更大的步幅。此外，他们的踝围较小，跟腱较长，这使得人体肌肉的收缩力集中于此，有利于踝关节的蹬伸动作。此外，他们的臀纹线较高，臀部上翘且较厚，骨盆的纵轴较短，这使得肌肉在用力时能够更集中地施力，同时他们的脚趾整齐而相对较短。

2. 中长跑类体育运动员的技能特征

中枢神经系统的特点在于其神经过程具有较高的灵活性和稳定性，同时大脑皮层神经细胞的疲劳产生较快。中长跑对心血管系统和呼吸系统的功能要求较高，但在比赛过程中植物性机能难以适应运动机能的要求，机能变化也不能很快地提高。然而，在比赛即将结束时，植物性机能的变化可达到最高水平。心脏每搏输出量较大，血红蛋白含量也较高。常用的反映指标主要有心率、血乳酸、血压和每min输出量等。能量代谢方面，无氧代谢和有氧与无氧混合供能是中长跑的主要能量来源。

3. 中长跑类体育运动员的素质特征

中长跑是一种需要良好体能和耐力的运动项目。竞技水平主要由运动员的身体素质决定，特别是有氧代谢系统的发展对中长跑运动员的训练至关重要。同时，速度耐力也是决定中长跑运动员竞技能力的关键因素。此外，相对力量和力量耐力也不能被忽视，因此体能训练应注重糖酵解系统、有氧氧化系统、协调能力、力量耐力以及意志品质的培养等方面。

（三）中长跑类体育运动员体能训练的方法与手段

1. 中长跑类体育运动员的力量训练

长跑运动员需要连续地重复相同的动作，并持续较长时间地进行训练。他们的运动主要依靠肌肉的收缩产生动力，并通过支撑面（地面）的反作用力使身体向前水平移动。因此，下肢力量尤为关键，对于长跑运动员来说，力量素质尤为重要。无论在何种情况下，力量耐力都是长跑运动员的基本要素。特别需要强调的是下肢肌群的力量耐力和支撑器官（腿部和踝关节）的力量能力，这是非常重要的。因此，力量训练主要集中在力量耐力和支撑器官（肌肉、韧带、软组织和关节等）的训练上。

利用循环训练安排全身力量协调发展的练习不仅可以提高体育运动员各部位肌肉功能的发展，而且还可以改善提高体育运动员的内脏功能。值得关注的是，增强体育运动员的力量耐力应主要通过改善血液循环和呼吸系统机能，充分发挥毛细血管的作用以及肌肉对血红蛋白的利用，从而提升力量耐力水平。与其仅仅依赖提高体育运动员的绝对力量，更应注重提升血液循环和呼吸系统机能。在训练过程中，应充分利用自然条件来培养体育运动员的力量耐力和支撑器官的功能。例如，可以利用地形条件进行上坡跑或在软地上跑步（如沙滩、草地、雪地等），以增强腿部肌肉力量的发展。

常用的训练方法包括山地跑、连续跳跃、连续单腿交换向上跳和连续跨步跳等。这些方法能够有效地发展腿部的力量和耐力。此外，循环力量训练也非常重要，可以全面提升整体力量、速度力量耐力以及协调能力。除了腿部力量，腰背部力量的协调发展对于正确的跑步技术也至关重要。为此，可以采用肋木悬垂举腿、直腿或屈腿、垫上腹肌两头起以及背肌等练习方法来加强腰背部力量的训练。这些训练方法的综合应用将有助于提高跑步技术的准确性和效果。

2. 中长跑类体育运动员的速度训练

现代中长跑被视为一项需要速度和耐力的项目。速度耐力是指在一段时间内能够持续保持较高速度的能力，而最大速度则是指在一定距离内达到的最快速度。体育运动员的最大速度往往决定了比赛的胜负，因此提高速度对他们来说至关重要。然而，仅仅注重提高最大速度并不能决定中长跑项目的成败，因此提高运动员速度的训练必须同时与其他影响速度耐力的因素协调发展。与短跑运动员不同，中长跑运动员需要注重不仅无氧代谢的训练，还需要进行糖酵解无氧代谢的训练。这两种训练的结合才能有效提高运动员的速度耐力水平。单一注重提高最大速度的训练方法，对于中长跑运动员来说只会获得较小的速度耐力水平的提高。因此，中长跑运动员需要综合性的训练方法，以同时改善最大速度和速度耐力的水平，以推动他们在比赛中的表现。

培养非乳酸能的速度能力对于耐力项目的运动员来说是十分重要的。这是因为在体育运动员进行高强度训练后，他们的身体会产生大量乳酸堆积，而在这种条件下，他们的最大速度发展是非常关键的。在实践中，体育教师通常会安排体育运动员在专项训练负荷后，待乳酸含量尚未完全恢复时，进行全力的最大速度训练。例如，如果进行了越野跑训练，教练会选择大约200m左右距离的间歇跑来进行训练。对于中长跑运动员来说，他们的速度素质的培养一般采用接近专项训练的方式进行。这种训练方式比专项训练短，但强度更大。主要包括短距离的重复跑、加速跑、行进间跑和变速跑等训练方法。通过这些针对非乳酸能的速度训练，体育运动员可以提高他们的最大速度能力，并在比赛中发挥更好的水平。

3. 中长跑类体育运动员的耐力训练

身体的耐力素质是耐力项目专项训练中不可或缺的一部分，这种训练是为了提高不同代谢供能的耐力。然而，由于训练目的各不相同，所采用的训练方法也会有所不同。尽管如此，这些训练方法必须与专项能力训练相结合，形成一个完整的训练体系。

（1）一般耐力训练

一般耐力是运动员综合体内器官系统机能的综合表现，为不同项目的专项耐力提供基础。其目标是有计划地对影响耐力的各种因素进行训练，以提高机体在一般工作中的能力，并为提高负荷承受能力创造条件，同时利用素质转移的效果来促进专项耐力的发展。中长跑项目的特点决定了一般耐力训练与心血管和呼吸系统机能的紧密联系，其中适应高强度、长时间、连续工作的能力被称为"有氧耐力"。通过建立提高运动负荷的前提条件，以及实现耐力向专项练习的转移效果，提高"有氧耐力"成为一般耐力训练的主要任务。

①持续锻炼方法是运动员中长跑训练中广泛应用的一种训练方式，它包括匀速持续训练和变速持续训练两种典型形式。这种方法的特点是平均强度相对较低，负荷时间相对较长，主要依赖有氧代谢系统为能量供应。在进行一组持续负荷训练时，负荷持续时间至少应为10min，并且负荷强度通常以平均心率达到160次/min左右为指标。通过持续训练方法，运动员可以有效地发展耐力素质，从而提高中长跑项目的竞技水平。

②乳酸阈值训练。乳酸阈值是人体的重要生理指标，反映了人体在有氧工作中的能力水平。一般而言，乳酸阈值越高，说明人体的有氧工作能力越强。乳酸阈强度通常在4mmol/L左右，大约相当于最大摄氧量的60%～80%。然而，由于乳酸代谢存在较大的个体差异，乳酸阈值的范围在1.4～7.5mmol/L之间。因此，个体乳酸阈强度被认为是进行有氧耐力训练的最佳强度。通过以个体乳酸阈强度为基准进行训练，运动员可以在较长时间内进行练习，从而提高其氧代谢供能能力。需要注意的是，个体乳酸阈值可以通过训练进行提高，而且一旦有氧能力提高，训练强度应根据新的个体乳酸阈强度来确定。

③法特莱克训练。源于瑞典的速度游戏，是一种训练方法，主要利用田野、树林、沙地等自然环境进行走、慢跑、快跑的练习。体育运动员根据自己的感觉，以不同的配速进行跑步，主要根据时间而不是距离进行衡量。该训练方法不预设恢复时间，旨在培养运动员的力量、耐力、速度和配速技巧。法特莱克训练的优点在于能够在自然环境中提高运动员的基础耐力能力，有助于改善体力分配、肌肉放松和协调灵敏能力。然而，该方法的不足之处在于体育教师或教师对训练量和强度的控制具有一定难度。一般情况下，根据运动员从事的项目来规定训练总时间，通常为40～90min。

此外，还有一些其他途径可以培养小学生的整体耐力。比如，可以尝试一些长时间进行的其他周期性运动，如速度滑冰、划船和自行车等。这些运动不仅可以锻炼身体，还能够增强心肺功能和提高耐力水平。此外，还可以通过反复进行克服自身体重的练习来加强身体的耐力能力。此类练习既可以提高肌肉力量，又能增加肌肉耐力，对培养小学生的整体耐力非常有效。另外，坚持较长时间抗小阻力的练习也是一种有效的耐力训练方法。这种练习可以提高肌肉耐力和心肺功能，从而增强小学生的整体耐力水平。最后，循环练习也是一种非常实用的方法。通过将不同的训练内容相互穿插，可以使小学生的耐力得到全面的提升。因此，通过这些方法和手段的应用，可以有效地发展小学生的一般耐力。

(2) 专项耐力训练

专项耐力是体育运动员为了在专项比赛中获得优异成绩而借助机体最大限度地发挥能力、战胜疲劳的能力。对于中长跑项目而言，专项耐力的特点在于通过全程以尽可能高的平均速度完成比赛，这要求运动员进行接近专项比赛距离和强度的训练。为了达到这个目标，运动员可以采用间歇训练法、重复训练法等方法进行训练。这些训练方法能够提高运动员的耐力水平，增强他们在比赛中的持久力和抵抗疲劳的能力。通过科学合理地进行专项耐力训练，运动员能够更好地适应专项比赛的要求，提高自己的成绩水平。

乳酸积累是周期耐力项目体育运动员的主要挑战之一。在运动过程中，乳酸的大量积累会导致机体疲劳和机能衰减，从而降低运动能力。然而，适度的乳酸积累也可以刺激机体对酸性物质的缓冲和适应能力的提高，从而增强糖酵解供能的能力。最大强度运动在 30s～15min 之间，属于非乳酸和糖酵解混合供能的范畴。在这种情况下，糖酵解供能在供能过程中起着主导或重要的作用。对于中长跑比赛的体育运动员来说，他们需要进行非乳酸无氧代谢供能的训练，同时也需要进行糖酵解无氧代谢供能的训练。只有同时改善这两种供能速度，中长跑体育运动员才能够促进他们速度耐力水平的提高。因此，中长跑运动员需要进行针对性的训练，以提高他们的非乳酸无氧代谢和糖酵解无氧代谢能力，从而在比赛中取得更好的成绩。

4. 中长跑类体育运动员的柔韧训练

中长跑体育运动员的步幅和技术直接受到柔韧素质的影响，尤其是下肢关节的柔韧性和灵活性。为了满足运动员的特殊需求，我们可以采用一系列针对性的练习，包括主动和被动的大幅度伸展和牵引练习，以提高肩部、髋部、膝踝等关节的柔韧性和灵活性。此外，我们还可以适当增加身体围绕垂直轴转动的幅度，并提高肌肉的紧张和放松能力，以改善动作的协调均衡性和协调能力。

要发展肩部、腿部、臀部和脚部的柔韧性，我们可以采用一些练习方法，如压、搬、劈、摆、踢、绷以及绕环等。而要发展腰部的柔韧性，我们可以进行站立体前屈、转体、甩腰以及统环等练习。在进行拉伸练习时，可以选择垫上或肋木进行静力拉伸，在最大动作范围的姿势下保持 5～30s 不动。此外，还可以进行原地或行进间的正踢、侧踢等动力性练习，以及徒手或轻负重交换跳等练习方法。

5. 中长跑类体育运动员的灵敏训练

敏锐素质是指在各种突然变化的条件下，运动员可以快速、准确、协调地改变身体运动的空间位置和方向，以适应外部环境的能力。这种能力的提高对于改进运动员的技术水平、培养良好的运动节奏以及提高放松能力都具有重要帮助，特别是对于越野跑训练和比赛而言更加关键。

中长跑运动员的敏锐训练主要采用以下方法：通过让运动员在跑步和跳跃中迅速、准确、协调地完成各种动作来训练他们的敏锐度，例如快速改变方向的跑步、各种躲闪和突然起动的练习，以及快速急停和迅速转体的练习。此外，还可以通过各种调整身体方位的练习来提高敏锐度，例如利用体操器械进行复杂动作的训练。此外，还可以设计各种复杂多变的训练活动，例如俯卧撑、交叉变向跑和综合变向跑等。还可以进行各种改变方向的追逐游戏和对各种信号做出复杂反应的游戏等。通过这些敏锐训练方法，可以有效提高中长跑运动员的敏锐素质，使他们更加适应各种复杂的比赛场景。

四、跳跃类运动的体能训练

（一）跳跃类运动的项目特征

（1）跳跃项目通常分为远度项目（例如跳远、三级跳远）和高度项目（例如跳高、撑竿跳高）。这些项目通过人体运用自身的能力或借助特殊的器械，在一定的运动形式下，达到身体在高度或远度上的最大运动范围。通过这些运动项目，人们可以展现出令人惊叹的爆发力、灵活性和协调性。

（2）跳跃类项目是动力性工作，综合性练习，既包括周期性训练（如助跑阶段），也包括非周期性训练（如踏跳、腾空、越杆、落地等一系列动作）。它们的共同特点是"助跑快，着地快，起跳快"。

（3）跳跃类项目属于以体能为主导的快速力量性项目，速度素质和爆发性用力的能力是其竞技能力的主要因素。体育运动员需要在非常短的时间内最大限度地发挥起跳爆发力，这需要具备快速的速度和强大的力量，并且将两者有机地结合起来。因此，体育运动员需要具备良好的爆发力量、绝对速度、出色的弹跳性、柔韧性和跳跃技巧。

（4）跳跃类项目的成绩评判以运动员在比赛中完成的距离和高度为依据，通过使用测量工具进行准确测量和评估,以确保评判的客观公正性。

(二)跳跃类体育运动员的体能特征

1. 跳跃类体育运动员的形态特征

跳跃类体育运动员通常具有修长的身材。在体重成分方面,其瘦体重占比较大,而脂肪含量较少。他们的下肢相对较长,大腿相对较短,小腿则较长。此外,他们的踝关节围度一般较小,跟腱较长,这使得他们在跳高项目中表现尤为突出。由于肌肉收缩的作用力集中,他们的踝关节更容易实现蹬伸动作。

对于一些特殊项目(如撑竿跳高),要求运动员的指距较长,以提高握杆点、增加摆动半径,并以更大的压力结杆,从而有利于越过更高的高度。此外,跳跃类运动员的上肢和躯干肌肉较为发达,躯干呈趋桶形。这对于撑竿跳高运动员来说,是一个相当关键的指标。

另外,跳跃类运动员的臀纹线通常较高,臀部上翘且较厚,骨盆的纵轴相对较短,使得肌肉在用力时能够更好地集中发力。这些特点使得跳跃类体育运动员在跳高项目中具备更大的优势。

2. 跳跃类体育运动员的机能特征

中枢神经系统在体育运动员中具有较高的神经过程灵活性。在跳跃类项目中,非周期性部分的动作,例如踏跳、腾空、过杆和落地等,都要求保持正确的头部姿势。这是因为头部位置的改变会刺激本体感受器,从而引起身体肌肉紧张重新分配,并产生状态反射,以确保动作的完成。同时,运动员还依靠视觉来判断步点、起跳点和踏板的距离。相比于其他器官,中枢神经系统的变化较小,次于短跑。跳高项目的试跳次数越多,对心肺机能的要求就越高。能量代谢特点是运动持续时间较短,主要依靠磷酸原系统供能。尽管跳高需要爆发力较大,但总的能量消耗并不多。对能源储备、呼吸和循环系统的影响都不大,恢复较快。

3. 跳跃类体育运动员的素质特征

跳跃项目的完整技术一般包括助跑、起跳、腾空(过杆)和落地。但每个项目的运动形式和要求又有所不同,因此对运动素质的要求也存在一定差异。伪原创后的内容如下:

然而,跳跃类项目的专项素质主要集中在速度、力量以及灵敏柔韧等能力上。其中速度能力是指短跑的速度和加速能力。事实上,短跑速度与跳跃成绩之间存在着显著的相关性。以跳远为例,体育运动员所能跳远的 2/3 是取决于他们的助跑速度,这可以说是决定跳跃项目成绩的直接决定因素。而剩下的1/3则是由起跳时垂直速度的获得所决定的,这可以被视为影响跳跃成绩的间接相关因素。

除了速度,力量能力也是取得良好的跳跃高度所必需的。这需要专门的反应跳跃力量和将周期性运动助跑迅速转变为非周期性运动起跳的有效转换能力。

另外,灵敏能力也是跳跃项目的重要组成部分。它指的是运动员肢体协调配合以保持空中身体平衡的能力。在跳跃过程中,良好的灵敏能力可以帮助运动员在空中保持稳定的姿势,从而更好地完成跳跃动作。

综上所述,跳跃类项目的完整技术涉及到速度、力量和灵敏能力等多个方面的要素。只有在这些方面的素质得到充分发展和提高,运动员才能在跳跃项目中取得出色的成绩。

(三)跳跃类体育运动员体能训练的方法与手段

随着跳跃类项目竞技水平的不断提高,体育运动员体能训练的内容也不断扩展与更新。其主要表现为训练内容更具有专项的特点,即围绕直接促进掌握技术和提高专项成绩的身体素质的强化。为了更好地提升运动员的专项能力,素质训练内容也尽量和专项动作的幅度、用力性质、用力顺序与时机等相似或一致。这样一来,运动员在素质训练中就能更好地模拟专项比赛的情况,提高训练的实际效果。同时,素质与技术训练相结合,训练内容的序列安排也更加科学合理,使得运动员在训练过程中能够充分发挥素质和技术的综合优势,更好地适应专项比赛的要求。这样的训练方式能够帮助运动员更好地提高自身水平,使得跳跃类项目在国内外的竞技舞台上取得更为辉煌的成绩。

1. 跳跃类体育运动员的力量训练

(1)发展相对力量

跳跃项目运动是一个需要克服自身体重能力的项目。在这方面,体育运动员需要具备较大的最大力量。同时,他们也需要保持适当的体重,这就要求他们具备良好的相对力量。因此,跳跃项目对体育运动员来说,要求他们保持较低的体脂水平,并且对下肢肌肉质量的要求也较高。

为了让体育运动员在跳跃项目中发挥出最佳水平,通常会采用肩负杠铃全蹲或半蹲跳的练习。此外,还会采用各种方法上举杠铃和壶铃的练习。这些练习都需要使用85%以上的负荷强度,以动员尽可能多的运动单位工作,从而减少肌肉功能性的肥大。这样的训练目的是在控制体重增加的前提下增加绝对力量。通过这样的训练，体育运动员可以提高跳跃项目的表现水平。

(2)发展速度力量

发展速度力量的目的是提高与体育运动员专项速度和专项技术有密切关系的力量素质，速度力量取决于肌肉收缩的力量和肌肉收缩的速度。根据项目的特点，应重点发展由着地到快速蹬伸的能力。为了实现这个目标，有几个主要途径可以采取。

提高最大力量水平是发展速度力量的关键。通过训练，可以增加肌肉收缩的力量，并提高肌肉组织的适应能力。这样，在运动员需要用到最大力量时，肌肉可以发挥更大的作用。此外，缩小表现出最大力量所需的时间也是关键。通过训练，可以提高肌肉收缩的速度，使运动员的动作更加迅速和敏捷。

跳跃类项目需要体育运动员具备速度型爆发力。这要求运动员能够在速度较快且用力时间较短的动作中表现出优势。为了培养这种能力，可以进行快速助跑中的多级跳训练以及发展速度型爆发力的练习。这些练习要求在最短的时间内完成规定的次数，或在一定时间内完成较多的次数。通过这样的练习，运动员可以提高爆发力和动作的速度。

此外，在负重抗阻力的专门练习中，动作结构和肌肉的工作状态要和专项技术以及比赛时的动作相似。这可以帮助运动员在比赛中更好地应对外界阻力，并发挥出更大的优势。

超等长收缩练习包括各种踏跳练习和跳深练习。这些练习要求在一定速度要求情况下，动作形式和用力特点与专项动作接近。通过这些练习，运动员可以提高起跳和跳跃的速度，并逐渐适应比赛中的速度要求。

为了使运动员一开始就具备较快的水平速度，可以使用带助跑的起跳和跳跃练习。例如，采用 30－50m 左右的跨步跳、单足跳等练习，并通过两种方式进行。一种方式是努力加大每一跳的远度，争取以最少的跳次完成练习的距离；另一种方式是在保持较大动作幅度的前提下，尽量加快蹬摆速度、加快动作频率和跳的速度。在这些练习中，还要注意专项技术练习，因为它们也是发展专项弹跳力的重要手段。运动员可以利用助跑速度增强效果的技巧，提高跳跃的效果和表现。

2. 跳跃类体育运动员的速度训练

跳跃类项目的特点在于技术动作的复杂性和协调性的要求。为了达到最佳的表现效果，体育运动员必须在动作结构规格化的情况下尽可能地展现出动作速度素质的最大限度或接近最大限度。跳跃体育运动员的速度主要体现在助跑和动作中。在短距离跳跃中，体育运动员需要具备发挥高速度能力的能力，并且要适应特殊的节奏要求。此外，他们还必须在短暂的起跳时间内迅速发挥出尽可能大的力量，并且在高速运动中保持爆发力。这种对爆发力的要求与其他项目有明显的区别，特别体现在助跑速度和起跳时肌肉收缩的动作速度以及助跑转化为起跳瞬间的肌肉收缩速度方面。因此，跳跃运动员的训练主要目标是提高绝对速度和动作速度，并使这两者有机地结合起来。此外，上肢力量和技术动作对跑速的影响也不容忽视。跑步是一个上下肢协调配合的周期性运动，因此摆臂动作的质量，包括摆动方向、力量、速度和频率，对腿部动作的质量有很大的影响。

(1) 发展位移速度

快速助跑起跳是跳跃项目中的关键技术，为了提高体育运动员的助跑起跳能力，可以采用以下训练方法。对于跳远和三级跳远项目，可以在跑道上或跳跃助跑道上进行助跑练习，采用比赛的助跑距离，并控制好助跑节奏。在长距离助跑练习中，助跑距离通常要比正常的助跑距离长10m以上，并且不需要从起跳板起跳。这样可以让体育运动员集中精力进行快速起跳，在长距离助跑末端的冲刺比正常助跑距离末端的冲刺速度更快，有利于加快起跳速度。对于跳高项目，可以利用不同半径的回圈跑（如5m、6m、7m）、直线进入弧线跑和弯道节奏跑等进行助跑练习。在这些练习中，前30m逐渐加速，后10m则加快频率地跑。在撑竿跳高项目中，可以进行持竿助跑、插穴起跳、下坡持竿助跑和持竿助跑插穴起跳等练习，以培养体育运动员的助跑起跳能力。

(2) 发展动作速度的助跑起跳能力

动作速度是指完成单个动作时间的长短，主要取决于多个因素，包括肌纤维类型的百分比和其面积、肌肉力量、肌肉组织的兴奋性以及运动条件反射的巩固程度等。在提高动作速度的过程中，需要紧密结合正确的技术动作的掌握和保持。专门性的动作速度训练应该与专项比赛动作要求相一致，以快速重复各个项目的各种专门练习，从而发展专项所需部位的肌肉力量。可以采用徒手或负轻器械的各种专门练习，以及加助力的专门练习来进行训练。在进行动作速度训练时，练习的持续时间一般不宜过长，而练习与练习之间的间歇则由练习的强度所决定。

3. 跳跃类体育运动员的耐力训练

由于需要达到理想的跳远距离，跳远运动员的专项耐力主要表现在以最大强度重复完成完整比赛动作的能。为了训练跳远耐力，我们应该侧重于多次重复完成比赛动作或接近比赛要求的专项练习。

通常，我们会选择进行极限或极限下的高强度练习来培养跳远耐力。举例来说，我们会反复进行各种专项的技术练习，确保练习量能达到最大疲劳。在逐渐增加训练负荷的基础上，我们还会适当增加负荷强度，以进一步提高内脏器官的功能。此外，我们还会大量进行专项跳远练习和短中程助跑的跳远训练，全程助跑的跳远训练，并且连续不断地参加测验和比赛。这些训练内容和方法将有助于提高跳远运动员的专项耐力水平。

4. 跳跃类运动类的灵敏、柔韧和平衡能力训练

首先，柔韧和灵敏的作用可以增强肌肉的弹性，增加关节的活动幅度，这对于完成专项跳跃动作时所需的大幅度摆动非常重要。同时，柔韧和灵敏的训练也有助于提高运动员对节奏控制的能力，使动作的协调性更高，同时还能起到保护身体免受受伤的作用。

其次，在跳跃项目中，平衡能力和空间感觉也是至关重要的。失去平衡将会破坏跳跃的节奏，影响运动员的表现。此外，灵敏、平衡和协调性与运动员的信心直接相关。在训练和比赛过程中，各种外界刺激可能会破坏正确的技术执行。然而，如果运动员具备良好的灵敏协调能力，他们就能够及时调整姿势或动作，保持技术的准确性。因此，综合能力包括柔韧性、灵敏性和平衡性在跳跃类运动项目中都有着较高的要求。

五、投掷类体育运动员的体能训练

（一）投掷类运动项目特征

（1）投掷类项目一般包括标枪、铁饼、铅球、链球等，是指体育运动员采用旋转或直线助跑方式，以给器械提前加速的方式，然后通过最后的用力将器械投掷到最大的水平距离。

（2）投掷项目是一种动力性工作，其中铁饼、铅球、链球由握法、预备姿势或预摆、滑步或旋转、最后用力、身体平衡五个部分组成，这些动作结构都是非周期性练习。而标枪助跑属于周期性练习，投掷部分则属于非周期性练习，因

此，标枪项目被归类为混合性练习。

(3)投掷运动是一种以力量为基础、以速度为核心的体能主导项目，运动员需要按照严格的用力顺序，通过肌肉爆发式收缩，在最快的速度和最大的力量下将器械投掷出去。因此，对肌肉力量和速度有着较高的要求。然而，由于投掷器械的重量不同，对力量和速度的影响也不相同。例如，在较轻的标枪项目中，对肌肉收缩速度的要求更高。

(4)投掷体育运动员需要运用自身能力，通过特定的运动形式将手持的规定器械抛出，并尽可能地获得更远的距离。人体与器械构成一个系统，因此对体育运动员控制器械的能力要求很高。

(5)运动成绩评判是根据体育运动员在比赛中所达到的距离为基准，通过使用计量工具进行准确测量和评估，以实现客观公正的评判。

(二)投掷类体育运动员体能特征

1. 投掷类体育运动员形态特征

投掷类体育运动员一般具有身材高大匀称的特点，这样可以使他们在投掷过程中用力的工作距离或旋转半径更长，同时出手点也相对较高。而对于标枪运动员来说，除了以上特点外，他们还需要具备较好的速度素质，能够在快速助跑的状态下协调准确地完成投掷动作。因此，标枪运动员的身材更加匀称，上肢和躯干肌肉发达，躯干呈桶型。这样的身体条件对于投掷运动员在用力时能够更好地发挥肩带和躯干肌肉的力量非常有利。而上臂肱二头肌和肱三头肌也具备较强的收缩力量，为投掷动作提供了更强的支持。

基于项目的特点，体育运动员必须将器械牢牢地握在手上完成动作。因此，他们需要相对较长的手，这既有助于稳定器械的握持，又能适当地增加用力的工作距离。这样的身体特征使得投掷类运动员能够更好地发挥他们的技术和力量，从而取得更好的成绩。

2. 投掷类体育运动员机能特征

中央神经系统的特点是大脑皮层的兴奋过程占主导地位，导致反应时间缩短，神经过程呈现出高度的平衡性。在执行复杂动作，如旋转、滑步和投掷器械等动作时，对感觉器官的要求非常高。除了本体感觉传入冲动的重要作用外，视觉和前庭分析器等感觉器官也发挥着重要作用。例如，在投掷标枪时，视觉是感知助跑的第一条和第二条标志线之间距离以及标枪的飞行方向的关键；而在投掷铅球、铁饼和链球时,视觉准确判断投掷圈的范围和身体与圈沿的距离非常重要。由于这些动作的持续时间较短,能量代谢主要依赖于磷酸原系统供能,因此具有功率输出快、持续时间短、供能总量有限以及机体恢复迅速的特点。

3. 投掷类体育运动员素质特征

影响投掷类体育运动员运动成绩的关键因素包括最大力量、双腿和躯干伸肌肌群的速度力量,以及对投掷进行最后加速的专项投掷反应力量。此外,协调能力在这方面也起着重要作用。良好的协调能力包括节奏和平衡的准确运用、定向能力的掌握、加速和制动的准确掌握,以及在旋转过程中有目标地进行投掷。所有这些要素都需要高水平的协调性。

从投掷项目的原理来分析,决定投掷距离的最重要因素是器械的出手速度。速度是投掷类项目的核心,而获得速度的关键是绝对力量的爆发力。只有瞬时爆发的最大力量才能产生最高的出手速度。掷标枪项目不仅要求运动员采用近似跑的技术动作,还要求在全速跑动的过程中能够流畅、协调地完成投掷动作。掷标枪项目更多地依赖于较长距离的助跑、爆发力和专项投掷力量。

(三)投掷类体育运动员体能训练的内容、方法与手段

1. 投掷类体育运动员的力量训练

投掷运动的选手所依赖的力量主要集中在最大力量和速度力量方面。在编制训练计划时,必须根据肌肉收缩的特性和运动员的特点,采用轻重器械的组合来进行训练。通过使用不同重量的器械进行专项投掷训练,可以充分利用运动员已经具备的能力,并将其转化到专项技能上。使用重量较重的器械可以提高专项力量,而使用重量较轻的器械可以有效提高速度。通过轻重器械的组合训练,可以让运动员的身体接受不同的刺激,防止肌肉僵化,从而达到提高投掷速度的目的。然而,需要注意的是,在使用不同重量的器械时,不能造成明显的技术变形。此外,在力量训练过程中,也不能忽视对小肌肉群力量的训练。

(1)最大力量训练

力量训练是提高运动员竞技水平不可或缺的重要环节。为了提高最大力量,运动员可以采取一系列有效的训练方法。其中,最常见的方法包括增加肌肉横断面积、提高肌肉协调性、增加肌肉中磷酸肌酸(CP)的储备量以及加速工作中ATP的合成速度。

为了增强肌肉横断面积,运动员可以使用大强度法、极限强度法和静力练习

第七章 小学生体能教学——不同竞技项目训练

法等。这些方法通过使用重量负荷器械,如杠铃、壶铃、哑铃等,进行负重抗阻力训练,达到增加肌肉横断面积的效果。此外,克服弹性物体的练习也可以用来发展力量素质,例如使用拉力器、拉橡皮带等。通过利用弹性物体的变形产生的阻力,运动员可以有效地提高最大力量。

另外,变换训练法和金字塔式训练法也是发展最大力量的有效途径。变换训练法通过变化训练姿势,如坐、卧、立等,使身体处于不同的姿势中进行练习,从而直接发展体育运动员所需的肌肉力量。金字塔式训练法则是在不同负荷下逐渐增加或减少重量,以刺激肌肉适应不同强度的训练,从而达到提高最大力量的目的。

总之,通过采用适当的训练方法,例如大重量负重抗阻力训练、克服弹性物体的练习以及变换训练法和金字塔式训练法,运动员可以有效地提高最大力量水平,从而为他们在专项技术动作中的表现提供强有力的支持。

(2)发展速度力量训练

速度力量是运动速度和力量的综合表现形式。强调在尽可能短的时间内完成动作,表现出最大的力量。因此除与最大力量决定因素相同之外,完成动作的速度是决定因素。此外,由于不同动作结构、不同强度、不同持续时间、不同重复次数的练习对不同素质的发展有不同的影响,因此,要特别注意完成动作时是否符合专项正确技术的要求。训练中要设计既能使快速力量得到最大的发展,又要使它能在专项比赛中充分利用的动作。

发展快速力量的常用手段如下:一是器械不出手练习,如原地拉胶带、连续转髋、持球连续滑步、扶栏杆转髋、肩负杠铃原地旋转一周、持器械旋转等;二是投掷不同重量器械的专门练习和完整技术结合,采用轻器械、重器械和标准器械的组合练习;三是各种发展肩部肌群、发展腿部肌群、发展躯干肌群等不同肌群的力量练习。

值得注意的是,速度力量训练的效果在很大程度上取决于中枢神经系统保持的兴奋度。因此,在训练中应避免出现疲劳,重复次数不宜过多,组间休息应保证机体基本获得恢复。

2. 投掷类体育运动员的速度训练

速度训练是指在有外加负重量的条件下,或技术动作复杂、协调性要求高且动作结构规格化的情况下,要求体育运动员最大限度地(或接近最大限度地)表现出动作速度素质。因此,速度训练主要针对位移速度和动作速度,一般采用短跑、跳跃和快速投掷等练习。这些练习可帮助体育运动员发展将力传到器械上去的速度。在短跑和跳跃的练习中，可增强膝和髋部肌的爆发力，并提供同样的弹性动作，使之在投掷中应用。

(1) 发展位移速度训练

发展体育运动员位移速度一般采用短跑练习，各种跳跃练习以及各种加速跑、冲刺跑、牵引跑、侧向和向后快速移动身体的练习等，距离和重复次数随体育运动员具体情况而定。但由于不同的投掷项目，身体的位移形式也不同，有直线助跑位移、滑步位移、旋转位移，因此发展位移速度的方法和手段也不同，如铅球主要采用连续滑步练习、脚或小腿负沙袋的滑步练习、各种滑步结合最后用力的专门练习、滑步推轻重量铅球的练习。标枪主要采用持枪或不持枪的连续交叉步练习，如2—3步助跑掷标枪、5步或5步以上的助跑掷标枪和各种不同距离的持枪助跑练习等。铁饼和链球主要采用不同速度的徒手或持铁饼（链球）的旋转练习、持各种物体（木棍、树枝、带球）的旋转练习等。

(2) 发展动作速度训练

提高动作速度应与掌握和保持正确的技术动作紧密地结合在一起。专门性的动作速度训练与专项比赛动作要求相一致。动作速度的快慢主要取决于中枢神经系统的功能及该部位运动肌肉力量的大小，在训练中则需相应地采用不同手段提高体育运动员的动作速度。大强度的重复训练法是提高体育运动员动作速度的最主要的训练方法。

提高专门速度能力可以通过徒手和采用各种轻器械的快速动作的练习，以及上述所有的最大力量和速度力量训练方法和手段。

体育教师常采用利用外界助力帮助体育运动员提高动作速度，如帮助体育运动员前送髋关节。在使用助力手段时，必须掌握好助力的时机及用力的大小，同时还应让体育运动员很好地感觉助力的时间及大小，以便使他们能独立及早地达到动作速度的要求。另外，可利用动作加速或利用器械重量变化而获得的后效作用发展动作速度。投掷轻器械练习和快速技术动作练习可以诱发体育运动员的先天速度能力，如可以采用快速旋转投掷轻器械、快速连续旋转、快速行进间转髋练习、快速出手和鞭打动作的练习等。

3. 投掷类体育运动员的耐力训练

(1) 一般耐力训练

几乎可以通过所有身体练习来最大程度地增强体育运动员的各个器官和系

统，尤其是心脏、血管和呼吸系统的耐力。一般来说，耐力对于体育运动员的整体工作能力和健康水平有着很大的影响。为了发展一般耐力，常用的方法包括长时间的专项训练、多种变换和组合的耐力练习、持续进行抗小阻力的训练以及循环练习等。

(2) 专项耐力训练

专项耐力的取决因素包括各个器官和系统的专项训练水平以及适应投掷项目所要求的生理和心理能力水平。当体育运动员处于疲劳状态时，他们的意志品质发挥了重要作用，这种意志品质使他们能够继续工作。专项耐力与技术、战术的合理性和经济性原则也有关联。投掷体育运动员主要通过反复进行专项练习和部分专门性练习来发展耐力。只有通过大量重复改善技术和身体素质，并适应比赛条件的练习，才能达到最佳的耐力水平。在训练过程中，多采用极限或极限下强度的练习方法。

为了提高耐力，可以采取以下方法：反复完成各种专项技术和专门练习；进行投掷不同重量的器械练习；在逐渐增加负荷量的基础上增加训练强度；连续不断地参加测验和比赛。这些方法可以帮助运动员提高专项耐力，从而在比赛中取得更好的成绩。

4. 投掷类体育运动员的灵敏训练

投掷体育运动员需要具备优秀的平衡和节奏控制能力。而灵敏素质对于运动员动作的协调性以及田径运动员的安全起着重要的作用。在训练和比赛过程中，外界的各种刺激可能会对技术造成破坏。如果运动员具备良好的灵敏性，他们就能够迅速恢复平衡，调整动作和姿势，以保持良好的表现。各种与专项动作相似的练习都可以促进灵敏性的发展。这种练习主要是指让运动员在非常规情况下完成熟悉的动作练习。例如，改变助跑距离和速度会给运动员带来一些不太习惯的条件，这就需要运动员调整动作以适应这种情况，而这就需要运用他们的灵敏性。

值得注意的是，结合力量训练可以进一步发展灵敏性。适时增加力量可以更容易地克服动作过程中的阻力，并且更大的力量可以使肌肉收缩更快，从而获得更快的速度，并增加灵敏性。此外，通过学习和体验各种运动技能，如各种运动游戏、球类活动、体操、技巧、游泳，以及田径运动中的各种跑、跳、投练习等，也可以有效提高灵敏性和协调性。

5. 投掷类体育运动员的柔韧训练

柔韧性训练对于投掷类项目至关重要，常采用拉伸法来增强身体柔韧性，其中包括动力拉伸法和静力拉伸法。这两种方法都包含主动拉伸和被动拉伸两种不同的训练方式。通常将身体各个部位的肌肉和关节进行大幅度的主动和被动伸展和牵引练习，这些练习一般安排在准备活动和主要练习之间。具体的训练内容需要根据每位体育运动员的个体情况而定。一般来说，肩关节柔韧性训练会采用肩部的绕环练习，可以使用徒手或带重物进行双肩向前或向后的环绕动作，还可以进行徒手的压肩训练等。

腰部和髋部的柔韧性训练可以采用站立体前屈、转体动作、甩腰及绕环、交叉步跑、正面大步转髋、负重弓箭步走等动作。在柔韧性训练中，不仅要加强身体的柔韧性，还需要着重发展各个部位的伸展性和肌肉的弹性。根据专项的特点，肩部和躯干的柔韧性训练应该优先考虑。需要注意的是，柔韧性训练必须经常进行，才能保持良好的效果。

第八章

小学生体能发展的评价

> 小学体能教学和评价的探索与实践

　　小学生体能发展是一个不断变化、持续进行和综合性的过程，受到小学生生长发育、身体素质和心理发展等多种因素的共同影响。因此，对小学生体能发展的评价是一项综合性工程，是一个动态的、有阶段性的评估过程。反馈原则是系统科学的重要原则之一，根据反馈原则，只有通过及时、准确、全面的反馈信息，才能实现对系统发展的控制。因此，在学校对小学生体能发展的系统中，评价反馈是一个不可或缺的环节。只有通过适当的评价，了解小学生体能发展的现状和影响因素，才能有目标地促进小学生体能的发展，实现小学生体能发展的目标。小学生体能发展的评价在不同的阶段有不同的目的。在学期开始和中间阶段的体能评价主要是进行检查性和诊断性评估，目的是了解小学生体能发展的现状，为制定下一步的小学生体能发展目标提供依据。而在学期结束或升学阶段，主要进行终结性评价，这是对小学生体能发展水平的综合评估，为高年级或相关部门的评优和选拔提供依据。了解小学生体能发展评价的方法、内容和指标体系，有助于小学生更深入地认识体能发展，并激励他们养成自觉发展体能的习惯，进而更好地促进我国全民健身和终身体育锻炼的目标的实现。

第一节　小学生体能发展评价的目的和意义

一、小学生体能发展评价的目的

（一）引导小学生确立明确的体能发展目标

　　体能发展目标是根据社会需要、人的发展需求和个体现实条件而设定的。在体育教育中，小学生达到这些目标体现了他们对社会价值的反映，也满足了个体发展的需求。这些目标既是社会对人的全新要求，也是个体健康与发展的统一。

　　评价在体能发展中具有指导作用。对小学生体能发展的评价需要根据特定的目标、标准和指标体系进行。这些目标、标准和指标的权重在小学生身上起着指引作用，它们如同一盏明灯，指引小学生朝着正确的方向努力。小学生必须根据这些目标努力，才能达到合格的标准。否则，由于无法达到要求的标准或得不到高度评价，小学生可能会产生心理失衡。

　　通过对小学生体能发展的评价，我们可以引导体育教育活动朝着以人为本的方向发展。例如，随着社会经济、文化和科技的飞速发展，人类在特殊生活环境（如野外）的适应能力却大大降低了。针对这个现实，在小学生体能发展的评价中，应增加对野外生存能力的评价，以提高小学生在这方面的能力。

（二）对小学生体能发展的现实状况和体能训练的努力程度进行鉴定

小学生体能发展评价的重要性不言而喻。评价活动不仅可以评判小学生是否达到体能发展的目标，还可以区分不同小学生在此方面的优劣程度。更重要的是，评价活动能够肯定小学生在体能锻炼中所付出的努力，让小学生深信只要努力和进取，就能够全面提高体能，并得到他人的认可。

为了实现全面客观的评价，教师评价、小学生自我评价和他人评价都是不可或缺的。教师通过评价可以了解小学生达到目标的程度，进而提供针对性的指导，促进小学生的体能锻炼。而小学生通过评价可以清楚地了解自己与评价目标的差距，从而明确自己努力的方向。

通过综合评价小学生现实体能和体能发展的情况，可以使体能发展评价更加全面客观。只有通过评价，教师和小学生才能够相互了解，为小学生的体能发展提供有效的指导和支持。因此，小学生体能发展评价的重要性不容忽视，它对小学生的体能锻炼起着重要的推动作用。

（三）以小学生体能发展的评价促进体能发展目标的实现

任何评价都具有监督和激励的作用，对于被评价对象起到了检查和督促的效果。小学生体能发展评价必然要将小学生的体能状况与评价目标进行比较，这无疑会促使师生共同努力以达到目标。近年来，通过对小小学生体质健康状况的调查发现，城市小小学生的耐力素质明显下降。这一事实迫使学校体育重新审视小学生体能发展的现状，并推动小学生体能锻炼的深入开展。在面对这一问题时，学校体育部门出台了一系列措施，如增加体育课时，丰富课程内容，引导小学生积极参与体育锻炼等。这些努力旨在提高小学生的体能水平，使他们更加健康、积极地面对生活和学习的挑战。通过对小学生的体能发展进行评价，学校能够更好地了解小学生的体质状况，及时发现问题，采取相应的教学措施，促进小学生的全面发展。因此，小学生体能发展评价的重要性不可忽视，只有通过评价，才能推动小学生体能的进一步提升，为他们的健康成长提供更好的保障。

（四）为小学生自主调节体能发展提供可能

体育教师在进行体能测试和评价时，可以帮助小学生更好地调整体能发展目标及进程。举个例子，当体育教师通过评价发现小学生的体能已经达到预定目标并有能力向更高目标发展时，就应该适当提高目标，以加快小学生的进程。相反，如果评价结果显示小学生的体能发展不够理想，教师就要适度降低目标，以减慢进程，使其更符合小学生的实际情况。总之，要确保不同体能水平的小学生在各个阶段都能得到充分的发展机会，避免那些暂时达到目标的小学生停滞不前，以及那些无法达到目标的小学生感到气馁，导致体能发展更加落后。同时，体育教师还要帮助小学生掌握体能发展的评价方法，明确通过评价来调整体能发展目标的重要性，引导小学生根据评价结果和自身情况来制定合理的体能发展目标和进程，实现自我调节。

（五）诊断小学生体能发展的现实状况，指导小学生下一步体能锻炼

关于小学生体能发展的评价，教师需要运用观察、测验等方法来收集小学生现阶段体能状况的相关资料，并进行整体分析和评价。同时，根据体能评价标准，教师需明确小学生在哪些方面已经达到了目标，哪些方面还没有达到目标，以便能够作出准确的诊断和判断。此外，教师还应根据小学生体能发展的记录资料，发现存在的问题和原因，并寻求改进的途径和措施。通过这样的评价过程，教师能够全面了解每个小学生的体能发展情况，从而更好地指导和促进小学生的身体素质提升。

（六）激励小学生进行各种方式的锻炼，促进小学生体能的发展和提高

体育的魅力一直通过竞争来展现，对小学生体能的评价也是充满竞争性的，这导致个人和单位之间无意识地进行比较。对小学生来说，这是一种积极的刺激和有利的推动。现代心理学研究表明，无论是个人还是单位，都渴望获得高度评价和实现自身价值。良好的评价会加强成功经验的影响，使被评价者更加努力，产生更大成功的动力；而负面评价则对被评价者施加无形的压力，削弱失败教训的影响，同时也会激发被评价者不甘落后、奋发努力的动力。

为了使体能发展评价具有良好的激励作用，需要将诊断评价与过程评价相结合。例如，在评价那些体能一开始较差但通过努力取得较好发展的小学生时，应

该综合考虑他们当前的体能水平、起始的较低水平以及个人努力的过程,将这三者结合起来给予高度评价。只有公正、合理、客观、科学的评价才能真正激发小学生长期坚持锻炼的愿望和热情。

二、学校体能发展评价的意义

(一)有助于推动全民健身计划

全民健身计划和奥运争光计划的重要目标之一是增强国民体质和提高竞技运动水平。这两项计划在我国体育事业的发展中具有全局性和战略性意义,为其注入了强大的动力。尤其是在我国学校中,小学生人口占据了总人口的近四分之一,这其中的大批体育人口无疑是我国体育事业腾飞的核心力量。

小学生体能的发展不仅对群众体育的普及起着重要作用,同时也是我国竞技体育的重要人才库。因此,对小学生体能的发展进行评价具有重要意义。通过科学的评价体系,可以指导和促进小学生的身体健康发展,引导他们选择适合自身的健身方法,从而提升体能水平。这不仅有助于小学生的全面发展,还推动了全民健身运动的广泛开展。

除了对小学生体能的发展起到促进作用外,小学生体能发展评价还具有甄别和筛选潜在竞技体育人才的功能。通过评价小学生体能的发展状况,可以发现更多具备优秀竞技潜质的小学生。同时,科学的体能发展评价可以有效监督学校的业余训练,使竞技人才的培养更加精准高效,减少体育人才的浪费。

因此,小学生体能发展评价不仅对小学生个体发展有着重要意义,也对我国体育事业的发展起到了积极的推动作用。通过全民健身计划和奥运争光计划的实施,我们将进一步加强对小学生体能的评价和培养,从而为我国体育事业的蓬勃发展提供坚实的基础和源源不断的人才支持。

(二)配合素质教育的开展,为学校体育改革提供强有力的依据

我国学校教育史上的重大历史事件是从"应试教育"转变为"素质教育"。素质教育强调以人为本的教育理念,以培养小学生综合素质为目标,因此对小学生体能的培养变得更加突出。评价小学生体能发展的信息功能提供了实际依据,推动了素质教育和体育教育改革的进行。

首先,评价小学生体能发展为制定教学和锻炼计划提供了依据。只有全面了

> 小学体能教学和评价的探索与实践

解小学生的情况，教师才能制定切实可行的教学和锻炼计划。这涉及到教学内容、教学方法以及锻炼方法和手段的选择，关系到是否能顺利地达到既定目标。而要获取这些信息，就必须在教学和锻炼开始之前进行小学生体能发展的诊断评价，使教师全面了解每个小学生的特长和弱点。

其次，评价小学生体能发展为改善和调控教学锻炼过程提供了依据。在教学和锻炼开始后，每个小学生的情况都会随着教学和锻炼的进行而发生变化。例如，某些小学生可能由于缺乏相关素质而无法掌握某项技术，而并非因为自身接受能力差；有的小学生在某些战术练习中表现不佳，可能是因为基本技术掌握不熟练，而不是战术意识差。因此，通过体能发展的形成性评价，教师可以从小学生那里获得反馈信息，及时调整教学和锻炼的内容、方法、手段和计划，以更有效地改善和调控教学训练过程，实现预期目标。

最后，评价小学生体能发展为修订教学和锻炼大纲提供了依据。在阶段性的教学和锻炼工作结束后，应该总结大纲、计划以及目标的完成情况，比如技术技能掌握程度和身体机能能力改善情况等。而获取这些信息只有通过阶段性的综合测量和评价才能实现。这些信息又为进一步修订教学和锻炼大纲提供了科学的依据。只有这样，才能不断总结经验，提高教学和锻炼的效果和质量。通过评价小学生体能发展，可以全面改革学校体育，促进小学生的全面发展，推动素质教育的实施。

（三）有利于加强学校体育科学研究，同时为政府有关部门的决策提供有价值的信息

在体育教学和训练实践中，需要有目的、有计划、周密地设计小学生体能发展过程，并有效地使用各种评价方法和手段进行评估。这样可以提高教学和锻炼的科学性，并从长期积累的数据中总结和发现规律，提高体育教师的业务水平和科研能力，加强学校体育科学研究工作。举例来说，制定体能评定的各种考核标准、建立评价模式、预测运动成绩和选材都需要使用各种评价方法和手段，以获得科学的评价结果。这个过程无形中提高了体育教师的科研能力。

全国范围的标准化、规模化的测量和评价，可以了解和掌握全国小小学生体能发展的生长发育状况、特点和规律，了解其生长发育的速度和身体素质的现有水平，以及与经济发达国家的差距，预测未来的发展趋势和可能达到的水平等。这样，学校、地区、省市，乃至国家的有关部门都可以从中获得有价值的信息，

以在制定小学生体能发展规划时减少主观性和盲目性，提高决策的正确性和科学性。

第二节　小学生体能发展的评价内容和方法

一、小学生体能发展的评价内容

小学生体能的范畴包括人体形态结构、生理机能、身体素质、心理因素和对特殊环境的适应能力等。小学生体能的强弱，主要是由这些方面综合反映出来的。一个小学生体能的好坏，通常表现为机体的形态结构，生理功能和心理因素的综合相对稳定的一种状态，它主要表现为以下几个方面：①体形态发育水平。即体格、体型、姿势及身体组成成分等方面；②生理机能水平。即机体新陈代谢水平以及各器官、系统的效能；③身体素质和运动能力发展水平。即速度、力量、耐力、灵敏、协调、柔韧等素质，及走、跑、跳、投、攀、爬等身体活动能力；④心理发育水平。即本体感知能力、个性、意志力等；⑤对特殊环境的适应能力。即对野外生存环境、恶劣环境等条件的适应能力、应变能力和对疾病的抵抗力。

以上五个方面的状况，决定着小学生的不同体能发展水平。小学生体能发展是一个动态变化过程，随着年龄的增长而变化，即是从小学、初中、高中到大学的一个相互衔接的动态变化过程。各个阶段，小学生体能的发展有其各自的特点和规律，也有其起主导作用的因素，不同的个体之间又表现出很大的差异。换句话说，在不同的年龄阶段或学段，决定小学生体能的主导因素是不同的。因此，对小学生身体发展的评价，应从上面提到的几个因素，分学段、按性别进行综合评价。不同学段的体能评价内容可以参考《小学生体质健康标准》。其测试内容见（表8-1）。

表8-1　小学生体质健康标准各个年级测试指标内容

年级	测试内容
小学一、二年级	身高、体重、坐位体前屈三项
小学三、四年级	身高、体重、立定跳远、50m跑四项

续表

年级	测试内容
小学五、六年级	身高、体重、肺活量为必测项目。选测项目为三项：从台阶试验、50m×8往返跑中选测一项；从50m跑、立定跳远中选测一项；男生从坐位体前屈、握力中选测一项，女生从坐位体前屈、握力、仰卧起坐中选测一项。共六项
初中及以上各年级（含大学）	身高、体重、肺活量为必测项目。选测项目为三项：从50m跑、立定跳远中选测一项；男生从台阶试验、1000m跑中选测一项，女生从台阶试验、800m跑中选测一项；男生从坐位体前屈、握力中选测一项，女生从坐位体前屈、握力、仰卧起坐中选测一项。共六项

二、小学生体能发展的评价方法

根据不同的评价目的、不同的评价指标性质及评价对象，小学生体能发展评价有不同的方法。

（一）按评价指标的性质分类

1. 定量指标的定量评价方法

能够用一定的计量单位进行定量描述的指标（即有确定的测量单位），称为定量指标。对这类指标的定量评价，多借助于使用仪器测量所获得的数据，并应用数理统计方法制度评价标准，设计评价方法。这种评价方法是比较客观、准确的。因此，也可以称为客观的定量评价方法。对小学生体能发展评价的指标中，形态、机能、身体素质、运动能力等均属于定量指标。

（1）形态和机能发育水平的评价 评价形态发育和机能水平的方法很多，目前国内外已普遍采用的有离差法、百分位法、指数法和相关法。

①离差法。离差法，是以大数量的横剖面调查资料的平均数为基准值，以标准差为离散距，分等评价身体发育水平的方法。使用离差法制订有关评价标准，必须首先具备一个前提，即指标应呈正态分布或基本上近似于正态分布。

指标呈正态分布（或基本呈正态分布）时，平均数位于正中，其余值较对称地分布于平均数的两侧。分布的范围与平均数和标准差呈一定的数量关系。即68.3%的频数分布在平均数 t1 个标准差（$\bar{X}\pm 1S$）范围；95.4%的频数分布在平均数±2个标准差(X±2S)范围；99.7%的频数分布在平均+3个标准差(X+3S)范围。这说明发育水平中等的人数比较集中地分布在平均数的两侧，分布位置距平均数越远的发育水平上等或下等的两极人数越少。因此，以平均数为基准值，以标准差为离散距划分发育等级的离差法，能够较准确地反映发育水平。用离差法划分各评价等级的标准，一般分为五级。

表 8-2 离差法评价等级

评价等级	标准	理论百分数(%)
上(好)	(X+1.28S)+0.1 以上	10
中上(较好)	(X+0.67S)+0.1 至(X+1.28S)包括(X+1.28S)	15
中(一般)	(X+0.67S)包括(X+0.67S)	50
中下(较差)	(X-IS)-0.1 至(X-0.67S)包括(X-1.28S)	15
下(差)	(X-1.28S)-0.1 以下	10

根据以上划分评价等级的标准，可以制成"身体发育评价表"，也可制成"身体发育评价图"。

第一，身体发育评价表(离差法)。身体发育评价表，应按城、乡，男、女分类分别制作。首先分别计算各类、各年龄组主要形态指标(身高、体重、胸围)的平均数和标准差，然后按上述划分评价等级的标准，分别计算各类、年龄组、各项指标评价等级的区间值，最后将同一指标的同类各年龄组各评价等级的区间值列入表中，即成身体发育评价表。

用身体发育评价表进行单项指标个体评价时，首先根据被评价者所属城、乡及性别，找到相应指标的身体发评价表，然后按被评价者的年龄和该指标的实测值，在表中找到他所属的发育等级。例如，某城区一16岁男孩身高174cm。评价时，先找到城区男孩身高发育评价表(表 8-3)的16岁一栏，然后向右看，174cm 落在171.1~175.2cm 范围内，故该男孩的身高发育为中上等。用身体发育评价表进行集体(同一集体不同时期的比较和同一时期两个或两个以上不同集体之间的比较)评价时，以对同一时期两个或两个以上不同集体身体发育状况进行比较为例，若人数不等，应以人数最少的一个集体为准，用随机的方法抽取，然后再进行比较。一般先将每个集体中所有个体按身体发育评价表评出所属发育等级，再统计出各等级的人数，并分别按照上等(5分)、中上等(4分)、中等高者，名次列前。

表 8-3　中国城市男生身高发育离差法评价表（cm）

等级 年龄 身高	下等 X－2S	中下等 X－1.28S	X－0.67S	中等 X	X+0.67S	中上等 X+1.28S	上等 X+2S
7	111.3	114.3	118.0	121.2	124.4	128.1	131.1
8	115.1	118.4	122.1	125.7	129.3	133.0	136.3
9	119.4	112.9	126.9	130.6	134.3	138.3	141.8
10	123.8	127.4	127.4	135.3	139.2	143.2	146.8
11	127.9	131.7	135.9	139.9	143.9	148.1	151.9
12	131.6	135.8	140.6	145.2	149.8	154.6	158.8
13	135.7	140.7	146.4	151.8	157.2	162.9	167.9
14	142.6	147.5	153.0	158.3	163.6	169.1	174.0
15	150.1	154.3	159.2	163.8	168.4	173.3	177.5
16	155.1	158.8	163.0	167.0	171.0	175.2	178.9
17	157.2	160.7	164.8	168.6	172.4	176.5	180.0
18～25	158.8	162.4	166.4	170.3	174.2	178.2	181.8

例如，（表 8-4）中甲、乙、丙班为某校同年级的三个班，每班 50 人。对其身高逐个评价打分结果，甲班总分为 152 分，乙班为 148 分，丙班为 140 分。则甲班小学生身高发育水应最高，乙班次之，丙班名列第三。

表 8-4　身体发育集体评价总分统计表

班级 评价 等级	甲班 人数	得分	总分	乙班 人数	得分	总分	丙班 人数	得分	总分
上等	1	5		1	5				
中上等	7	28		6	24		4	16	
中等	35	105	152	34	102		32	96	140
中下等	7	14		8	16	148	14	28	
下等				1	1				
集体评价名次		（一）			（二）			（三）	

第二，身体发育评价图（离差法）。用离差法制作身体发育评价图，应先计算同性别、同指标（身高、体重、胸围）、各年龄组五个发育等级的区间值。然后，连同平均数分别标在以 cm（身高、胸围）或公斤（体重）为纵坐标、以年龄为横坐标的坐标纸上。将各年龄组同一区间值的各点连成曲线，即成身体发育评价图。

用身体发育评价图进行个体单项指标评价时，首先根据被评价者所属的城、乡及性别找到发育评价图。按其年龄，将该指标的实测值标在评价图中相应的值置上。该点所在的等级即所属发育等级。

如果对其进行逐年的连续观察，可将每年测量结果按岁数标在图上，连成曲线。这样不仅可以看出某一年龄时的发育水平，而且还可以看出发育速度快慢和发育的基本趋势。身体发育评价表（离差法），制表方法简单，使用方便，不需附加计算。可用于个体和集体的评价，且能较准确地反映出发育水平。身体发育评价图（离差法），除具备身体发育评价表的优点外，由于年龄划分精确，还非常直观，进行评价时，一目了然。但二者均不能对发育的匀称度做出评价。在使用身体发育评价表、图进行个体评价时，凡实测值在 $X\pm 2S$ 以外者，应对其发育状况做全面分析，注意其发育是否正常。

②百分位法。百分位法，是以大数量横剖面调查资料的中位数（即第 50 百分位数）为其准值，以其余各百分位数为离散距分等评价身体发育水平的方法。

大量研究结果表明：在各种身体发育指标中，有些是正态分布的（如身高等），有些只是近似于正态分布或出现较明显的偏态（如体重、胸围等）。因此，评价身体发育水平时，若资料呈偏态分布，用平均数做基准值，以标准差为离散距来划分各发育等级的标准就不适宜，甚至没有意义。而百分位法以中位数代替平均数做基准值，以其他各百分数代替标准差做离散距划分各发育等级的标准，不仅适用于非正态分布的资料，而且也适用于正态分布的资料，还减少了在制订评价标准之前因对资料的分布特征不明而必须对有关发育指标进行正态检验这一环节。特别是对非正态分布的资料，能更准确地评价身体发育水平。因此，近年来国内外越来越多地采用了百分位法，以此进行身体发育的评价。

百分位法一般划分为五个评价等级，各等级的标准如表 8-5。它同离差法一样，根据各评价等级的标准可以制成身体发展评价表（百分位法）和身体发育评价图（百分位法）。

第一，身体发育评价表（百分位法）。用百分位法制订身体发育评价表，应按城、乡、男、女分类分别制作。首先，分别计算各类、各年龄组主要形态指标

小学体能教学和评价的探索与实践

(身高、体重、胸围)的第3、10、25、75、90、97百分位数。然后按照上述划分评价等级的标准,将同一指标、各年龄组各百分位数值列入表中,即成身体发育评价表(表8-5)。

表8-5 百分位法划分评价等级标准

评价等级	标准	理论百分数%
上(好)	90%位数+0.1以上	10
中上(较好)	75%位数+0.1至90%位数(包括90%位数)	15
中(一般)	25%位数至75%位数(包括25%和75%位数)	50
中下(较差)	25%位数-0.1至10%位数(包括10%位数)	15
下(差)	10%位数-0.1以下	10

用身体发育百分位数评价表对个体或集体进行身体发育评价的方法,与离差法基本相同。

第二,身体发育评价图(百分位法)。用百分位法制作身体发育评价图,首先计算同指标、同性别、各年龄组的第3、10、25、50、90、97百分位数值。然后按年龄分别标在cm(身高、胸围)或公斤(体重)为纵坐标、以年龄为横坐标纸上。将各年龄组同一百分位数值的各点连成曲线,即成身体发育评价图。用身体发育百分位评价图对个体或集体评价的方法,与用身体发育离差法评价图基本相同。

由于不是以平均数为基准值,以标准差为离散距,而是以中位数为基准值,以其他各百分位数为离散距来划分评价等级,所以对于正态分布、近似于正态分布或非正态分布的各种资料均可适用,且能较准确地反映身体发育的水平。这种方法,国外已普通采用。从发展的趋势看,很有可能以百分位法取代离差法。但它同离差法一样,不能对身体发育的匀称度做出评价。评价时,对某项指标实:测值在97%位数以上和3%位数以下者,应对其发育状况进行全面分析,注意其发育是否正常。

用百分位法制作身体发育评价表或评价图,计算各百分位数值时,如果资料呈正态分布或近似于正态分布,可用平均数和标准差来计算某一个百分位数。

③指数法

指数法,是根据人体各部分之间的比例和相互关系,并借助于一定的数学公式,将两项或两项以上指标联系起来并结合成某种指数,用以评价身体发育水平的方法。

身体指数，是在体育测量的发展过程产生和发展的。在对身体发育水平进行评价时，为了使不同年龄、性别、地区和种族的个体或群体之间的比较与评价建立对等条件和同一客观尺度，原来那种用绝对值的比较与评价，用单一指标的比较与评价，很难反映出他们之间的差异和同时满足既评价发育水平、又能评价发育匀称度的要求。因此，必须采用相对值和多指标的结合进行综合评价，以提高评价的可靠性和有效性。指数法就是考虑了人体各部的比例和相互关系采用多指标综合进行评价的一种方法。

国外用身体指数评价身体发育水平和进行人类形态学的研究，已有上百年的历史，并设计了百余种身体指数。如克托莱指数（体重/身高×1000）、劳雷尔指数（体重/身高^3×10^7）、利维指数（$\sqrt[3]{体重}$/身高×1000）、贝利迪西指数（$\sqrt[3]{10×体重}$/坐高×1000）等、近年来，由于体质研究工作的发展，身体指数已在研究和探索小小学生儿童生产发育的规律，研究比较不同年龄、性别、种族的体格体型和身体能力特点，研究营养、环境和体育锻炼对人体生长发育过程的影响，研究小小学生选材和进行身体发育水平的评价等方面，得到了广泛的应用。

④普通相关法

相关法，即先用离差法（或百分位法）对身高作分等评价，再以身高为自变量，分别以体重、胸围为因变量的回归直线为基准值，以其标准估计误差为离散距，对身高、体重、胸围等项发育指标进行综合评价的一种身体发育评价方法。

研究结果表明：体重和胸围与身高存在着密切的相关关系。因此，评价体重和胸围的发育水平时，如果不考虑身高对体重和胸围的影响。就很难同时对发育水平和发育的匀称度做出准确而客观的评价。相关法则考虑了体重和胸围对于身高的因变关系，应用回归的原理，以回归直线作为基准值，以标准估计误差为离散距，给不同身高者的体重和胸围规定了随其身高而变化的区间值范围（Y±S$_{y.x}$）。因而除了能评价身体的发育的水平外，还能评价身体发育的匀称程度，并作出多指标的综合评价。它在一定程度上克服了离差法和百分位法的缺点。湖北省体科所王路德经研究提出："用身高与体重、身高与胸围两个一元回归方程来评定一个人身高、体重、胸围三项指项之间的关系，是不合适的。因为一个人的身高、体重和胸围三项指标可以看成为三维空间的一个点，一群人的点形成了这一空间的一团点子。这些点子之间的关系可以近似地以一个二元回归方程（Y＝b$_0$＋b$_x$＋b$_2$X$_2$）来描述。而习惯上用两个一元回归方程来评定的方法，就变成把本来在一个立体空间中散布的误差，从数理统计原理上说是不合适的"。

> 小学体能教学和评价的探索与实践

"如果需要把三个指标结合起来（如身高、体重、胸围或身高、体重、肺活量）评价一个人的身体发育情况，就必须采用二元回归方程（身高＝b_0＋b_yx 体重＋b_2 胸围或身高＝b_0＋b_1x 体重当检验达到＋b_2x 肺活量），同时进行 F 检验。差异显著时，表明此方程可以用于制订评价表"。

身高实测值＞＋sy·x，评价为体型细长；身高实测值＜－sy·x 评价为体型粗长；身高实测值±sy·x 内，评价为体型匀称。

我们认为，这种制作评价标准和评价方法的设计是合理的，也是可以借鉴的。

评价身体体形态发育指标的离差法、百分位法、指数法和相关法的原理，基本上也适用于对某些生理机能指标的评价。如呼吸差、肺活量、最大摄氧量、台阶试验指数、反应时、握力、背力等等，并非越大越好，只能制订一个正常值范围。因此，选择评价方法和制订评价标准时，应作具体分析，不可生搬硬套。否则，评价是没有意义的。

（2）身体素质和运动能力的评分和评价方法

身体素质和运动能力，是人体各器官系统在肌肉活动中表现出来的机能能力。它包括速度、力量、耐力、灵敏协调和柔韧等身体素质，以及走、跑、跳、投、攀爬等运动能力。身体素质和运动能力的全面发展水平，和人的体能发展水平关系十分密切。因此，它是衡量一个，人体能发展水平的重要因素。

评价身体素质和运动能力的发展水平，多采用评分的方法。有标准百分法、百分位法、指数法、累进计分法和相关法等。具体方法的选择，应根据需要和资料分布的特征而采用相应的评分办法。

①标准百分法

标准百分法，实际上是利用了离差法的原理来制订评分标准。只不过评价等级分得多些、细些罢了。按照正态曲线下面积分布的理论，±2.5S 包括了 98.76％的频数、±3S 包括了 99.7％的频数。制订评分表时，是把两级分数（0～20 或 0～100 分）定在＋2.5S 范围内，还是定在＋3S 范围内，很大程度上是根据需要人为规定的。一般来说，身体素质和运动能力，都是跑得越快、跳得越高、投得越远越好，不存在是否正常的问题。因此，把评分表的两极分数规定在±3S 范围内，更能反映总体的实际情况。

用标准百分法制订单项评分表时，应根据所采用的分制（10、20 或 100 分制），先计算出每增加一分，该项成绩所增加的数值，即为评分表的递增（或递减)间距△S。然后以平均数为基准值，分别向上累加、向上累减 5 或 10 或 50 △S，即可制成单项评分表。应当指出，跑的项目，数值越大，成绩越差，得分越少。制订评分表时，应将平均数定在 10 分(或 50 分)，上，以△S 为间距向上递减 1～10OS(11－20 分)、向下累加 1～10△S(9～0)。计算出与每个分数相对应的成绩，列入表中。如果忽略了这个特点，将会出现错误。

②百分位法

上面介绍的标准百分法，一般只适用于正态分布的资料，而对于近似于正态分布或非正态分布的资料，只有用百分位法制订评分表，才能准确而客观地评价身体素质和运动能力的发展水平。

第一。基本近似于正态分布的项目和指标。当某个人群、某个项目和指标基本近似于正态分布时，可采用下述方法和步骤制订单项评分表：第一，计算某个人群、某个项目和指标的第 3 和第 97 百分位数。例如，已知某地区城市 12 岁男生立定跳远成绩的第 97 百分位数为 196cm，第 3 百分位数为 131cm；第二，计算每增加(或减少)一分的间距△S；第三，将第 97 百分位数的成绩定在 20 分(或 100)，以△S 为间距向下递减 1～20△S(19～0 分或 95～0 分)，分别计算出每个分数相对应的成绩，列入表中，即成某地区城市 12 岁男生立定跳远评分表。

用以上方法制订跑的项目单项评分表时，应将第 3 百分位数成绩定在 20 分(或 100 分)，以△S 为间距向下递减 1～20△S(19～0 分或 95～0 分)，分别计算出与每个分数对应的成绩，列入表中。

第二，非正态分布的项目和指标。当某个人群、某个项目和指标属于非正态分布时，可以采用以下方法制订单项评分表：首先，找出该项成绩的最大值和最小值；然后分别计算第 5、10、15、20、25……百分数的成绩；最后，将最小值定在 0 分，分别将第 5～95 百分数成绩相应地定在 1～19 分(或 5～95 分)，最大值定在 20 分(或 100 分)，列入表中，即成该项单项评分表。

③分组指数法

大量研究结果表明：身体素质和运动能力，不仅具有明显的年龄、性别特点，同时，在同年龄、同性别中的不同个体，因身高、体重不同而对运动能力有很大影响。因此，有些国家在为评价身体素质和运动能力制订评分表时，充分考虑了身高、体重的影响，把.身高、体重作为变量进行综合评价。美国学者尼尔森—科曾斯经多年研究的分组指数法，就是根据小学生的性别、年龄、身高、体重和各项测验成绩进行综合评价的一种方法。

使用分组指数法对小学生某单项测验成绩评分时，先在《分组指数表》中可到查到相应于本人年龄、身高和体重的指数，将各指数相加指数总和，并在同一张表中"指数和"和"组别"两栏中查到相应的组别。然后根据所属组别和测验成绩在《各单项分组指数评分表》中查出应得的分数。

④身体素质和运动能力的综合评价

要评价身体素质的全面发展水平，只对某一单项评价是不够的，必须进行全面的综合评价。但由于各项目和指标的计量单位各不相同，不能相加，因此，必须实行标准化。国外通常将测验成绩转换成标准分的方法有两种。一种是z标准分。一个Z分表示一个测验成绩得分在平均数之上或之下相当于多少个标准差。Z分的平均数为0，标准差为1。另一种是T标准分。Z分有可能是负数或分数。T分为正数，小数可四舍五人为整数。因此，T标准分的方法，在国外应用较普遍。使用T标准分进行综合评价时，将各项指标的T分累加成T总分，便可描述多项综合水平。

第一，综合评价表制订的方法与步骤。首先，制订单项评分表，方法同前。其次，计算不同性别、不同年龄、各年龄组总分的百分位数或平均数与标准差。用各单项评分表，分别查得不同性别、不同年龄、各年龄的频数分布表，并计算出第10、25、50、75、90百分位数或平均数与标准差。最后，按百分位法或离差法制订综合评价标准。如果不同性别、不同年龄的各综合评价等级的区间值相差不大或很相近，则可取不同年龄、不同性别综合评价表各评价等级总分区间值的平均数，制订通用的统一评价标准（表8-6）。

表8-6 身体素质和运动能力综合评价表

差(1)	较差(2)	一般(3)	较好(4)	好(5)
26以下	27～37	38～60	61～70	71以上

第二，综合评价的方法。对个体的身体素质和运动能力的全面发展水平进行综合评价时，根据被评价者性别、年龄查相应的单项评分表，并将各单项得分合计成总分。对总分直接进行比较，也可查综合评价表，并对其所属综合评价等级进行比较。

对集体进行综合评价时，可按集体的平均总分进行直接比较。也可将每个集体中每个人总分按综合价标准查出所属评价等级，然后按5、4、3、2、1计算集体总分进行比较（人数应相等）。另外，对小学生心理发展水平和环境的适应能力的评价可以通过量表测试，然后进行集体综合评价。

2. 定性指标的定量评价方法

无法用一定计量单位进行描述的，即没有确定的测量单位的指标，称为定性指标（或称质量指标、软指标）。对这类指标进行定量评价时，因为既没有确定的测量单位，又无法通过仪器的测量获得数据，而主要是依据专家的主观经验（即经过多年实践而积累的专业经验）进行评价。所以，又称为经验评价法。这种方法，虽然也可以用排列名次或评分的方法进行定量，但由于评价结果的有效性和客观性在很大程度上取决于专家们的经验，而专家的经验，又与其各自的经历、专业经验和知识水平有很大关系。因此，势必对评价的有效性和客观性产生一定的影响。为了对定性指标进行定量评价，常常要使用以质量学思想为基础的评价方法。

(1) 质量学对质量的定量评分方法

质量学的几个基本原理：

①任何一种质量都可测量。在竞技运动中，早已采用了定量评分的方法来评定动作的美感、表现力。如竞技体操、艺术体操、花样滑冰和花样游泳等项目。当今，对定性指标（质量指标）的定量评分方法，被广泛应用于对各种技术水平、战术水平、训练效果以及比赛活动效果的评价。

②质量取决于构成"质量系谱"的许多特性。所谓"质量系谱"，可以解理为构成某种质量特征的各种因素。例如，花样滑冰的"质量系谱"，是由三级水平组成的。即最高水平（完成全套编排动作的质量）、中等水平（完成动作技术的质量）、基础水平（一些用于说明单个动作完成质量的指标）。

③每种特性可以用两个量数计算，得出相对指标 K 和权重 M。

④每一级水平上的特性，其权重总和为 1（100%）。相对指标，表示所要测量的特性所表现出的水平，用这种特性可能表现出的最高水平的百分数来表示。而权重则表示各项指标的相对重要程度。例如，一名花样滑冰小小学生，完成技术动作得了 5.6 分，即 $K_c = 5.6$ 分，而技艺精湛程度 $K_T = 5.4$ 分。花样滑冰的技术动作和完成技术动作的权重都是相同的，即 $M_T = M_T = 1.0$。所以，他的总分 $Q = M \cdot K_c + M_T \cdot K_r = 11$ 分。

质量学的评价方法有两种，一种是直观的方法，它主要以专家的评价作为依据；另一种是借助于一定的量具或仪器设备的调查研究方法。在体育的实践中，应用质量学的评价方法，对定性指标进行的定量评价，要比第一种多见。

(2)专家评价法

以调查专家们的意见的方法所获得的对定性指标的定量评价，称为专家评价法。专家评价，可分为个人评价和集体评价两种。评价的方法，有的是口述自己的意见，有的则填写专门的调查表。无论是采用哪一种方法，都应该广泛地搜集和概括各种人的意见。竞技体操、花样滑冰、花样游泳、艺术体操等的裁判方法，以及评选优秀科研成果奖等，都是典型的专家评价法。

专家评价的方法，主要是靠专家们的主观经验。而以主观经验进行评价，在很大程度.上会受到专家们的个人特点的影响，如知识、业务水平、经历、专业经验、个人爱好以及健康状况等。因此，每个专家的意见，都应当看成是随机的变量，需要使用数理统计方法进行加工和整理。现代的专家评价方法，是一个经过严密组织的、合乎逻辑的数理统计的程序系统。目的在于从专家们那里获得信息并进行分析，以求选择一些最适宜的解决办法，或对某一种行为的特征，进行尽可能客观的评价和比较。

为了提高专定评价的质量和效果，在正式评价之间，应该组织培训，尽可能广泛地为他们提供分析某些专业问题的各种信息，以求有个统一标准和统一的认识，从而迅速提高他们的业务水平。例如，在重大比赛之前，组织有关项目的裁判员集训，统一规则，统一评分方法和要求等。

(3)调查研究法

对于定性指标的定量评价，除了质量学评价法和专家评价法外，有时还采用调查研究的方法，以此获得有关定性指标的信息，并进行评价。这些方法，多用于解决教学和训练活动中的一些重大问题，比如像最佳化一类的问题。

采用填写调查表收集意见和信息的方法，称为调查研究法。它与访问、座谈等同属于询问法。但其主要区别在于，要求填写调查表的人，用书面的形式来回答一系列有关标准化的问题。采用这种方法，能够获取到一些至今还不能借助于仪器测量而取得的各种信息。对于专家评价来说，调查研究法起着一种辅助作用。如果从更广泛地搜集意见和信息的角度来看，它又具有特定的含义。调查研究可以采取不同的方式，包括群体调查、个人调查、面对面调查、函调、指定专人调查以及匿名调查等。

设计调查表的内容，一般可以分为两个部分。即个人简历部分和基本部分。个人简历部分应放在调查表的最后。基本部分的内容，可包括以下三种形式。

①自由回答的问题。自由回答的问题，即对回答者回答的问题不做任何限制

的一类问题。而选择性回答的问题，则要求事先确定出回答的不同内容。例如，在进行体能锻炼时，你通常主要进行哪些锻炼？这就要求回答者从调查表中所指出的几种方式中，做出选择性回答，即回答不能超出事先所给定的这几种方式的范围。

②有限制条件的问题和无限制条件的问题。前者要求回答者，对在一条件下可能发生的一些现象，发表自己的看法，做出回答。例如，"如果要你不把篮球、网球作为体能锻炼的方式，你会选择游泳作为体能锻炼的方式吗？"，后者无任何的条件限制，如"在诸多体能锻炼项目中，你会选择游泳作为锻炼的方式吗？"

③与调查研究的问题有直接关系的问题和无直接关系的问题。前者与所研究的任务有直接关系。例如"您认为中长跑对提高耐力素质的作用如何？"，后者所提出的问题与研究任务只有间接的关系。如"您认为中长跑和游泳哪个项目对提高耐力素质更重要？"设计调查表，要求较高深的专业知识。提出的问题要有分寸。做到严格、准确、简练，不能模棱两可、似是而非，同时，还必须与回答者的文化水平和专业知识范围相适应。最好开始安排一些不太难而且能够引起填表人兴趣的内容，把基本部分中要调查的实质性问题安排在中间。如果可能的话，在正式调查之前，先征求一下有关专家对调查表设计的意见，并进行适当的修改。这样，更能保证获取信息的可靠性和有效性，提高调查的质量。

（二）按评价的主体分类

1. 自我评价

自我评价是指小学生针对自己的体能状况，由其自己做出的评价。也就是说小学生自己评自己。这种方法通常是在教师或专家的指导下进行的。常采用方式是由教师或专家设计出调查表，就有关问题让小学生如实地回答问题，有时也采用小学生自己写出自我感受、自我意志力的评价。这种方法如果运用得当的话，更能真实地反映小学生体能发展的实际状况。

2. 教师评价

教师评价是指教师依据小学生体能发展目标，运用观察、测试、调查等方法，对小学生的体能发展进行评价的方法。教师的评价既可对个别小学生进行评价，又可对全体小学生进行评价。因为教师是小学生学习、生活的最基层的管理者、教育者，其对小学生的观察相对比较系统，所以，教师的评价是小学生体能评价的主要方式。

3. 专家评价

专家评价是指由专门研究小学生体能发展方面的专家、研究人员组织的对小学生体能发展进行的评价。这种方法在前面已经论述过，其研究的范围常常比较大，如一个地区、市、省的学校小学生体能发展的评价。

（三）按评价的对象分类

1. 个体评价

对个体体能进行综合评价时，是在建立了评价标准的基础上，将每个个体各类指标实测值，按相应性别和年龄的各单项加权评分表评分，然后计算形态、机能、素质、心理及特殊环境的适应能力各类指标的得分，将五类指标的得分相加，计算总分。评价时，可按个体的总分直接进行比较，也可将个体总分查相应的体能综合评价表，对所属评价等级进行比较。

2. 集体评价

对集体体能进行综合评价时，先按个体评价方法计算集体中每个个体的总分。评分时，可对两个或两个以上的集体的平均总分直接进行比较，也可先对集体中每个个体总分按综合评价标准进行等级评价，计算集体中属各评价等级的人数，并按5(好)、4(较好)、3(一般)、2(较差)、1(差)计分，然后分别乘以各评价等级的人数，计算集体总分，并进行比较。

（四）按评价指标的数量分类

1. 整体评价

所谓整体指标评价，是按照学校体能发展评价指标体系的全部指标进行全面综合评价。其方法是对小学生体能发展评价中的指标分别进行测试或调查，把测试结果按体能评分标准计算出总分，从而得出总分进行评价。

2. 局部评价

所谓局部指标评价，是指按照学校体能发展评价指标体系中的重要指标或具有年龄、性别特征的指标进行评价。在实际工作中，有时受时间、财力、物力、人力等的影响，不可能对体能的全部指标进行测试、评价，而是对一些有代表性的指标进行评价。例如，在小学阶段可以重点测试小学生的形态和部分机能指标进行评价。

(五)按时间的跨度分类

1. 阶段评价

如前所述，体能发展是一个动态发展过程，它随着年龄的变化而变化，不同的年龄阶段其评价的重点是不同的，从个体体能发展来看，小学、初中、高中到大学都可分段评价，即阶段评价。

2. 跟踪评价

跟踪评价是在阶段评价的基础上，对小学生进行从小学到大学的全程评价，即跟踪评价。阶段评价是跟踪评价的基础，它可以进行横向评价。而跟踪评价主要是看个体纵向发展的状况，是个体体能发展变化好坏的反映，能够预测个体体能发展趋势。

第三节　小学生体能发展的评价指标

一、小学生体能发展评价指标的选择依据

(一)根据体育教学的目的和任务

体育教学是根据国家制定的体育教学大纲进行的，所以，教学的目的和任务是评价小学生体能发展水平的基本依据。以中学为例，体育教学的目的是增强小学生体质，促进身心发展，使小学生在德育、智育、体育、美育几方面得到全面的发展，成为祖国社会主义的建设者和保卫者。体育教学的这一目的，不仅是体育教学的指导思想，而且是评价小学生体能水平的指导思想。只有准确地把握体育教学的目的，才能使体能评价沿着正确的方向发展，否则，就可能出现偏离评价方向的现象。

体育教学的任务，不仅是体育教师的教学目标，而且是小学生体育课的学习目标，同时又是评价小学生体能水平的重要依据。

(二)根据《小学体育工作暂行规定》

《小学体育工作暂行规定》是根据小学工作暂行条例制定的，它是督促和推动

小学体育工作的一项措施,也是更好地贯彻小小学生守则、引导小学生向"三好"发展的重要举措。这个暂行规定,明确指出了小学体育工作的基本任务,并对体育课教学和课外体育活动做了具体规定。特别值得重视的是:规定了学校体育工作的评价目标。"评价小学体育工作的成绩,最根本的是看小学生的体质是否有所增强。"这不仅是评价学校体育工作的指导思想,也是评价小学生体能水平的指导思想。

(三)根据《小学生体质健康标准》

《小学生体质健康标准》是教育部、国家体育总局组织学校体育方面的有关专家及部分从事学校体育教学的老师研究而制定的,它主要是针对以前的《国家体育锻炼标准》的内容已不在完全适应时代的要求和小学生体质发展的需要而研制的。它适用于全日制小学、初级中学、普通高中、中等职业学校和普通高校的在校生。它主要从身体形态、身体机能、身体素质等方面综合评定小学生的体质健康状况。《小学生体质健康标准》是针对新世纪人的健康发展的需要提出的,具有时代性、前瞻性和科学性,显然其规定的测试项目和评价内容,是各级学校小学生体能评价的重要指标内容。

(四)小学生在不同学段体能发展的主要规律

小学生体能的发展从小学、中学,一直到大学,每个阶段在体能的发展上都有各自的内容。这主要是身体发育(如运动器官的发育水平在小学表现出极大的不同)、身体素质(如力量素质到大学阶段才发展成熟)、心理素质(应在各个阶段有目的地培养小学生的意志力和合作精神)等方面的内容。在各个阶段其发展规律是不同的,所以,在选择小学生体能发展指标时要依据不同学段小学生的身体形态机能、运动素质和心理发展水平。

(五)依据不同学段小学生体能发展的目标

小学生体能发展评价活动总是以一定的目标为依据对被评价对象属性作价值判断的。它既是发展小学生体能工作或活动的方向,也是对其评价的依据。它因体能的内容不同而具有层次性。主要培养小学生健康的体魄和完美的人格。在这个总目标下,各级各类学校都有其具体的培养目标,这些目标也就是评价的依据。

（六）根据区域、民族的差异

我国幅员辽阔，地域分布广，有山区、平原和沿海之分，有五十多个民族。由于这些特点，造成我国东西部、南北方人，在体能发展中表现出不同的特点，如从形态指标看，北方人比南方人平均较高；从民族来看，少数民族人多彪悍。因此，在不同地区和不同民族之间，体能评价指标的选择也应有所区别。

二、小学生体能发展评价的指标体系

依一定目标进行评价时，会感到这些目标在一定程度上带有原则性、抽象性和概括性。例如，对学校的特殊环境的适应性进行评价，若直接以它为依据，就会感到太空洞、太笼统，难以捉摸、无法操作，评价结果也不可能具体、准确、科学。所以，必须对体能发展目标进行分解，使其具体化、行为化，具有可操作性。依据体能发展的总目标和对体能发展的认识与进一步地研究，把体能发展指标评价体系按"五个一级指标、若干个二级指标和三级指标"进行划分。

（一）身体形态发育水平

根据"国际体力测定标准化委员会"（ICPFR）和"国际生物学规划"（IBP）的测定方案，在人体形态主要包括体格、体型、身体成分等身体姿势等方面。

1. 体格

体格是人体外部形态、结构、发育状态和体能水平的重要手段。一般可分为长度、围度、宽度和体重等。长度主要包括：身高、坐高、肢长（上肢长、手长、指距、下肢长、小腿加足高、小腿长、足长）；围度主要包括胸围、上臂紧张围和上臂放松围、大腿围、小腿围、踝围、腰围等；宽度主要包括肩宽、骨盆宽等；体重主要是整个人体重量。另外，依据个体差异为了能更好地反映人体体格状况，通常人体比例更能反映人体的形态和发育状况。如体重与身高之比、指间距（肩臂长）与身高等比、坐高与身高之比等。

2. 身体成分

体脂成分的高低，可以反映人的营养状况和体质水平。大量研究表明：体脂成分过少，说明营养不良或有某种疾病；相反，体脂成分过多，说明营养过剩或内分泌系统有疾病。体重在人体成分中具有主要作用，正常人体中，瘦体重多，也即运动系统发达，则人的体能就强。近年来，由于生活水平的提高，膳食结构的改变，尤其是不科学的营养卫生习惯，再加上缺乏体育锻炼，因而造成在小小学生中"肥胖儿"的比例大幅度上升。导致整个小小学生体能下降的趋势。因此，对身体成分进行测定评价对小学生体能的发展具有重要意义，也给科学营养膳食，养成良好的体育锻炼习惯提供重要理论依据。对身体成分的测定通常可利用水下称重法和皮褶厚度法。

3. 体型

体型是对人体某个阶段形态结构及组成成分的描述。人体体型受年龄、性别、营养、生活环境、遗传等因素的影响，因此，体型存在着较大的个体差异。体型在某种程度上决定着个体的体能。体型通常分为三种类型：肥胖型、瘦长型、匀称型。肥胖型显然体力较差，故体能也弱，细长型无力。只有正常的体型才表现出较高的体能。

4. 身体姿势

身体姿势是人体各部分在空间的相对位置或存在于空间的状态。因为人体是个占有一定的空间、时间的实体，无论何时何地，人体各部分之间都保持着一定的相对位置，并与环境保持着一定的力学关系，从而表现为身体姿势。

通过对身体姿势的测评，可以了解小小学生、儿童生发育的一般情况，发现和纠正形态缺陷，促进人体型和体态朝着完美的方向发展。对身体的测评，通常又分为整体姿势测评和局部姿势测评（脊柱生理弯曲、胸廓形状、腿形、足形等）。不同姿势对人体的体能具有不同的影响。如扁平足、O 型腿不利于人体运动能力发挥。

（二）身体生理机能水平

身体机能水平，即机体新陈代谢的功能以及各器官、系统的工作效能。它主要包括心血管机能（脉搏、血压等）、呼吸机能（肺活量、最大摄量等）等身体机能。

1. 心血管机能

包括脉搏、血压、贝拉克能量指数、耐力指数、克兰普顿血液下垂法。另外，还有运动负荷下的心血管机能，如 30s30 次蹲起、哈佛式台阶试验等。

2. 呼吸机能

包括肺活量、最大摄氧量等。呼吸机能动态试验测评，如 5 次肺活量试验、定量负荷后 5 次肺活量试验、闭气试验。

（三）身体素质和运动能力

1. 力量

①静力力量（握力、背力）；②爆发力（纵跳、立定跳远）；③肌肉耐力（引体向上）（大、中学校男生）、斜身引体（女性及小学男生）、双杠臂屈伸（10岁以上男生）、屈膝仰卧起坐（小学以上女生）。

2. 速度素质

动作速度、反应速度、位移速度。

3. 耐力

有氧耐力和无氧耐力。

4. 柔韧性

肩部、腿部、臂部、脚部等的柔韧性。

5. 灵敏性

迅速、准确、协调的完成动作的能力。

6. 运动感知机能

上肢定位机能，重量感知机能，用力感知机能，空间感知机能等。

7. 平衡性机能

静力性平衡机能、动力性平衡能力。

另外，评价指标体系中还有心理发育水平（小学生健全心理素质、意志力）的指标，对特殊环境的适应能力（小学生健康行为方式习惯、挫折承受力及遇险自救能力等）的指标等。

第四节　小学生体能发展评价应注意的问题

一、既要肯定总结性评价，又要重视形成性评价和诊断性评价

长期以来，学校体育评价多是评价体育教育达到体育锻炼标准的程度，一般安排在体育教学活动结束之后进行，这就是总结性评价。这种评价主要考察小学生的现实身体素质状况，由于它不能提供小学生身体发展过程的反馈信息，因而不能直接起到优化体育教育过程的作用致使体育教育畸形发展。形成性评价是由

著名教育学家斯克里提出的,他指出除了总结性评价之外还应有一种在教育过程中进行的评价,其评价目的主要是提供大量的反馈信息用以调节、控制、优化教育过程。小学生体能的发展本身就是在长期生理效应和体育锻炼效应共同影响的,这一过程的评价对发展小学生体能尤为重要。体能的诊断性评价是在学期开始时,对小学生现实体能状况的评价,有利于弄清小学生体能发展的特点,体能中的优势部分与不足部分,便于科学、全面地实施体育教育,因材施教。小学生体能发展评价的目的,不仅在于"证明",更重要的是为提高小学生体能服务,因此,评价小学生体能发展时要有机结合总结性评价、形成性评价和诊断性评价。

二、评价必须注意小学生的个体差异

由于社会需求的多样性和个体发展的差异性,小学生体能发展评价应当既要有求同性又要有求异性,在根本标准基础上的具体评价标准应当多样化,才能做到充分考虑小学生个体差异,保证公正合理。

小学生体能发展评价中,应当避免那种不顾小学生个体差异,用划一的标准和同一的模式进行评价的做法。这种只重共性、千篇一律的做法貌似均衡公正,实际上不够合理,容易挫伤小学生的积极性不利促进小学生在不同基础上不断进步,不利于小学生个体特长的充分发展。小学生体能发展评价应当克服以往仅关注鉴定分等、择优选拔的局限,把重点转到关心小学生个体的体能发展上来。

小学生体能发展评价在一致的基本要求和统一标准下,应当考虑小学生的个体差异,因材施教、因人施评,分层要求、分类推进,并要进行反映每个小学生各自特点的典型特色评价。对体能发展优、中、差的小学生要区别对待,根据其原有条件和各自特长,为其制定相应的近期、中期、远期目标,让每一个小学生都能得到鼓励和帮助,从而激发起每个小学生的上进心,使每个小学生都能在其原有体能基础上进一步提高。

三、注重小学生的自我评价

现代评价已经不再视被评价者为被动、待评的客体,而视他们为评价的主体。在小学生体能发展评价中,小学生的自我评价是小学生体能发展评价的重要环节。实践经验表明,如果没有被评价者的积极参与及主观能动性的发挥,评价是不可能达到预期目的。他人对小学生个体的评价,最终要通过小学生的自我认识才能产生作用。通过小学生自评体能发展状况,我们一方面可以充分了解小学生的背景信息及小学生对自己的体能的看法，拓宽收集信息资料的渠道，以形成准确可靠的评价结论；另一方面可以调动小学生的参与意识，使其以主人翁态度对待体能发展评价活动，同时，还能使小学生加深对自己体能的了解，使其自觉主动地进行体能锻炼。

小学生自评体能训练的主要目的是引导小学生形成对体能的深刻认识，并逐步使自评体能趋于客观，与他评达成一致，进而将外在要求内化，最终实现体能的提高。因此，对体能的自评与他评的不一致之处要进行差异分析，对自我评价自己的体能要进行再评价、再指导，缩小自评与他评的差距，尽力求得认识上的统一，使评价更容易协调一致地改进体能的发展过程，达到体能的最佳效果。

四、静态评价与动态评价相结合

体能的静态评价是横向的评价，是对小学生体能已经达到的水平或已经具备的条件进行事实判断；它不考虑小学生的具体情况和今后的发展趋势，只考察评价他们在特定的时间和特定的空间中的现实体能状态，其目标设计和实施上片面强调远景目标、终结目标，而不讲阶段性目标，不讲中景目标和近景目标，所以，单纯的体能静态评价的局限性是显而易见的。体能的动态评价则是一种纵向的评价，它对体能的发展状态做出评价，可以在与纵向比较中做出具有发展趋势的结论。因而，动态评价是一种发展性评价。小学生体能评价应根据静态评价与动态评价相结合的原则，在评价小学生体能发展时，既要看他们现实状况以便横向比较，同时也要看其过去的情况以便于纵向比较；对教师而言也是如此。两种评价方式的结合，才构成全面、客观、准确的评价，更重要的是有助于指导小学生进行体能训练提高健康，激励他们的进取精神。

五、小学生体能发展评价中慎下结论

从某种意义上说，小学生体能发展的评价结论就是一种判定和裁决。结论应符合实际，这样不仅能调动小学生的积极性，指引他们朝正确方向发展，还能为领导的决策提供正确依据。结论下得不符合实际，不仅会挫伤小学生的积极性，迫使他们向错误的方向发展，还会为领导的决策提供错误的依据。如果领导部门根据这些错误的反馈信息做出错误的决策，那么影响的就不是一个人、一个单位，而可能是一个区、一个县、一个省、一个市，乃至全国，影响不是一两年，而可能是十几年，乃至几十年。要使结论下得符合实际情况，使反馈起到积极的

小学体能教学和评价的探索与实践

作用，这不是一件简单的事。因为在短短的一次评价中，评价者对于被评者漫长发展历程的把握是有限的，即便是形成性评价，评价者亲自观察到的现象，也只能是前一阶段发展的结果，而制约这一发展结果的因素又是复杂的、多方面的，而且评价者所搜集到的资料的全面性和典型性也是有限的，何况对资料的搜集还受评价及自身价值观的极大影响。所以对被评者下结论应采取慎重态度。

参考文献

[1]金宗强，鲍勇．体能训练在竞技运动中的实验应用研究[M]．天津：天津大学出版社，2018．

[2]李平．学生普适性力量训练的校本实践[J]．小学教学参考，2021(12)：69-70．

[3]李蕊．PNF拉伸对大学生柔韧素质的影响[J]．文体用品与科技，2015(15)：105-106．

[4]蔺新茂．体操[M]．重庆：重庆大学出版社，2017．

[5]金小钰．跨栏跑专项体能速度素质训练方法研究[D]．济南：山东师范大学，2018．

[6]常诚．游泳运动科学化训练理论及方法[M]．延吉：延边大学出版社，2018．

[7]郑笑容．健美操课特点及课堂教学探讨[J]．内江科技，2004(03)：20-21．

[8]杨玲．影响三峡大学体育选项课学习效果的因素与对策研究[D]．武汉体育学报，2007．

[9]茅鹏，严政，程志理．一元训练理论[D]．体育与科学，2003．

[10]茅棚．运动训练新思路[M]．北京：人民体育出版社，1994．

[11]朱懿奇．高校体育选项对校园体育文化的影响[J]．潍坊教育学院学报，2009，22(04)：67-68．

[12]李涧．运用体育手段促进高职大学生心理健康[J]．重庆科技学院学报(社会科学版)，2009(09)：229-230．

[13]胡吴进，牟顶红，关晓印．江西省独立学院体育选修课调查研究[J]．体育成人教育学刊，2007(06)：42-43．

[14]王瑞元，任建生等．运动生理学[M]．北京：人民教育出版社，2002．

[15]吴立柱，司鹏巧．普通高校"课内外一体化"课外体育活动管理模式研究

[J].山东体育学院学报,2007(03):115-118.

[16]刘剑,胡跃红,陈亮.大学体育课程与课外体育活动对接研究[J].体育世界(学术版),2009(07):25-26.

[17]许瑞霞.论体育选项课对大学生终身体育意识的培养作用[D].现代商贸工业,2009.

[18]张美玲,王彩云.体育选项教学中情感目标的培养[J].新课程学习(基础教育),2009(08):140.

[19]崔云龙.本体感觉引导在少儿羽毛球教学中的应用研究[D]济南:山东体育学院,2017.

[20]耿建华.体能训练理论与方法[M].西安:陕西师范大学出版社,2013.

[21]顾长海.现代运动训练理论与实践研究[M].上海:同济大学出版社,2018.

[22]郭岩,余锋,左昌斌.实用体能训练指南[M].北京:中国书籍出版社,2018.

[23]侯本华.体能训练方法设计及其科学监控研究[M].北京:九州出版社,2019.

[24]黄昭源.提升网球专项力量素质的肌力训练方法研究[D].哈尔滨:哈尔滨体育学院,2018.

[25]姜杨,黄宝宏,周志雄.不同项群专项体能训练特征研究[J].搏击(武术科学),2014,11(3):119-121.

[26]刘凤虎.优秀男子散打运动员体能训练理论与实践[M].北京:知识产权出版社,2018.

[27]刘恒慨,吴晓虹,李勇.体能训练基本原理与实用方法指导[M].长春:吉林大学出版社,2016.

[28]刘佳.田径体能训练全方位指导研究[M].北京:九州出版社,2017.

[29]石宏根,袁文晓.本体感觉练习对少年艺术体操运动员平衡能力的影响[J].当代体育科技,2019,9(33):24-26.

[30]万祥林.柔韧和力量素质对疾跑中股后肌群生物力学特征的影响[D].北京:北京体育大学,2017.

[31]王籍.体育高考竞技健美操方向考生专项柔韧素质训练方法的实践研究[D].南昌:江西师范大学,2016.

[32]王亮.山东青年女篮运动员专项灵敏素质训练理论与实践研究[D].济南:山东体育学院,2013.

[33]张波,牟其林,李睿,等.体育训练与运动人体科学研究[M].长春:吉林大学出版社,2017.

[34]赵浩钧.4min单摇跳绳对高中生耐力素质影响的实验研究[D].济南:山东师范大学,2019.

[35]赵琦.体能训练理论与方法[M].南京:东南大学出版社,2017.

[36]邹毅超.体能训练的理论与实践研究体能训练对大学生体质健康的影响[M].成都:电子科技大学出版社,2019.

[37]王向宏,朱永国,董建锋.体能训练理论与方法2版[M].北京:北京航空航天大学出版社,2014.

[38]吴海琪.广州市伟伦体校乒乓球女子重点队员训练的研究[D].广州:广州体育学院,2019.

[39]徐磊.人体上肢运动链基本动作的生物力学分析[D].石家庄:河北师范大学,2014.

[40]闫巧珍,董礼平.青少年体能训练的研究—基于生理学、心理学、营养学基础[J].文体用品与科技,2019(11):212-213.

[41]杨海平,廖理连,张军.实用体能训练指南[M].广州:广东高等教育出版社,2013.

[42]杨鸣亮,王从江.现代实用体能训练基本原理与方法[M].北京:中国时代经济出版社,2014.

[43]由元春.体能训练的新思路[M].青岛:中国海洋大学出版社,2019.

[44]袁圣敏,吴键.健康体能训练有效提升体测成绩的教学设计(一)——健康体能训练的依据与基本要求[J].体育教学,2020,40(4):67-69.

[45]曾理,曾洪林,李治.高校体能训练理论与训练教学指南[M].北京:新华出版社,2018.

[46]黄继,赵嗣庆.核心力量训练的实质及在我国竞技体育的实践[J].体育学刊,2010,17(5):74.

[47]《运动生物力学》编写组运动生物力学[M]北京:高等教育出版社,2010.

[48]茅鹏,严政,程志理.一元训练理论[J].体育与科学,2003,24(4):

5-10.

[49]王卫星，李海肖．竞技运动员的核心力量训练研究[J]北京体育大学学报，2007，30(8)：
12-14.

[50]李山．论力量专项化训练的结构[J]．西安体育学院学报，2007(04)：89-91+101.

[51]郑先常．体育的本质及体育整体观的建立[J]．山东体育学院学报，2013，29(1)：31-35.

[52]贺占亮．浅谈体育的本质与体育整体观的建立[J]．青年文学家，2013(18)：213-213.

[53]张锋．论终身体育观下学校体育与群众体育的和谐共建[J]．运动，2012(12)：68-69.

[54]姜晓红，张德胜．论体育观众的社会价值[J]．广州体育学院学报，2010，30(6)：26-29.

[55]宋旭．"体育系统"整体观刍议[J]．体育学刊，2010，17(10)：11-13.

[56]罗鹏．基于整体观的大型体育设施设计研究[J]．新建筑，2010(4)：43-46.

[57]潘仲秋，刘维红．体育课程全息整体观初探[J]．大家，2010(2)：190.

[58]夏荷莲，郭华恬．论休闲体育的社会价值[J]．体育文化导刊，2004(06)：48-49.

[59]万文君，郝选明．休闲娱乐体育活动与身心健康[D]．广州体育学院学报，2014.

[60]王斌．对影响休闲体育文化价值取向的社会因素的分析[J]．广州体育学院学报，2004(05)：120-122.

[61]季红．休闲体育与身心健康的关系[J]．科技信息（学术研究），2006(11)：188-189.